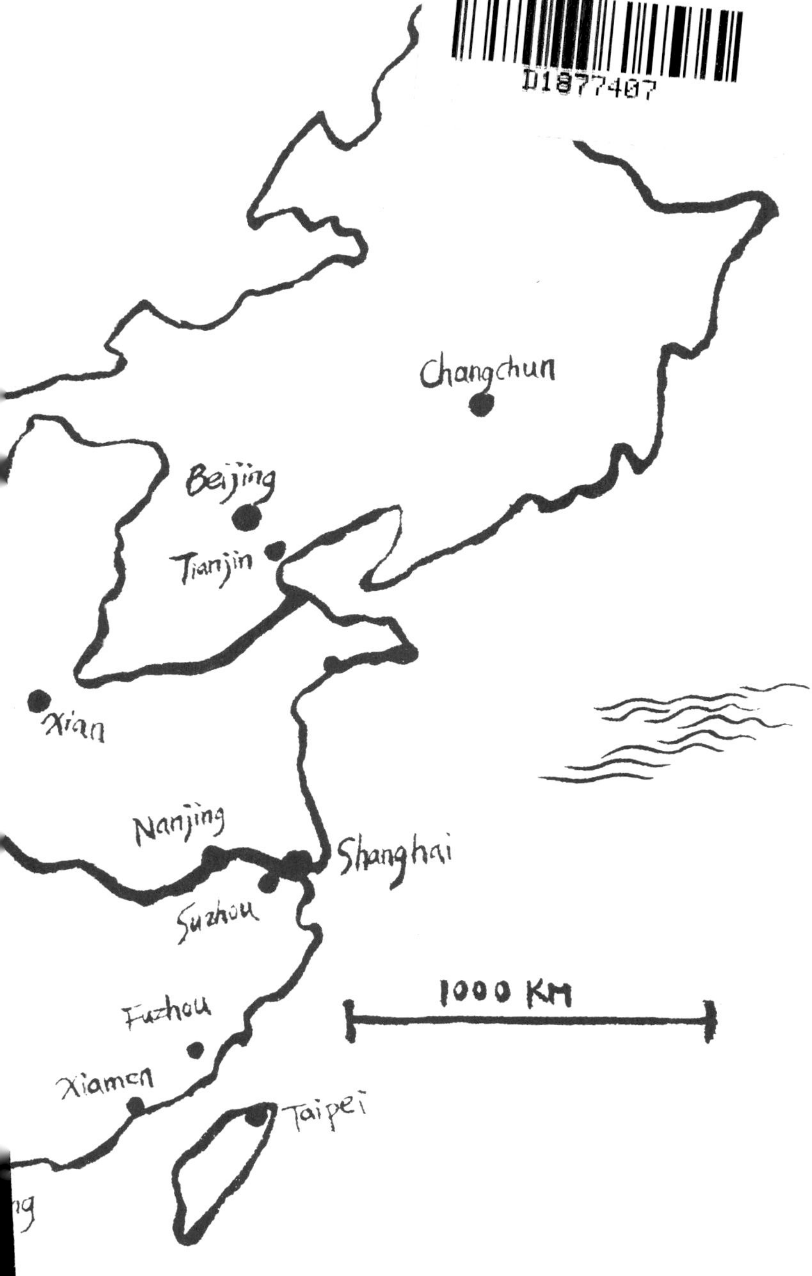
Changchun
Beijing
Tianjin
Xian
Nanjing
Shanghai
Suzhou
1000 KM
Fuzhou
Xiamen
Taipei

Marktmacht China

Martin F. Krott

Marktmacht China

Global Players lernen das Schattenboxen

WIEN • MÜNCHEN • ZÜRICH

Ein Verlag der Donauland-Gruppe
im Hause Bertelsmann

ISBN 3-7015-0407-5

Schutzumschlaggestaltung: Zembsch' Werkstatt
unter Verwendung eines Fotos der Image-Bank (Foto: Philip Porcella)
Satz: Zehetner Ges. m. b. H., A-2105 Oberrohrbach
Druck und Bindung: Wiener Verlag, Himberg bei Wien

Gesetzt nach den Regeln der neuen deutschen Rechtschreibung

Inhalt

Einleitung

„Kein Land in Asien – vielleicht kein Land auf der Welt – ist wichtiger für die Zukunft der Weltwirtschaft als China."
Leon Brittan, 1998

Die Idee zu diesem Buch entstand im Dezember 1997 an einem einsamen Sandstrand auf einer Insel im südchinesischen Meer. Ich wollte versuchen meine Erfahrungen in China seit bald 25 Jahren, davon acht Jahre im täglichen beruflichen Kontakt mit chinesischen Kunden, zusammenzufassen und in den größeren Zusammenhang des chinesischen Marktes zu stellen. Ich war neugierig darauf, wie es den großen Weltfirmen, quer durch die Branchen, in dieser Zeit in China ergangen war.
Die Quellen, auf die sich meine Darstellung stützt, sind außer persönlichen Beobachtungen und Gesprächen Veröffentlichungen der einzelnen Unternehmen sowie Buch- und Presseveröffentlichungen zu den behandelten Themen. Alle daraus gezogenen Schlussfolgerungen sind meine eigenen, für die nur ich selbst die Verantwortung trage.
Meiner Frau danke ich für ihre Hilfe und ihr Verständnis für die vielen Stunden, die ich im Laufe dieses Jahres darauf verwendet habe, meine Strand-Idee in die Tat umzusetzen.

Shanghai, im Dezember 1998 — Martin F. Krott

Die chinesischen Orts- und Personennamen sind mit wenigen Ausnahmen nach der Pinyin-Lautschrift wiedergegeben. Dazu einige Aussprache-Tipps:
J wie *dsch* in *Dsch*ungel
Ch wie *tsch* in Pa*tsch*
Q wie *tsch* in *Tsch*üss
X wie *sch* in *Sch*ießen
RMB ist die Abkürzung für die chinesische Währung Renminbi (Wechselkurs 1998: 8,3 RMB für einen US$).

1. Kapitel

Der chinesische Markt

„Orient und Occident sind nicht mehr zu trennen."
Johann Wolfgang von Goethe

Schon für den römischen Kaiser Tiberius war der chinesische Markt eine Quelle der Faszination. Er hat seit damals nicht aufgehört die Fantasie anzuregen. Marco Polo wurde ob seiner Erzählungen aus dem Reiche des Khans als Prahlhans verspottet. Heerscharen von Abenteurern und Kaufleuten traten seit dem 19. Jahrhundert die Reise nach dem Fernen Osten an. Kein multinationales Unternehmen im 20. Jahrhundert, das nicht seine Hand nach dem chinesischen Markt ausstreckte.

Der chinesische Markt und sein Potential gehören heute zum festen Repertoire von Bilanzpressekonferenzen. Er ist für die Unternehmen zum Alltag geworden. Um diesen Alltag aus der Sicht von einigen der größten und erfolgreichsten Firmen der Welt und ihren Vertretern geht es in diesem Buch. Was mich aber außer skurrilen Anekdoten interessiert, ist die kulturelle Berührung und gegenseitige Beeinflussung zwischen den Weltunternehmen und dem chinesischen Teil der Welt.

Was macht der Kapitalismus aus China? Was macht China aus dem Kapitalismus? Man könnte das Thema dieses Buches auch auf diese zwei Fragen reduzieren.

Die historische Perspektive zeigt, dass geistige Einflüsse von außen in China in der Regel assimiliert wurden und nach wenigen Generationen kaum mehr wieder zu erkennen waren. Was wurde aus der Religion des asketischen, von weltlichen Dingen abgewandten Shakjamuni nach ihrem Eintreffen in China aus Indien im 1. Jahrhundert v. Chr.? 700 Jahre später, während der Tang-Dynastie, hatte sich Buddha in einen dicken, fröhlichen Chinesen verwandelt, der selbstzufrieden seinen Nabel betrach-

tet. Ein besonders schönes Exemplar des „lachenden Buddha“ ist heute noch im Lingyin Si Kloster in Hangzhou zu bewundern. Der Buddhismus hatte sich zu einer weltlichen Macht gewandelt, die in prächtigen Tempeln ihren Reichtum zeigte.
Der mongolischen und mandschurischen Eroberungspolitik im 13. und 17. Jahrhundert erging es nicht anders. Wenige hundert Jahre später waren die Eroberer die Besiegten, nachdem sie den Lebensstil der unterworfenen Chinesen angenommen hatten.
Der Marxismus-Leninismus im 20. Jahrhundert ist die aktuellste Parallele. Stalins Abgesandte brachten das sowjetische Modell einer zentralistischen Parteidiktatur mit einer im Dienste der Schwerindustrie stehenden arbeitsteiligen Planwirtschaft nach China, wo es jedoch allmählich immer mehr chinesische Züge annahm: Die landwirtschaftlichen Kolchosen wurden Volkskommunen, in denen die Bauern nicht zu Proletariern auf dem Lande wurden, sondern Taglöhner blieben, deren Grundherren durch den Parteisekretär ersetzt wurden. Die arbeitsteiligen Schwerindustrie-Kombinate wurden zu autarken Industriebetrieben, die gleichzeitig für die Versorgung ihrer Mitarbeiter von der Wiege bis zur Bahre verantwortlich waren. Der Zentralstaat konzentrierte sich auf die ideologische Kontrolle, die durch die „roten Mandarine“ der größten kommunistischen Partei der Welt mit 60 Millionen Mitgliedern gewährleistet wird. Die kommunistische Partei schließlich, in der Sowjetunion wie in China Rückgrat der Macht, wurde durch Mao während der Kulturrevolution 1966–69 ihres Unfehlbarkeitsanspruchs beraubt. Dies bewirkte nach dem Tode Maos, dass die chinesische kommunistische Partei unter Deng Xiaoping eine ideologische Kehrtwendung um 180 Grad vollziehen konnte und durch die marktwirtschaftliche Reform dem Schicksal der KPdSU entging, die mit dem Bankrott der Planwirtschaft ihre Macht verlor.

Woher kommt dieses Assimilierungsvermögen der chinesischen Kultur? Ich vertrete die These, dass es aus der antiken chinesischen Weltanschauung stammt, die im Zusammenleben der frühesten chinesischen Agrargesellschaft im fruchtbaren Lössland am Gelben Fluss entstand.

Das mindestens 5000 Jahre alte, eben dort am Gelben Fluss entstandene Taiji-Symbol ist die universellste chinesische Weltformel. Es fasst das dunkle Yin mit dem hellen Yang zu einem Symbol zusammen, das endlosen Übergang bedeutet. Die ursprüngliche Bedeutung von Yin ist die „Schattenseite“ südlich des Flusses, während das Yang die „Sonnenseite“ nördlich des Flusses darstellt. Im Taiji-Symbol sehen Yin und Yang wie zwei zu einem Kreis gefügte, stilisierte Fische aus. Sie bilden eine Zusammenfassung der chinesischen Denkweise und Welterfahrung. Alles ist von Gegensätzen geprägt und durchdrungen. Der schwarze Fisch trägt am Kopf wie ein großes Auge einen weißen Kreis, während den Kopf des weißen Fisches ein schwarzer Kreis ziert. Das Licht hat das Dunkel in sich und das Dunkel birgt den Keim des Lichts. Wenn man in den Gegensätzen das Gemeinsame findet, kann man sie zu einem neuen Ganzen zusammenfügen. Diese Denkweise kennt weder Vergangenheit noch Zukunft, sondern ist ganz auf das Erkennen der gegenwärtigen Kräfteverhältnisse ausgerichtet. Somit erfüllt sie hervorragend den Zweck der Orientierung in der Welt. Denn wenn ich mein Verhalten jeden Augenblick nach den herrschenden Verhältnissen richte, habe ich die besten Chancen auch im nächsten und übernächsten Augenblick noch in Übereinstimmung mit meiner Umgebung zu sein. Ein willkürlicher Blick in die chinesische Geschichte, aber auch in den Alltag, bestätigt die allgemeine Gültigkeit der Taiji-Formel.

„Ein Land – zwei Systeme“ ist das politische Konzept, nach dem die ehemalige britische Kolonie Hongkong mit dem Festland wieder vereinigt wurde. Die Gegensätze, die hier zusammengefügt wurden, könnten nicht größer sein: hier das riesige Festland mit über einer Milliarde Menschen, von denen die Mehrheit gerade über das Existenzminimum verfügt, von Korruption und Willkür regiert mit einer eben begonnenen, zügellosen Marktwirtschaft; dort eine der reichsten Städte der Welt mit sechs Millionen Einwohnern, deren Lebensstandard zum höchsten in Asien zählt, wohl geordnet und mit hervorragenden legalen und politischen Rahmenbedingungen für Wirtschaftsunternehmen. Die Gegensätze konnten erfolgreich zusammengefügt werden,

weil die chinesische politische Führung die kapitalistische Enklave in ihrem Reich akzeptiert (den weißen Kreis auf dem schwarzen Fisch) und die Hongkonger Tycoone die Beaufsichtigung durch die Politkommissare (der schwarze Kreis auf dem weißen Fisch) um des größeren Vorteils willen in Kauf nehmen.
Die chinesische Gesprächskultur ist ein Beispiel aus dem Alltag. Es ist nicht üblich und gilt sogar als feindselig einen auf These und Antithese aufbauenden Dialog zu führen, um eine Sache von verschiedenen Seiten zu beleuchten. Dagegen führen die Gesprächspartner sich ergänzende Argumente ins Feld, entwickeln ein Thema, als folgten sie der vom Schwanz aus zunehmenden Fischform im Taiji-Diagramm, schließen beide im Verlauf des Gesprächs schon eine Vorschau auf die Gegenthese ein, um diese dann gemeinsam (der zweite Taiji-Fisch) auszubauen, bis der Kreis geschlossen ist und sich bei den Gesprächspartnern das befriedigende Gefühl einstellt, ihr Thema erschöpft zu haben. Diese Art der Gesprächsführung erklärt auch das Bedürfnis nach ausführlicher, sich in Wiederholungen absichernder Kommunikation.
Eine Fülle weiterer Beispiele ließe sich nennen: das ständige Suchen nach verborgenen Andeutungen, der wirklichen Absicht hinter den Worten, als müsste man vom weißen Fisch über den enthaltenen schwarzen Kreis auf den schwarzen Fisch schließen; der Gegensatz zwischen absoluter Macht und totaler Kontrolle an der Spitze – hierin folgten die Parteivorsitzenden mühelos den Kaisern – und anarchistischem Fatalismus an der Basis nach dem Motto: „Hohe Berge hab ich gern, halten sie den Kaiser fern"; der Aufbau eines Generationen überspannenden Netzwerks wechselseitiger Verpflichtungen und Vorteilsgewährung, von denen jede den Keim der anderen in sich trägt.
Der auf den ersten Blick chaotische, bei näherer Betrachtung jedoch bestimmten Gesetzmäßigkeiten (wenn auch nicht denen der chinesischen Straßenverkehrsverordnung) folgende Verkehr ist ein weiteres, markantes Beispiel für die ungebrochene Kraft des Taiji-Denkens. Alle Verkehrsteilnehmer, zweibeinige, zweirädrige, vier- und mehrrädrige, bewegen sich stets in Richtung auf die nächste vor ihnen offene Lücke. Wenn sich zwei Ströme

kreuzen, wie zum Beispiel Autos und Fußgänger an einem Fußgängerübergang, kommt der schwächere Strom, in der Regel die Fußgänger (außer nach einem Fußballspiel oder kurz nach Ladenschluss), zum Stillstand, bis er sich genügend aufgestaut hat, um in eine Lücke im vorbeibrausenden Autostrom zu dringen, der nun seinerseits von den über die Straße strömenden Fußgängern so lange aufgehalten wird, bis sich die Kräfteverhältnisse wieder umkehren. Auf diese Weise kommen beide Seiten in ihrem jeweiligen Verbund leidlich sicher zum Ziel. Dies alles geschieht ohne jeden Augenkontakt zwischen den Verkehrsteilnehmern, die alle einer von der Natur vorgegebenen Zick-Zack-Bahn zu folgen scheinen. Nur wer einen Alleingang versucht, ist verloren, wie die junge Antilope, die durch Hyänen von ihrer Herde abgeschnitten wird.

Der heutige chinesische Markt verdankt seine Entstehung auch angewandter Taiji-Philosophie: „Egal ob die Katze schwarz oder weiß ist, Hauptsache, sie fängt Mäuse" lautete 1975 die ketzerische These Deng Xiaopings, des Vaters des chinesischen Wirtschaftswunders. Der Zweck des wirtschaftlichen Aufbaus heiligt die Mittel von Marktwirtschaft, ausländischem Kapital, sozialer Ungerechtigkeit. Im staatlich kontrollierten Bereich – dem weißen Fisch – bilden die kapitalistischen Elemente einen begrenzten Stimulus – den schwarzen Kreis; der freie kapitalistische Markt – der schwarze Fisch – bildet die legitime Ergänzung, da er ja auch das große gemeinsame Ziel des wirtschaftlichen Aufbaus – den weißen Kreis – enthält. So fügen sich Plan und Markt zum neuen Ganzen – der „sozialistischen Marktwirtschaft mit chinesischen Charakteristika".

Der Markt hatte auch schon in der Geschichte eine wesentliche Rolle für die gesellschaftliche Entwicklung gespielt. Am Beginn der chinesischen Zivilisation stand eine Agrargesellschaft, die rund um die Wasserversorgung der Felder gewachsen war. Ein Bewässerungssystem erfordert kollektive Anstrengung und arbeitsteilige Organisation. Ein Markt für den Tausch der landwirtschaftlichen Erzeugnisse und ein Arbeitsmarkt für Spezialisten und Arbeitskräfte für die Landwirtschaft sind die Konsequenz.

Die Planung, Errichtung und Instandhaltung der Bewässerungsanlagen erfordert darüber hinaus eine Verwaltung, die den Ursprung des chinesischen Beamtenstaates bildete. Somit standen am Beginn der typischen hierarchischen, zentralistischen, Wissen tradierenden chinesischen Zivilisation die Erfordernisse des Agrarmaktes.
Die ersten chinesischen Kaufleute waren Salzhändler am Unterlauf des Yangtze, die das Steinsalz aus dem Landesinneren über den Yangtze und den Kaiserkanal im reichen Ostchina vertrieben. Die Blüte der chinesischen Dichtung und Malerei in der Tang- und Song-Dynastie (7. bis 13. Jahrhundert) war dem Geld der Salzhändler und anderer Kaufleute zu verdanken, das als Spenden, Steuern und Bestechungsgelder in die Geldtruhen der buddhistischen Klöster, Adeligen und Beamten floss, die ihrerseits die schönen Künste zur Preisung ihrer Macht und gesellschaftlichen Stellung förderten. Wenn der heutige chinesische Präsident Jiang Zemin „geistige Zivilisation" auf die Fahnen der Partei geheftet hat, verrät er seine Wurzeln in einer Familie von Beamten und Gelehrten aus Yangzhou, dem Zentrum des Salzhandels in Ostchina.
Unheilvollere Folgen hatte der Opiummarkt im 19. Jahrhundert. Nachdem es der britischen East India Company nicht gelungen war, mit Wollstoffen aus Manchester, Hausgeräten aus Sheffield oder Lederwaren aus London den chinesischen Markt zu erobern, kam ihr die verhängnisvolle „Königsidee", um einer positiven Handelsbilanz willen Opium auf den chinesischen Markt zu werfen. Die Sucht war in China seit dem 17. Jahrhundert verbreitet und die um die braunen Opiumziegel geführten Kriege erwiesen sich als Todesstöße für das fünftausend Jahre alte Kaiserreich.
Auch der Zweite Weltkrieg, der in China schon 1937 begann, als die Japaner über die Marco-Polo-Brücke in Beijing einmarschierten und wenig später die östliche Hälfte Chinas bis nach Kanton im Süden unter ihre Kontrolle brachten, hatte wirtschaftliche Ursachen. Japan suchte sein Heil in der Expansion, um sich Rohstoffquellen, Arbeitskräfte und Absatzmärkte in einem neuen, unter seiner Führung stehenden gemeinsamen ostasiatischen

Markt zu verschaffen. Bekanntlich endete das Abenteuer nicht gemäß den japanischen Plänen, sondern in den Feuerbällen der amerikanischen Atombomben über Hiroshima und Nagasaki. Weniger bekannt ist, dass die japanische Okkupation großer Teile Chinas einen wesentlichen Beitrag zur kommunistischen Machtergreifung unter Mao Zedong 1949 leistete. Ohne japanische Intervention wäre es der chinesischen Republik unter Tschiang Kai-schek möglicherweise gelungen, die kommunistische Revolte mit amerikanischer Unterstützung im Keim zu ersticken.

Mit der Machtergreifung Mao Zedongs reduzierte dessen „Primat der Politik" die Rolle des Marktes gegen Null. Von 1949 bis 1976 war wirtschaftliche Vernunft kein Entscheidungskriterium, sondern eine für ihre Proponenten gefährliche bourgeoise Infamie. Trotzdem – und das ist wieder ein Beweis für die Allgemeingültigkeit des Taiji-Modells – schuf gerade Maos „Kulturrevolution", die auf die Beseitigung der Hindernisse auf dem Wege zur idealen kommunistischen Gesellschaft abzielte, den Keim zur erfolgreichen Wirtschaftsreform unter Deng Xiaoping nach seinem Tode. Dieser „weiße Kreis" auf dem schwarzen Fisch war die Rebellion der Jugend gegen die „Neue Klasse" der Parteikader. Es waren das unkonventionelle Denken und nicht wenige der „Roten Garden" von 1966 selbst, die in den Achtzigern und Neunzigern mit demselben Feuer die „Red Chip"-Paradeunternehmen und Millionen von neuen Kollektivbetrieben schufen.

Es waren auch die ideologischen Verirrungen Maos gewesen, die Deng Xiaopings Blick für die Realität geschärft hatten. Der „Große Sprung vorwärts" 1958 führte dazu, dass die Bauern alle ihre metallenen Gerätschaften einschmolzen, damit Chinas Stahlproduktion diejenige Englands übertreffen sollte. Die Gründung der „Volkskommunen" 1958 sollte die Kollektivierung der Landwirtschaft vollenden, führte aber prompt zu einer Hungersnot. Der Bruch mit der Sowjetunion 1962 schnitt die chinesische Schwerindustrie von ihrer wichtigsten Quelle für Know-how ab. Die „Kulturrevolution" 1966 schließlich stürzte die Städte ins Chaos und drohte selbst die Armee zu spalten. Deng Xiaoping hatte alle diese Kampagnen in vorderster Front er- und überlebt.

Er zog die Konsequenz, indem er von der politischen Führung forderte „die Wahrheit in den Tatsachen" zu suchen. Auch diese Maxime ist Ausdruck der Taiji-Philosophie, indem sie die Gegensätze zwischen einer Momentaufnahme (die Tatsachen = der schwarze Fisch) und dem zeitlosen Leitprinzip (Wahrheit = der weiße Kreis) vereinigt. „Die Wahrheit in den Tatsachen suchen" heißt mit anderen Worten, dass es keine absolute Wahrheit gibt, sondern nur eine relative, von den Umständen abhängige. Die häufig gestellte Frage: „Sind die Chinesen ehrlich?" muss man daher so beantworten, dass jede Aussage im Kontext gesehen werden muss, ob sie aus Gefälligkeit, sachlich oder feindlich erfolgt. Der Wahrheitsgehalt kann danach beurteilt werden.
1978 bedeutete es eine Kehrtwende um 180 Grad, von den Verantwortlichen zu verlangen sich aktiv den wirklichen Problemen zuzuwenden, statt weiter die Decke der ideologischen Schönfärberei darüber zu breiten, um es sich anschließend auf ihr bequem zu machen. Nach 30 Jahren ideologischer Bocksprünge und planwirtschaftlichen Schlendrians befand sich das Land in tiefer Stagnation. Die Infrastruktur von Verkehr, Energieversorgung und Telekommunikation war hoffnungslos veraltet, die Produktivität durch eine demotivierte Arbeiterschaft auf einem Tiefpunkt, die Parteikader waren nach dem Tod Maos und dem „weichen Putsch" Deng Xiaopings zur Säuberung der Parteiführung von den „linksextremen" Elementen um Jiang Qing, die Witwe Maos, tief verunsichert. Doch Deng hatte noch nie vor einer Konfrontation zurückgeschreckt. Er erkannte klar den kritischen Moment und die historische Gelegenheit, den breiten Kopf des schwarzen Fisches zu verlassen und China in das Neuland der Wirtschaftsreform zu führen, deren Konturen zunächst nicht mehr als ein schmaler Streifen des weißen Fischschwanzes im Taiji-Symbol waren.

Der Lichtstreif am Horizont wurde bei einem Abendspaziergang im Mai 1979 in Xian, der fünftausend Jahre alten Kaiserstadt und Hauptstadt der armen Lössprovinz Shaanxi, augenfällig. In jenen Jahren war es abends noch ziemlich dunkel in den chinesischen Städten. Die Kreuzungen waren durch rote Lämpchen über der Kreuzungsmitte gekennzeichnet, die Verkehrsampeln am Abend abgeschaltet. Die Straßenbeleuchtung reichte kaum bis zum Boden. Am Gehsteig waren jedoch in regelmäßigen Abständen flackernde Lichter zu sehen. Kerzen, in Konservendosen vom Wind geschützt, und Petroleumlampen. Hinter den Lichtern waren schemenhaft rundliche Gestalten zu erkennen. Trat man näher, erblickte man ältere Matronen, die auf Holzstühlen und niedrigen Hockern saßen. Vor sich hatten sie Personenwaagen am Boden stehen, manche mit Stangen zum Messen der Körpergröße. Was bezweckte diese Versammlung zur Abendstunde? Es war nicht mehr und nicht weniger als die Geburt des privaten Gewerbes in Xian. Denn die unternehmungslustigen alten Damen stellten die Waagen gegen Entgelt Passanten zur Verfügung, die schon immer einmal wissen wollten, wie schwer ihre Kinder oder sie selbst waren. Ob die Waagen aus den örtlichen Kindergärten, Schulen und Krankenhäusern stammten oder aus dem Lager einer lokalen Waagenfabrik, entzieht sich meiner Kenntnis, ich war mir jedoch im Klaren darüber, an diesen Messgeräten nicht nur das Körpergewicht der zukünftigen chinesischen Konsumenten, sondern vielmehr die Zeichen der Zeit ablesen zu können.

Der neue Chief Executive Officer musste die China Inc. nichts weniger als neu erfinden und neues Denken in der gesamten Belegschaft entzünden. Er begann bei den Ursprüngen – der Landwirtschaft und den Bauern. Von den mongolischen Nomaden der Wüste Gobi über die Arbeiter auf den Baumwoll- und Weizenplantagen entlang des Gelben Flusses bis zu den südchinesischen Reisbauern, die kniehoch im Wasser, vornüber gebeugt, die Köpfe mit Strohhüten gegen Sonne und Regen geschützt die frisch-grünen Reissetzlinge in den Schlamm steckten – alle waren sie 1978 in Volkskommunen organisierte Lohn- und Befehlsempfänger, deren Eigeninitiative nichts zählte. Hier setzte die marktwirtschaftliche Reform ein. Im Laufe von wenigen Jahren wurden die Bauern stufenweise aus der Kollektivwirtschaft befreit und in die Marktwirtschaft entlassen. Der erste Schritt bestand darin, den Bauernfamilien ein Stück Anbaufläche zuzuteilen, wofür sie sich als Gegenleistung zur Produktion einer bestimmten Menge Getreides oder anderer Produkte gemäß dem Plan der Kommune verpflichten mussten. Dieser Teil der Produktion wurde zu vorher festgesetzten staatlichen Einkaufspreisen abgelöst und diente der Grundversorgung mit Lebensmitteln. Jeder Bauer konnte selbst entscheiden, was er mit seinen Produktionsmitteln über dieses vertraglich fixierte Plansoll hinaus erzeugen wollte. Er konnte einfach mehr Reis anbauen und auf dem freien Markt zu Tagespreisen verkaufen oder er konnte eine Geflügel-, Schweine- oder Shrimpfarm oder auch ein Transportunternehmen beginnen. Diese neue Politik auf dem Lande führte seit 1978 zu jährlichen Steigerungsraten in der landwirtschaftlichen Produktion von durchschnittlich fünf Prozent – die breite Basis für die Steigerung von Wirtschaftsleistung und Lebensstandard im ganzen Lande.

Die Früchte des Neuen Denkens auf dem Lande waren so viel versprechend, dass als nächster Schritt privates Gewerbe auch in den Städten legalisiert wurde. Wer heute durch eine chinesische Straße geht, in der jeder Zentimeter genützt wird, um Geld zu machen – kleine Restaurants, Kosmetiksalons, Geschäfte, Verkaufsstände für alles von Gemüse bis zu Ofenröhren, ambulante Reparaturbetriebe für Fahrräder und Schuhe, Schneidereien, Foto-Entwicklungslabors, Kühltruhen mit Eis, Bauchläden mit Zigaretten, Reklametafeln für Mobiltelefone und Markennamen, Parkplätze für Fahrräder und Autos, Hütchenspiel auf dem Gehsteig, Invalide und zerlumpte Kinder als Bettler –, wer sich heute seinen Weg durch dieses Gedränge bahnt, kann sich kaum vorstellen, dass vor 20 Jahren die grauen Straßen einzig von den blauen und grünen Schatten lautloser Radfahrer und einzelner grüner Lastwagen, roter Busse und knarrender Pferdegespanne belebt waren. Dazwischen gelegentliche rote Tafeln mit den aktuellen Parolen in weißen Zeichen: „Nieder mit dem kapitalistischen Wegbereiter!“

Dieser hielt sich jedoch mit der Befreiung der Produktivkräfte an der Basis auf dem Land und in der Stadt nicht auf, sondern sorgte durch die Schaffung von Kollektivbetrieben und die Öffnung des Landes für ausländische Investitionen sowie die Schaffung von „wirtschaftlichen Sonderzonen" als Freihäfen für Exportproduktion dafür, dass sich Kapital dort akkumulieren konnte, wo es dem Wirtschaftswachstum diente.

Kollektivbetriebe entstanden zuerst in Nischen, die von der Planwirtschaft nicht erfasst waren. Berühmt geworden ist die Knopfproduktion in Wenzhou. Für die blaue und grüne Mao-Tracht hatte ein Knopfmodell, schwarz und in verschiedenen Größen, genügt. Dieses wurde in staatlichen Knopffabriken hergestellt. Doch mit abwechslungsreicherer Mode und der Lohnproduktion ausländischer Markenkonfektion für den Export entstand Bedarf für neue Knopfmodelle. Findige Unternehmer in Wenzhou im Einzugsbereich der Mode- und Textilindustriemetropole Shanghai waren die ersten, die die Marktlücke erkannten. So wie Frau Hou Mingxin, deren Knopffabriken hunderte verschiedener Modelle für Kleiderfabriken in ganz China erzeugen. Frau Hou beschäftigt 500 Arbeiterinnen in Wenzhou und hat einen Mercedes 300 im Hof ihres Hauses stehen. „Ich benütze den Mercedes kaum, weil die Straßen so eng sind. In den Betrieb fahre ich mit dem Fahrrad", erzählt Frau Hou bei einer Begegnung in Wien, wo sie während einer Europareise Station macht. Die Reise dient dem Knüpfen neuer Geschäftsbeziehungen und der Marktforschung, denn Frau Hou möchte nicht von der Knopfkonjunktur allein abhängen. Sie zeigt sich beeindruckt von einer Messe für Produktionsanlagen für die Audio- und Videoindustrie, die sie in London gesehen hat. Die Produktion von Videodiscs scheint nicht viel schwieriger als die von Knöpfen zu sein, doch lässt sich mit den Silberscheiben eine wesentlich höhere Wertschöpfung erzielen. Das einzige, was Frau Hou Sorgen bereitet, ist, woher sie die Originalfilme für die Videodiscs beziehen kann. Die Mehrzahl ihrer Knöpfe hat sie selbst entworfen oder die Muster von ihren Auftraggebern erhalten.

Exportproduktionsbasen in Freihäfen sind keine chinesische Erfindung. In der Hand von Deng Xiaoping wurden sie jedoch zum Versuchsballon für die Reform eines für erstarrt gehaltenen kommunistischen Monolithen. 1979 besuchte Deng Xiaoping die südlichen Provinzen Guangdong und Fujian, um mit den lokalen Parteiführern seine Idee zu besprechen, Experimentierstätten für eine „sozialistische Marktwirtschaft unter chinesischen Vorzeichen" zu schaffen. Wenn das Experiment erfolgreich ausfiel, würde es im ganzen Lande angewendet, wenn es schiefginge, wäre zumindest der Schaden begrenzt und weit weg von Beijing. „Die Zentralregierung hat nur wenig Geld für dieses Projekt. Ihr seid auf euch allein gestellt. Es könnte ein harter Kampf werden", warnte Deng seine Parteigenossen, um von vornherein keine Erwartungen aufkommen zu lassen, dass Beijing nun eine Muster-Exportzone hochpäppeln werde. Tatsächlich wurde dann auch ein gänzlich totes Eck als Ausgangspunkt der ersten SEZ (Special Economic Zone) ausgewählt: Shekou, ein Vorort des heruntergekommenen Hafenstädtchens Shenzhen an der Grenze zu Hongkong, die damals dem Eisernen Vorhang des Ostblocks in Europa glich und daher auch als Bambusvorhang bezeichnet wurde. Es gab eine Anfangssubvention von Beijing in Höhe von 100 Millionen RMB, die gerade dafür reichte, einen Drahtzaun um die Zone zu ziehen. Shenzhen hatte damals nur 20.000 Einwohner und 26 kleine Fabriken. Die Güter- und Passagierzüge, die zwischen Kanton und der britischen Kronkolonie verkehrten, fuhren durch. Straßenverbindung war keine geöffnet. So war es ein Akt der Fantasie und des politischen Willens, als am 26. August 1980 hier der Grundstein der ersten chinesischen wirtschaftlichen Sonderzone gelegt wurde. 15 Jahre später hatte Shenzhen 3,5 Millionen Einwohner und eine Wirtschaftsleistung von 9 Milliarden US$. Das Ziel, durch die Schaffung vorteilhafter Bedingungen in Bezug auf Steuererleichterungen, Gewinntransfer und Genehmigungswesen ausländische Investitionen und Know-how anzuziehen, wurde erreicht. Ein genauerer Blick in das ökonomische Experimentierlabor, wie die Sonderzonen anfangs genannt wurden, zeigt allerdings auch angewandte Taiji-Philosophie: Ein großer Teil des „ausländischen" Kapitals stammt aus China selbst, nachdem es in Hongkong geparkt und „rein gewaschen" wurde – paradoxerweise oft von defizitären Staatsbetrieben, die von Schließung und Massenentlassungen bedroht sind, während ihre Manager sich in lukrative Positionen

in den finanzierten Joint Ventures abgesetzt haben. Die wirklichen ausländischen Unternehmen, die sich in Shenzhen und den anderen Sonderzonen ansiedelten, taten dies weniger, weil sie eine Exportbasis in Ostasien suchten, sondern mehr, um einen Fußhalt auf dem chinesischen Markt zu gewinnen. Die Investition in Joint Ventures wurde von vielen multinationalen Unternehmen als unvermeidbare Eintrittskarte zum chinesischen Markt angesehen. Es sollte sich aber herausstellen, und dies ist die nächste Wendung des Taiji-Symbols, dass die Joint Ventures tatsächlich der Schlüssel zum Erfolg auf dem chinesischen Markt sind. Dies hat mit einer weiteren praktischen Anwendung der Lehren der Taiji-Philosophie zu tun: „Wer verkauft, muss zunächst kaufen; wer kauft, verkauft zuerst." Wer erfolgreich in China verkaufen möchte, muss sich zuerst die Beziehungen verschaffen, die ihm in seiner Branche zum Erfolg verhelfen können. Ein Weg zur Sicherung von hilfreichen Beziehungen ist das Joint Venture – am besten mit dem Kunden oder mit einer Organisation, die über die richtigen Kanäle zum Kunden verfügt. Eine Produktion lässt sich auf der grünen Wiese überall aufbauen, erfolgreiche Absatzkanäle kann man aber nur mit dem richtigen Partner finden. Das Joint Venture dient dazu, diesen Partner an sich zu binden. Es gibt zwei Risiken dabei, das erste ist, auf den falschen Partner zu bauen und in ein Unternehmen zu investieren, das auf Grund der falschen Partnerwahl nichts zum Absatz der Produkte beitragen kann. Das zweite Risiko ist, in einem erfolgreichen Joint Venture vom chinesischen Partner ausgebootet zu werden, sobald der Technologie-Transfer erfolgt und die Gewinnzone erreicht ist. Wie auch immer, der Weg zu Gewinnen in China ist dornig.
Lange waren Joint Ventures bei Chinesen und Ausländern gleichermaßen umstritten, wenn auch aus verschiedenen Gründen. Vorläufer der heutigen Joint Ventures gab es schon im 19. Jahrhundert. Das Hongkonger Handelshaus Jardine führte ab 1849 gemeinsame Konten mit chinesischen Partnern für den Tee- und Opiumhandel. Die Hongkong & Shanghai Banking Corporation wurde 1864 mit britischem und chinesischem Kapital gegründet. 1895 zählte man in China rund 40 internationale Joint Ven-

tures. 1900 waren 40 Prozent der Aktien in Shanghai notierter ausländischer Unternehmen in chinesischem Besitz. Die ersten Joint Ventures nach der kommunistischen Machtübernahme wurden 1979 gegründet. Die mit einem Joint-Venture-Kapital von 4 Millionen US$ gegründete Aufzugsfabrik China Schindler war das erste industrielle Gemeinschaftsunternehmen. Die Joint Ventures rührten an ein Tabu im kommunistischen China. 1974 war in der Beijinger *Volkszeitung* noch heftig gegen die Zusammenarbeit mit internationalen Unternehmen polemisiert worden: „Aus Gier nach ausländischer Technologie und Ausrüstung wird krass gegen die Prinzipien von Unabhängigkeit und Selbstständigkeit verstoßen." Nach dem Tod Mao Zedongs 1976 und der von Deng Xiaoping herbeigeführten Kehrtwende zu einer wirtschaftlichen Reformpolitik kam es zum Paradigmenwechsel. Die *Beijing Review* 1977: „Die guten Erfahrungen und Techniken aus dem Ausland für unseren eigenen Nutzen absorbieren, um unsere Fähigkeit zur Selbstständigkeit zu erhöhen und China vor dem Ende dieses Jahrhunderts in ein mächtiges und modernes, sozialistisches Land zu verwandeln." Dengs legendärer Pragmatismus, der so in der chinesischen Natur liegt, hatte gewonnen. „Jade kann auch aus dem Gestein des Anderen gewonnen werden", wie es die alten Chinesen feinsinnig ausdrückten. Deng kam das Verdienst zu, zu erkennen, dass das ausländische Kapital einen wesentlichen Beitrag zur Reform leisten konnte. Management-Professor Max Boisot aus Barcelona dazu: „Wenn man den Kommunismus reformieren möchte, wie es die chinesische Führung tat, lenke man ausländische Investoren in Joint Ventures mit Staatsbetrieben, um diese zu stärken." 20 Jahre später muss man zugeben, dass das Konzept aufging. Der chinesischen Wirtschaft wurden zwischen 1976 und 1996 180 Milliarden US$ an Investitionen in Joint Ventures zugeführt. Der anhaltende Handelsbilanzüberschuss Chinas ist eine positive Folge der neu entstandenen Industrien. Der Zufluss an Know-how und Ausbildung für chinesische Manager könnte sich als noch wichtiger erweisen, wenn chinesische Unternehmen daran gehen werden den Weltmarkt zu erobern. Ein gutes Beispiel ist der japanische Unterhaltungselektronik-Konzern Matsushita mit den

Marken Panasonic und National. 1953 ging er in Japan als international unbekanntes Unternehmen für Elektrogeräte ein Joint Venture mit Philips ein. Heute ist er ein ebenbürtiger internationaler Konkurrent und Partner in der Entwicklung gemeinsamer Standards wie der CD und DVD (Digital Video Disc).
Die atemberaubende Entwicklung des chinesischen Marktes vom Personenwaagenverleih auf der Straße zum Börsengang an der Wallstreet ist dem Spannungsverhältnis unterschiedlicher Kräfte zu danken: individuelles Gewinnstreben, politischer Pragmatismus, Improvisationskunst und diktatorisches Durchsetzungsvermögen.
Solange diese Kräfte in Taiji-Art – „Eintracht im Gegensatz" – wirken können, sind die Chancen für eine weitere Expansion des Marktes gut. Die Anforderungen an alle Mitspieler sind hoch, der Einsatz an Ressourcen gewaltig, der Verschleiß an Mensch und Umwelt erschreckend.

Im Folgenden wollen wir uns mit einer Gruppe von Akteuren auf dem chinesischen Markt beschäftigen, deren Erfahrungen, Erfolge und Niederlagen eine weit über den chinesischen Markt hinausgehende Bedeutung gewinnen, handelt es sich doch um die multinationalen Unternehmen, deren Einfluss zunehmend die materielle Kultur auf der ganzen Welt bestimmt.
Die multinationalen Unternehmen sind die modernen Karawanen, die den Kapitalismus auf friedliche Weise nach China bringen, so wie der Buddhismus vor 2000 Jahren über die Seidenstraße nach China gelangte. Wie werden die Botschafter und ihre Botschaften aufgenommen? Hat die Assimilierung schon eingesetzt? Wird das marktwirtschaftliche Ferment ausreichen, den Lebensstandard von 1,3 Milliarden Menschen, von denen eine Milliarde knapp am Existenzminimum lebt, wesentlich anzuheben? Welche politische Wirkung werden hunderte Millionen mündiger Konsumenten haben? Sehen wir einem kapitalistischen China oder einem chinesischen Kapitalismus entgegen?
Die kapitalistischen Inseln im Lande, in erster Linie die Tochterunternehmen der multinationalen Unternehmen, könnten Auf-

schluss darüber geben, was der chinesische Markt aus dem Grundprinzip des Kapitalismus, der Gewinnmaximierung, machen wird. Ausgeglichene öffentliche Haushalte, Profit akkumulierende Betriebe, Konsumenten mit stetig steigender Kaufkraft, wie sind diese kapitalistischen Grundwerte mit den realen chinesischen Bedingungen von beschränkten Ressourcen, überwältigendem Bevölkerungsdruck, niedrigem Bildungsniveau, hierarchischem Machtdenken und nicht vorhandener öffentlicher Kontrolle zu vereinbaren? Wird die chinesische Tradition auch den Kapitalismus assimilieren und die multinationalen Unternehmen in China und darüber hinaus „sinisieren"? Wird Coca-Cola süßer werden, wenn dies dem Geschmack seines größten Marktes entspricht? Wird die Offenlegung gegenüber den Aktionären und damit die Kontrollierbarkeit eingeschränkt, wenn Mandarine des Marktes in die internationalen Vorstandsetagen einziehen?

Die Marktöffnung hat bereits eine wichtige Rolle für die Strukturreform der chinesischen Wirtschaft, ja der ganzen Gesellschaft gespielt. Die alte Struktur war eine vertikale, 1949 nach dem Vorbild der Volksbefreiungsarmee geschaffene. Jede „Einheit", wie die Behörden, Fabriken und Schulen genannt wurden, war weitgehend autark, um im Kriegsfall als Guerillabasis überleben zu können. Sie verfügte über sämtliche Funktionen, vom Kindergarten über die Kantine über Hausverwaltung, Transporttruppe, Propagandatrupp bis zum Altersheim, inklusive der privaten Wohnungen ihrer Mitarbeiter. Über die ideologische Linientreue und die Moral jedes Angehörigen wachte der Parteisekretär. Durch diese Vereinheitlichung der Gesellschaft verwirklichte die kommunistische Partei die totale Kontrolle, die sie bis heute an der Macht hält. Doch Deng Xiaopings Reformen und die Marktöffnung haben einen Trend in die andere Richtung eingeleitet: die Vergesellschaftung der Einheiten. Die chinesische Führung erkannte, dass Entwicklung nur in einer offeneren und arbeitsteiligen Gesellschaft möglich ist. In der Wirtschaft heißt das horizontale Verflechtung statt vertikaler. Die ausländischen Joint Ventures haben hier eine Vorreiterfunktion. Im sozialen Bereich bedeutet es eine zunehmende Rolle des Staates oder des Marktes bei der Zurverfügungstellung von Leistungen wie Sozialversicherung und Wohnung, für die bisher die Einheiten verantwortlich waren.

Werden wir in China erstmals erleben, dass der Kapitalismus an ökologische Grenzen stößt, oder wird der chinesische Markt zeigen, dass es die Marktkräfte sind, die die Lösungen für die von bedenkenlosem Wachstum und hemmungsloser Profitgier verschuldeten Probleme schaffen?

Gewiss ist, dass wir in China nicht nur Handel, sondern auch Wandel beobachten können. Wahrscheinlich ist, dass dieser Wandel weiter dem Taiji-Prinzip des unmerklichen Übergangs folgen wird, bei dem plötzlich das Neue auftaucht.

2. Kapitel

Der zusammenströmende Reichtum – Die Hongkong Bank

„Wir hätten diese Position niemals erreicht und aufrechterhalten, wenn wir nicht, wie ich denke, den guten Willen unserer Nachbarn, Chinesen wie Ausländer, besessen hätten. Wir haben diesen guten Willen durch unsere Politik gewonnen den legitimen Handel aller Nationen zu unterstützen ... und lokale Unternehmen nach besten Kräften zu ermutigen. Diese Politik wird so lange gelten, wie unsere Bank besteht."
A. G. Stephens, Chief Manager der HSBC, 1923

Ein Haus für 5000 Menschen, das fünf Meter über dem Boden schwebt – das ist keine fantastische Reiseerzählung Gullivers, sondern Realität in Hongkong.
Die Skyline Hongkongs wird von den Wolkenkratzern Centrals geprägt. In Hongkong kratzen sie im wörtlichen Sinn an den Wolken, die den Peak einhüllen, bevor sie sich in einem Wolkenbruch entleeren. Wenn man sich in der grünen Star Ferry, die durch die kurzen Wellen des Hafens tuckert, der Hochhausfront Centrals von Kowloon aus nähert, hat man einen hervorragenden Blick auf die drei Gebäude, die den Aufstieg Hongkongs vom kolonialen Handelsposten zum internationalen Finanzzentrum symbolisieren. Rechts das Connaught Center mit mattsilbrig schimmernder Aluminiumverkleidung und runden Bullaugen-Fenstern, die an die Schiffe erinnern, die den Reichtum des Handelshauses Jardine (und seines Besitzers) begründeten. Das schottische Handelshaus, das hier seinen Hongkonger Stammsitz hat, kam schon vor dem Opiumkrieg (1839–1842) nach Hongkong und entwickelte sich zu einem internationalen Mischkonzern, der mit allem, von Immobilien bis Milch, handelt. Links fällt der Blick auf das höchste Gebäude in Central, die in

den Himmel ragende Kristallspitze der Bank of China. Die in Dreiecke gegliederte Fassade verrät die Handschrift des amerikanischen Stararchitekten chinesischer Herkunft, Y. M. Pei, dessen berühmteste Glaspyramide vor dem Louvre in Paris steht. Die chinesische Staatsbank übertrumpfte mit der Errichtung eines kühnen architektonischen Meisterstücks nicht zum ersten Mal ihre private Konkurrentin am Platz, die Hongkong Bank.
Deren Hongkonger Stammsitz liegt genau zwischen der Bank of China und dem Connaught Center, in gerader Verlängerung der Anlegestelle der Star Ferry. Ein flüchtiger Blick auf das Hochhaus hinterlässt den Eindruck, dass hier noch ein Baugerüst steht. Dieses Gebäude ist eins mit seiner Struktur. Es ist „nur" 178,8 Meter hoch. Dieses „Gardemaß" ist kein Zufall, die Ziffern, chinesisch ausgesprochen, „Yi Qi Fa Fa" bedeuten „zusammen reich, reich werden". Kein Zufall deshalb, weil die Hongkonger extrem abergläubisch sind, wenn es um Gebäude geht, und jedes Bauprojekt von einem Geomanten oder Meister des „Feng Shui" im Detail geprüft wird. Darüber hinaus ist dieses Haus eines der innovativsten und teuersten, die je errichtet wurden. Der Architekt, Sir Norman Foster, aus England stammend, schuf hier wahrlich eine normannische Kathedrale des Geldes. Die Baukosten beliefen sich auf 680 Millionen US$. Die Aufgabe bestand darin, auf einer kleinen Grundfläche von weniger als 4000 Quadratmeter ein maximales Raumvolumen zu realisieren. Dies ist genial gelungen. Das Gebäude, das Platz für über 5000 Mitarbeiter auf 52 Stockwerken bietet, schwebt im wörtlichen Sinn über dem Boden. Auf Straßeniveau befindet sich unter dem Gebäude eine offene Plaza, die – welch Wunder und raffinierteste Zurschaustellung immensen Reichtums – nicht kommerziell genutzt wird, sondern außer den Rolltreppen, die durch das gläserne Dach über der Plaza auf den Boden des 50 Meter hohen Atriums im Kern des Gebäudes führen, leer ist. Welch ein Luxus! Eine 3500 Quadratmeter große, überdachte Leerfläche auf einem der teuersten Stücke Erde in der City Hongkongs!
Die kühne Konstruktion ist dadurch möglich, dass das gesamte Gebäude an acht Gruppen von jeweils vier mit Aluminium verkleideten, bis zu 150 Meter hohen Stahlsäulen hängt. Die fünf

Gruppen von Stockwerken hängen an Längsträgern, die wie Kleiderbügel aussehen. Die Versorgungseinrichtungen und Lifte sind an den Schmalseiten des Gebäudes aufgehängt. So bieten die Stockwerke völlig freie Flächen, die wie Flugzeugkabinen flexibel unterteilt werden können. Der Kern des Hauses wird von dem 50 Meter hohen Atrium über der Plaza eingenommen, das einem gothischen Kirchenschiff mit gläsernem Boden gleicht. Genial ist auch, wie Tageslicht in das Atrium und auf die Plaza unter dem Gebäude gelangt. An der Decke des Atriums befinden sich 225 Aluminiumspiegel, die das Tageslicht, das von 480 beweglichen, von Computern kontrollierten Glasspiegeln in das Gebäudeinnere gelenkt wird, nach unten reflektieren und so dafür sorgen, dass eine möglichst große Anzahl von Angestellten bei Tageslicht arbeiten kann.
18 (hoppala, 18? „Yao Fa"= „reich werden") Meter unter der Erde befindet sich der Saferaum, den man durch ein rundes Tor mit einer 50 Tonnen schweren Sicherheitstüre betritt. Hier stehen 25.000 vom Computer kontrollierte Schließfächer zur Verfügung. Noch tiefer unten, 75 Meter unter der Erdoberfläche, führt ein Tunnel in den Hafen. Durch ihn wird das Meerwasser für die Klimaanlage gepumpt.
Das 1985 vollendete Gebäude der Hongkong Bank ist architektonisch deshalb so ein großer Wurf, weil es den Geist dieser Bank vollkommen trifft. Fest auf ihrer Tradition am Victoria-Hafen ruhend, die Sicherheit der ihr anvertrauten Gelder mit allen Mitteln verteidigend, innovativ, fortschrittlich und abenteuerlustig. Das ist eine ziemlich einmalige Mischung für eine Bank. Sie ist das Ergebnis der Reaktion von Ost und West, von Herausforderung und Tat, von Skrupellosigkeit und Professionalität. Die Hongkong Bank ist seit ihrer Gründung das Vorbild für das Bankwesen in ganz Ostasien geblieben.

Der erste Banktag für die Hongkong Bank war Freitag, der 3. März 1865. Ihre Gründung war eine Reaktion der englischen Kaufleute in Hongkong auf die Nachricht, dass in Bombay, ebenfalls von Engländern, eine „Royal Bank of China" gegründet worden war. Die beiden Banken zugrunde liegende Geschäftsidee war, dass der stark wachsende Handel zwischen England und China für wachsenden Bedarf an Finanzdienstleistungen sorgen würde. Bis dahin hatte die englische East India Company den Handel zwischen England, Indien und China betrieben und auch finanziert. England lieferte Baumwollstoffe nach Indien, von dort wurde Opium nach China verkauft und von China wurden Tee, Porzellan, Seide und Gewürze nach England exportiert. Zahlungsmittel waren mexikanische Silberdollar und Wechsel, die von den englischen Handelshäusern ausgestellt wurden, um Zeit zu gewinnen, die Waren nach England zu schaffen und dort zu verkaufen. Da der chinesische Verkäufer keine Möglichkeit hatte, persönlich den Wechsel in London einzulösen, verkaufte er ihn an einen lokalen Mittelsmann oder „Comprador", von dem er sofort mexikanische Dollar oder Silberbarren erhielt – mit einem Abschlag natürlich, den der Comprador als Provision für seine Dienste behielt.

Der mexikanische Silberdollar war das bevorzugte Zahlungsmittel im internationalen Handel an der südchinesischen Küste. Der Grund dafür war der hohe und immer gleiche Silbergehalt der mexikanischen Dollarmünzen, die von den chinesischen Verkäufern zum Metallwert in Zahlung genommen wurden. Denn China kannte im 19. Jahrhundert noch keine Zentralbank, die die Landeswährung durch ihre Reserven garantiert. Was beim Zahlen zählte, war nur der Metallwert, „cash and carry" bedeutete noch, dass für größere Transaktionen schwergewichtiges Edelmetall übergeben werden musste. Diese Tradition des Tauschhandels zeigt sich auch heute noch darin, dass Geschäfte üblicherweise Zug um Zug vollzogen werden und jeder niemandem traut. Die offene Rechnung ist ein unbekanntes Instrument, ja im Chinesischen gibt es nicht einmal ein Wort für „Rechnung". Es gibt nur die „Quittung". Denn normalerweise wechselt keine Ware den Besitzer ohne sofortige Bezahlung – nicht mehr in Form von Edelmetall, jedoch noch immer mit gewichtigen Stößen bedruckten Papiers, des „Volksgeldes" oder „Ren Min Bi".

Die Einführung des mexikanischen Dollars als Zahlungsmittel im Außenhandel mit China ist ein Beispiel dafür, dass in der Geschichte der Mensch denkt und Gott lenkt. Menschen unterschiedlicher Kulturen denken anders über die gleiche Sache und doch können sie am Ende ein gemeinsames Ziel erreichen.

Das Feuchtbiotop nahe dem Bibliotheksgebäude der University of Hongkong illustriert diesen Kultur-Relativismus, der, auf die „universellen Menschenrechte" angewandt, für solchen Sprengstoff sorgt. Für viele japanische Besucher, die von Feuchtbiotopen noch nie etwas gehört haben, würde diese Grünzone eher wie ein Zen-Garten wirken. Dafür sorgen die kunstvoll zufällig im Rasen plazierten Steinblöcke und die Gestaltung der Ufer des in der Mitte liegenden Teichs in Form einer schiefen Acht. Große Ahornbäume beschatten den Garten. Auf einem von ihnen sieht man eine frische rote Markierung. Betrachtet man sie länger, verwandelt sie sich in eine Blütendolde, die zu einer Gruppe großblättriger Pflanzen gehört, von denen jede eine leuchtend rote Dolde trägt. Eine davon hängt so vor dem Baum, dass sie aus meiner Perspektive zur perfekten optischen Täuschung wird. Deshalb, weil ich aus meiner Erfahrung in den Alpen rote Markierungen an Bäumen kenne. Die Wirkung von Erfahrung kann so stark sein, dass sie die Wahrnehmung beeinflusst und neue Erkenntnisse sogar verhindern kann. Ist die richtige Balance zwischen Erfahrung und der Bereitschaft, neue Erkenntnisse zu gewinnen, ein Geheimnis des Erfolges? „Es ist verboten, Schildkröten in den Teich zu setzen", steht auf zwei weißen Holztäfelchen, die in den Teich gesteckt sind. Eine rätselhafte Mahnung. Ich könnte mir ein Verbot, den Teich zu betreten oder Hunde in ihm baden zu lassen, erklären, aber was haben die Schildkröten zu bedeuten? Pflegen die verwöhnten Hongkonger Studenten-Söhnchen und -Töchter sich ihrer gepanzerten Spielgenossen aus Kindheitstagen auf diese Weise zu entledigen? Oder entspricht es buddhistischem Ritual, durch das Freilassen einer gefangenen Kreatur für Prüfungsglück zu sorgen? Besteht das Risiko einer Schildkrötenplage, die alles Leben im Teich, in der Universität und in Hongkong vernichten würde?

Die neue Umgebung stellt die westlichen Firmen vor viele Rätsel. Es lohnt sich zu studieren, wie die Hongkong Bank das Rätsel des chinesischen Marktes seit 135 Jahren meistert.

Der mächtigste „Taipan“ – „höchster Boss“ – Hongkongs, Jardine, Chef des gleichnamigen Handelshauses, verfolgte die Gründung der neuen Bank mit Missvergnügen und Unverständnis. Denn Jardine bot seinen Geschäftspartnern ebenfalls Finanzdienstleistungen an. Die Gründer der Hongkong Bank versuchten Jardine durch das Angebot eines Sitzes im Direktorium mit ins Boot zu bekommen. Der starrsinnige Schotte ließ sich erst 1877 dazu gewinnen, als feststand, dass der Konkurrent – die Hongkong Bank – zu einem festen Bestandteil des Wirtschaftslebens in Hongkong und an der gesamten chinesischen Küste geworden war. 1985, nach der gemeinsamen Deklaration Großbritanniens und Chinas über die Rückgabe der Kolonie, zeigte Jardine eine ähnliche Trotzreaktion und verlegte als erste britische Firma in Hongkong ihren Firmensitz fort aus Hongkong auf die Bermudas. Jardine bezahlte dafür mit erschwertem Zugang zu vorübergehend heiß begehrten Immobilienprojekten auf dem Festland. Da in der Geschichte und besonders im Chinageschäft hinter jeder Wegbiegung eine Überraschung lauert, wundert es einen nicht zu hören, dass Jardine heute darüber froh ist nicht in zuviel Immobilieninvestitionen in China hineingeschlittert zu sein. Der China-Handel hatte an Bedeutung gewonnen, seit 1860 die kaiserliche Regierung in Beijing Verträge mit England und Frankreich abschließen musste, in denen elf neue Häfen für ausländische Schiffe, Handel und Missionierung freigegeben wurden. Bis dahin waren nur Kanton, Xiamen, Fuzhou, Ningbo und Shanghai offen gewesen. Die Öffnung chinesischer Häfen erfolgte unter militärischem Druck, erstmals 1850 nach der Niederlage im Opiumkrieg und das zweite Mal 1860 nachdem ein englisch-französisches Kontingent den kaiserlichen Sommerpalast in Beijing zerstört hatte. Der offizielle Grund für die Strafaktion war der Angriff der Taiping-Rebellen auf Shanghai. Diese standen allerdings nicht unter der Kontrolle der Regierung in Beijing, sondern hatten ihr eigenes „Himmlisches Reich des Höchsten Friedens“ mit der Hauptstadt in Nanjing ausgerufen. Sie standen unter Führung des charismatischen Hong Xiuquan, der China von der mandschurischen Qing-Dynastie befreien wollte. Hong Xiuquan hielt sich für Gottes Sohn und jüngeren Bruder von Jesus Christus, von dem er in der Missionsschule in Kanton gehört hatte. Sein „Himmlisches Reich“ endete, wie auf fanatischem Glauben gegründete Gemeinwesen es meistens tun, als irdische Hölle. Land- und Steuerreform sowie Frauenemanzipation reichten nicht aus, ein Terrorregime zu verhindern. Parallelen zur Wiedertäuferrepublik in Münster und zu den Killing Fields Kambodschas drängen sich auf.

Dieser blutige Abschnitt der Konfrontation Chinas mit dem Westen ist voll überraschender Wendungen. Wer hätte erwartet, dass ein Missionsschüler zur größten inneren Bedrohung für das chinesische Kaiserreich werden könnte? War es voraussehbar, dass England und Frankreich das alte Regime gegen die Aufständischen unterstützen würden? Welcher Logik entsprach es, dass die europäischen Truppen in Beijing ausgerechnet den im Stil von Versailles angelegten, von Missionaren geplanten Sommerpalast zerstörten? Hielten sie diesen für den wertvollsten Teil Beijings, weil er im europäischen Stil gebaut war? Kinder in der Sandkiste greifen auch zuerst zum neuesten und glänzendsten Spielzeug des Kontrahenten.

Man kann sich vorstellen, warum China so hilflos in das 20. Jahrhundert schlitterte und schließlich unter kommunistischer Herrschaft endete, wenn man sich die treibenden (und getriebenen) Kräfte vor Augen führt: das autokratische und nach über 200 Jahren an der Macht degenerierte Herrscherhaus nicht-chinesischen Ursprungs; die durch Naturkatastrophen und Bevölkerungsexplosion verelendete Landbevölkerung; die hereindrängenden fremden Seemächte; die von Korruption und Intrigen konsumierte Beamtenklasse und die Handvoll Intellektueller und Geschäftsleute, die im Geheimen mit der Außenwelt in Kontakt standen.

Dies war die historische Kulisse, vor der Freitag, den 3. März 1865 am Victoria-Hafen in Hongkong an der Adresse Queensroad Nr. 1 eine der spektakulärsten Erfolgsgeschichten der Bankindustrie begann. Das Gründungskapital von 5 Millionen mexikanischer Silberdollar stammte zum Großteil von Sir Thomas Sutherland, dem Eigentümer der Peninsular and Oriental

Steamship Corporation, die die Schifffahrtslinie zwischen Hongkong und London betrieb. 1902 verfügte die Hongkong Bank schon über Aktiva von 280 Millionen Hongkong Dollar, 1997 waren es 3500 Milliarden Hongkong Dollar, kaum weniger als die Deutsche Bank. Dieser Erfolg ist umso erstaunlicher, als die Hongkong Bank zweimal in ihrer Geschichte einen großen Teil ihres Vermögens durch politische Einwirkung verlor, 1941, als die Japaner Hongkong besetzten, und 1955, als die Volksrepublik China die Hongkong Bank enteignete.

Das Grundstück des Stammhauses an der Queensroad wurde 1865 von Elias Sassoon gekauft. Die Sassoons waren eine vermögende jüdische Familie aus Bagdad, die über Bombay nach Hongkong gelangt war. Ihr Reichtum stammte aus dem Handel mit Baumwolle und Opium und wurde in Immobilienbesitz in Hongkong und Shanghai angelegt. Die Sassoons werden uns im Folgenden in Shanghai wieder begegnen, wenn über die Blüte der Hongkong Bank im kolonialen Shanghai zu berichten ist.

Der unmittelbare Kundenkreis der Hongkong Bank bestand aus den 3792 erwachsenen, westlichen Ausländern männlichen Geschlechts, die 1865 in China, Japan und den Philippinen lebten. Die einzige Verbindung zur alten Heimat waren die Schifffahrtsrouten: Die Überfahrt von Hongkong nach Southhampton dauerte 50 Tage, von Hongkong nach Shanghai fünf Tage. 1870 wurde die erste Telegrafenlinie von Europa nach China eingerichtet. Für Diplomaten, Kapitäne, Kaufleute und Missionare war es gleichermaßen wichtig, im Fernen Osten eine westliche Bank zur Verfügung zu haben. Denn die Ausländer versuchten auf den Kolonialposten ihr gewohntes Leben so gut wie möglich weiter zu führen. Dadurch brachten sie eine Menge Geld in Umlauf, denn sie mussten für ihr tägliches Leben für ständige Zufuhr westlicher Güter wie Medikamente, Whisky, Zigarren, Kaffee, Konservendosen, Petroleum, Seife, Parfums sorgen, von den Einrichtungsgegenständen, Maschinen und Werkzeugen für die Betriebe ganz zu schweigen. Und schließlich mussten die Geschäfte mit den einheimischen Kaufleuten finanziert werden.

Detaillierte Bilder aus dem Leben im kolonialen Hongkong, in Macao und Kanton im 19. Jahrhundert verdanken wir dem englischen Maler William Chinnery. Er porträtierte den Hongkonger Taipan William Jardine in seinem Kontor. Aufrecht sitzt er in einem Lehnstuhl aus dunklem Holz. Er trägt eine weiße, eng geschnittene Hose und ein weißes Spitzenhemd mit einem vorne geknoteten Halstuch. Darüber einen schwarzen Gehrock mit silbernen Knöpfen. Die rechte, über die Armlehne hängende Hand hält eine Schreibfeder mit von Tinte schwarzer Spitze. Die kräftige Hakennase dominiert das Gesicht, tief in den Höhlen liegende Augen zeugen von der Anstrengung, das Geschäft des Handelshauses unter den Strapazen des Reisens und des Klimas an der chinesischen Südküste zu führen. Der Mund ist breit, mit fleischigen Lippen. Das dunkelbraune Haar ist kurz und zurückgekämmt. Die linke, zur Faust geballte Hand, die auf einem sechseckigen Tisch mit gedrechseltem Mittelfuß liegt, strahlt Entschlossenheit aus. Auf dem Tisch liegen die Schreibunterlage, Bücher, ein Bündel Briefe neben Tintenfass und Kerzenständer. Am Boden hinter dem Lehnstuhl liegt eine eingerollte Seekarte, die auf William Jardines früheren Beruf, Kapitän eines Handelsschiffes, hinweist. Durch das kleine Fenster im Hintergrund, das eher wie eine Schießscharte oder das Kajütenfenster eines Schiffes wirkt, sieht man das Meer mit der Sonne, die durch die Wolken bricht. Der mit dunklem Holz getäfelte Raum könnte auch eine Kapitänskajüte sein. Das Handelshaus Jardine & Mathson, dessen Gründer hier in Hongkong porträtiert wurde, ist von „Offshore"-Mentalität geprägt. Die Firma bleibt an einem Ort, solange sie dort Gewinne machen und diese sicher anlegen kann. Es gibt keine sentimentale Verbindung mit einem Ort, Jardine ist jederzeit wachsam und bereit, die Anker zu lichten.

Auch die Hongkong Bank ist seit ihrer Gründung eine Offshore-Bank geblieben. Sie ist weit über die Heimatbasis in Hongkong präsent, ein sicherer Hafen für Fluchtkapital der Reichen in Ostasien. Ohne dieses Sicherheitsdenken und das Bewusstsein, in einer feindlichen Umwelt allein auf sich gestellt zu sein, hätte die Hongkong Bank nicht einmal die ersten zwei Jahre, geschweige denn 135 Jahre überlebt.

Chinnery porträtierte auch den Gegenpol zu Jardine, den chinesischen Kaufmann Howqua. Er sitzt mit übergeschlagenen Beinen in einem aus Rosenholz geschnitzten chinesischen Lehnstuhl. Er ist in einen langen, hellblauen, chinesischen Seidenkittel gekleidet, mit einem dunkelblauen Brokatüberwurf mit goldgewirktem Saum. Um den Hals trägt er eine lange Kette aus roten, geschnitzten Lackperlen. Daumen und Zeigefinger der an die Brust gelegten Linken spielen müßig mit einer Perle. Das Gesicht ist ausgezehrt, mit schütterem Schnurr- und Kinnbart. Die Augen liegen dunkel und tief in den Höhlen, die Lippen sind voll. Auf dem Tischchen zur Linken steht eine henkellose Teetasse mit Deckel aus blauweißem, mit einem Landschaftsbild bemalten Porzellan. Dahinter hat Howqua seine Beamtenmütze abgelegt. Von der Decke des mit Seidentapeten ausgestatteten Raums hängt eine geschnitzte Laterne mit roten Stoffquasten. Durch das große Fenster rechts, das dem Raum die Durchsichtigkeit eines Pavillons verleiht, sieht man einen chinesischen Garten mit künstlichen Felsen. Der Kaufmann Howqua, Importeur westlicher Waren, scheint sich selber nur mit chinesischen Dingen zu umgeben.

Das war ein Problem für die englischen Kaufleute und Banker in Hongkong. Die chinesische Wirtschaft war autark. Vom Grundnahrungsmittel Reis bis zu den Luxusartikeln Seide, Porzellan und Tee wurde in China alles in ausreichender Menge und höchster Qualität hergestellt. Daher war es für den chinesischen Kaiser eine so große Irritation, dass die „Barbaren" nun Posten an der Türschwelle zum Reich der Mitte bezogen und Handel treiben wollten. Handel im eigenen Land war schon ehrlos genug, wenn auch unvermeidlich. Handel mit Barbaren war gänzlich unerhört. Für sie war es das einzig angemessene Verhalten nicht Kriege zu führen und ihre Tributgeschenke mit Stirnaufschlag beim Kaiser abzuliefern, bevor sie sich auf die Rückreise in ihre Heimat machten. Dies war zumindest die Theorie aus der Sicht der kaiserlichen Zentralregierung.
In Realität gab es schon längst Niederlassungen arabischer und jüdischer Händler in den Hafenstädten der südchinesischen Provinz Fujian. Diese waren jedoch ohne Kriegsmarine gekom-

men und hatten es vorgezogen sich weit weg von der Hauptstadt unauffällig in Quanzhou und Xiamen niederzulassen. Mit den Engländern und Franzosen war es nun anders, sie schickten offizielle Gesandtschaften zu den Provinzmandarinen, ja bis an den Kaiserhof, und sie wollten ihre Rechte nicht nur geduldet, sondern auf dem Papier bestätigt haben. Außerdem widmeten sie sich vor allem dem Import einer Ware, die bereits zu einer gefährlichen Massendroge geworden war, des Opiums. Opium war erstmals während der Tang-Dynastie (618–907) nach China gelangt, doch erst im 17. Jahrhundert zum Suchtmittel geworden. Anfang des 19. Jahrhunderts verfiel die britische East India Company darauf, indisches Opium in Kanton zu verkaufen, um das Silber für den Kauf der in England begehrten Exportwaren Tee, Seide und Porzellan zu verdienen. Die Opiumsucht erfasste in China alle Bevölkerungsschichten, vom Rikscha-Kuli bis zum Mandarin, die sich aus ihrer wegen Armut oder Langeweile unerträglichen Existenz flüchten wollten. Der Opiumimport war offiziell verboten, aber die Niederlage Chinas im Opiumkrieg 1839–1842 besiegelte die de facto Legalisierung. Der Opiumimport wurde in den Vertragshäfen, allen voran Kanton und Shanghai, ungehindert betrieben. Die Zeitungen veröffentlichten die Verkaufszahlen für Opium in einer Statistik mit Baumwolle, Tee und Seide.

Noch 1865 eröffnete die Hongkong Bank ihre erste Zweigstelle in Shanghai und hieß fortan Hongkong & Shanghai Banking Corporation oder abgekürzt HSBC. Die kaiserliche Regierung hatte widerstrebend die neuen Vertragshäfen geöffnet, die erstmals auch Binnenhäfen am Yangtze umfassten. Doch nun begann die Regierung die Vorteile des neuen, offiziellen Außenhandels zu entdecken. Es eröffneten sich ihr zwei neue willkommene Finanzquellen: Importzölle und ausländische Kredite. Die Hongkong Bank wurde zur Hausbank der kaiserlichen Regierung und organisierte internationale Anleihen für China. Die Rückzahlung war durch die Zolleinnahmen und später auch durch das Salzmonopol garantiert. Der chinesische Seezoll mit der Hauptverwaltung in Shanghai stand unter der Leitung des Engländers Robert Morrison und hatte sein Konto – welch ein

Zufall – bei der Hongkong Bank. Dieses Arrangement war überaus profitabel. Die Hongkong Bank arrangierte Anleihen für den Aufbau der chinesischen Marine und der Eisenbahnen auch für die nachfolgenden republikanischen Regierungen bis zur kommunistischen Machtübernahme 1949.
Diese 80 Jahre waren von Kriegen und Bürgerkriegen, Rebellionen und Revolutionen erfüllt. Doch für die Hongkong Bank erwies sich ihr chinesischer Name „Hui Feng“ oder „Zusammenströmender Reichtum“ als Glück bringend. 1881 kalligrafierte der Sohn des Siegers über die Taiping-Rebellen, Zeng Guofan, den Schriftzug mit dem Namen der Bank. Die unruhigen Zeiten schienen den Strom des Reichtums, der sich in Richtung der Banktresore wälzte, nur zu beschleunigen.
1900 hielt der Boxeraufstand Beijing in Atem. 55 Tage lang belagerten die aufständischen Anhänger der Sekte der Boxer das Botschaftsviertel in Beijing. So lange dauerte es, bis ein Entsatzheer mit Soldaten von acht Nationen, darunter auch Deutschland und Österreich, auf dem Seewege und die letzten 150 km über Land Beijing erreichte. Die Vertreter der Hongkong Bank standen auf dem Qianmen-Stadttor und beobachteten die Rückkehr der Regentin Ci Xi in die Verbotene Stadt nach der Vertreibung der Boxer. „Sie blickte auf zu uns und hob ihre geschlossenen Hände unter ihr Kinn und machte eine Reihe kleiner Verbeugungen … Wir vergaßen unser Ressentiment gegen die Frau, die für soviel Böses verantwortlich war. Diese kleine Verbeugung und die huldvolle Geste der geschlossenen Hände überraschten uns. Von überall entlang auf der Mauer kam als Antwort ein spontaner Ausbruch von Applaus. Die Kaiserin-Regentin schien erfreut. Sie blieb dort einige Minuten, blickte auf und lächelte“, beschrieb der *Times*-Korrespondent Peter Fleming die Szene. Dachte Ci Xi, während sie die Ausländer auf ihrer Mauer betrachtete, an die Gelder, die sie noch von ihnen zu kassieren gedachte? Zunächst musste sich einmal die kaiserliche Regierung zu Reparationszahlungen verpflichten, die natürlich über die Hongkong Bank finanziert und wie üblich durch die Einnahmen aus Zoll- und Salzmonopol besichert wurden.

Das Denkmal von Sir Thomas Jackson steht auf dem Statue Square vor dem Bankgebäude in Hongkong. Die linke Hand am Revers seines Gehrocks, mit scharfen Gesichtszügen und einem buschigen Schnauzbart, beobachtet er wochentags die in dunkle Anzüge gekleideten Banker, Pager und Mobiltelefon am Gürtel, über die offene Plaza auf Straßenniveau unter dem Bankgebäude hasten, während die doppelstöckigen Straßenbahnen die Queensroad entlang ächzen. Von der Modernisierung der elektrischen Ausrüstung durch Siemens, auch seit 1872 in China präsent, merkt man nichts – vielleicht würden sich aber die antiken Triebwagen ohne diese gar nicht mehr bewegen. Sonntags dominiert ein anderer Ton die Geräuschkulisse rund um das Jackson-Standbild. Es klingt wie das Zwitschern tropischer Vögel und kommt vom Geschnatter der bunt gekleideten philippinischen Hausmädchen, die ihren freien Tag bei einem Picknick auf dem Platz im Zentrum der City zu Füßen des bedeutendsten Präsidenten der Hongkong Bank im 19. Jahrhundert verbringen.

Nach der Niederschlagung des Boxeraufstandes 1900 brach eine geschäftlich gute Zeit in China an. Das Industriezeitalter setzte ein und die Fantasie von Investoren in Bewegung. Shanghai wurde zum Zentrum des neuen chinesischen Kapitalismus. Eisenbahnen, Bergwerke und Fabriken wurden errichtet. Die kaiserliche Regierung borgte weiter Geld, ebenso die ab 1911 folgenden republikanischen Regierungen bis zu Tschiang Kaischek. Die Hongkong Bank war bei allen wichtigen Anleihen mit von der Partie.
China und besonders Shanghai wurde immer mehr zum Eldorado internationaler Abenteurer. Das Ziel war für alle dasselbe: Reichtum. Jeder schlug seinen Weg ein, um dazu zu gelangen, und viele blieben auf der Strecke. Einer der erfolgreichsten war Ellis Victor Sassoon, der Enkel von Elias Sassoon, von dem die Hongkong Bank ihr Grundstück in Hongkong gekauft hatte. Ellis Victor Sassoon trug seit seiner Studienzeit in Cambridge, wo er mit mittelmäßigem Erfolg Geschichte studiert hatte, den aus seinen Initialen gebildeten Spitznamen Eve. Nach Shanghai zu-

rückgekehrt, begann er selbst Geschichte zu schreiben, und zwar die Geschichte des Shanghaier Immobilienmarktes. Eve war bald der größte Besitzer von Luxusimmobilien in Shanghai, vom Cathay-Hotel am Bund über Büro- und Apartmenthäuser bis zu seinem Landhaus in einem üppigen Park im Stadtteil Hongqiao, in der Nachbarschaft des heutigen Zoos. Eve frönte begeistert dem Luxus. Seine Parties, zu denen er stets mit einer schönen Frau am Arm erschien, waren legendär in Shanghai. Er heiratete jedoch erst mit 78 seine Krankenpflegerin, als er vor der kommunistischen Machtübernahme aus Shanghai nach New York geflüchtet war. In seinen besten Jahren in Shanghai hielt Eve über 100 Rennpferde und pflegte zu sagen: „There is only one race greater than the Jews, that's the Derby." („Es gibt nur eine Rasse = Rennen, die/das großartiger als die Juden ist, das Derby.") Eve genoss das Leben in Shanghai und stattete sein Cathay-Hotel, das 1930 am Bund eröffnete, mit dem kostbarsten Luxus aus aller Welt aus. Die Marmorböden und Säulen, die dunklen Wurzelholzvertäfelungen, Messinggitter und Kristallluster können heute noch im Peace-Hotel, wie das etwas heruntergekommene Etablissement nun heißt, bewundert werden: bei einer geschlossenen Gesellschaft in einem der restaurierten Salons im obersten Stockwerk, beim Essen im chinesischen Phönix- und Drachenrestaurant im 10. Stock oder beim Drink im Jazz-Pub im Erdgeschoß. Hier spielt immer noch dieselbe Combo wie vor 1949 „Oh When The Saints Go Marching In". 1979 war es eine Sensation, als die alten Herren mit frisch pomadisiertem Haar, schwarzen Anzügen und glänzenden Instrumenten wieder auf dem Podium standen und erstmals seit der Kulturrevolution öffentlich Jazz spielten. 13 Jahre hatten sie nur heimlich im Keller üben können. Die Erleichterung und Begeisterung über die wiedergewonnene Freiheit beflügelten ihr Spiel zum fröhlichen Auftakt für den Wiederaufstieg Shanghais als kapitalistisches Zentrum Chinas. Eve hat das Ende 1949 nicht mehr in Shanghai miterlebt: Klug trotz aller Vergnügungssucht hatte er seine bewegliche Habe in Sicherheit auf die Bahamas gebracht und kommentierte den Untergang seines Shanghais 1949 aus New York: „Ich gab Indien auf und China gab mich auf." Er hatte

Recht. Auch wenn Kapitalisten, Hasardeure und Bonvivants Ende des 20. Jahrhunderts nach Shanghai zurückgekehrt sind, so heißen sie nicht mehr Sassoon, sondern Liu, Wang, Zhang und Li und sind die Kinder der Revolutionäre, die es dank Macht und Ämtern zu neuem Reichtum gebracht haben.
Es waren einst nicht nur individuelle Abenteurer, die von den Verlockungen Shanghais angezogen wurden, sondern eine ganze Nation richtete ihre unersättliche Gier auf das Schatzhaus im Westen des Landes. Der japanische Botschafter in China drückte es 1915 in undiplomatischer Offenheit aus: „Wenn im Juwelierladen ein Feuer ausbricht, kann man von den Nachbarn nicht erwarten, dass sie darauf verzichten sich selbst zu bedienen." Japans Politiker und Militärs gingen in der Folge noch einen Schritt weiter und sorgten auch noch selbst dafür, dass das Feuer kräftig genug loderte. 1928 sprengte ein japanisches Einsatzkommando Zhang Zuolin, den chinesischen Warlord der Mandschurei, mitsamt seinem Eisenbahnwaggon in die Luft, um der japanischen Armee einen Vorwand für die Besetzung der Mandschurei zu liefern. 1937 beschossen japanische Truppen sich selbst an der Marco-Polo-Brücke im Süden Beijings und schufen damit den Anlass für die Einnahme Beijings und den Vormarsch nach Südchina. Hat Hitler die Anregung, 1940 den Zweiten Weltkrieg in Polen durch eine ebensolche Provokation zu beginnen, von den Japanern übernommen?
Die Hongkong Bank bot nicht nur im Stammhaus in Hongkong, sondern auch in ihrer Niederlassung in Shanghai einen sicheren Hafen für Geld und Gold auf der Flucht vor Bürgerkrieg und Revolution. „Die alte Dame vom Bund", wie die Hongkong Bank im kolonialen Shanghai liebevoll genannt wurde, hortete nicht nur Silber und Gold von Chinesen, sondern kaufte zum Beispiel auch den Goldschatz des russischen Zaren vom „Weißen" General Kolchak, als dieser vor den Bolschewiken nach Wladiwostok floh. Das Gold wurde über Shanghai nach Hongkong und später nach London verschifft.
1923 wurde das neue Gebäude am Bund in Shanghai eröffnet. Es ist weltweit eines der letzten klassizistischen Repräsentationsbauten mit Marmorsäulen aus Siena, einem venezianischen Mo-

saik in der Kuppel und einer 90 Meter langen Marmortheke. 70 Jahre später, 1997, wurden die Mosaikbilder anlässlich der Restaurierung des Sitzes der Shanghaier Stadtregierung, die sich 1949 im enteigneten Gebäude der Hongkong Bank niedergelassen hatte, wieder entdeckt. Die Mosaike waren seit den Fünfzigerjahren durch blassgelbe Wandfarbe bedeckt gewesen, um die Augen der unschuldigen Kinder der Revolution vor den Altarbildern des Kapitalismus zu schützen. Die Kuppel nimmt eine Fläche von 200 Quadratmetern ein. Acht Mosaike zeigen die Schutzheiligen sowie Ansichten von den Finanzmetropolen, in denen die Hongkong Bank 1921 präsent war: London mit Themse, House of Parliament und Saint Paul's, New York mit Freiheitsstatue, Hafen und Manhattan, Tokio mit Kaiserpalast, Shanghai mit den Prachtbauten am Bund, Hongkong mit dem Victoria-Hafen, Bangkok mit dem Chao-Phaya-Fluss und dem Großen Tempel, Kalkutta mit Hugli-Fluss und Oberstem Gericht sowie Paris mit Seine und Notre-Dame-Kathedrale.

Die Stadtregierung ist aus dem Bankgebäude ausgezogen und nachdem die Verhandlungen über eine Rückkehr der Hongkong Bank in ihr altes Gebäude am von der Stadtregierung geforderten Preis gescheitert waren, übernahm die Shanghai Pudong Development Bank das restaurierte Gebäude. Die Hongkong Bank war natürlich daran interessiert gewesen, in ihr altes Domizil an Shanghais bester Adresse zurückzukehren und hatte angeboten das alte Gebäude zu restaurieren und dahinter ein neues Bürohaus zu errichten. Die Stadtregierung wollte dagegen die Bank kräftig zur Kasse bitten, bevor sie ihr altes Gebäude zurückerhielt. Die Hongkong Bank reagierte wenig enthusiastisch ihr durch Enteignung verlorenes Gebäude zurückzukaufen und konnte auch dem Alternativvorschlag des Shanghaier Bürgermeisters, 200 Millionen US$ Grundsteuer im Gegenzug für die Anerkennung der Eigentumsrechte nachzuzahlen, nicht viel abgewinnen. So blieb der Hongkong Bank nichts anderes übrig, als in Shanghai einen radikalen Neuanfang zu machen und ein neues Gebäude in Pudong, auf der anderen Seite des Hafens, zu beziehen.

Am Weihnachtstag 1941 schlug die bisher schwärzeste Stunde der Hongkong Bank. Die Japaner besetzten Hongkong drei Wochen nach der Zerstörung der amerikanischen Flotte in Pearl Harbour auf Hawaii. In weiser Voraussicht war der Hauptsitz der Bank am 16. Dezember 1941 nach London verlegt worden. Die Japaner konfiszierten das gesamte Eigentum der Bank im Fernen Osten und internierten das englische Personal. Die lokalen Angestellten wurden nach Hause geschickt. Die Japaner verbrämten ihre Raubzüge mit der Befreiung von den Kolonialmächten England in Hongkong und Malaysia, Holland in Indonesien, Frankreich in Vietnam sowie Spanien in den Philippinen. Dank ihres enormen Reservefonds in London blieb die Hongkong Bank auch diesmal liquide und arbeitete mit einer Rumpforganisation in Kalkutta, Bombay, Colombo, New York, San Francisco und London weiter. Sie unterstützte auch weiter die chinesische Regierung unter Tschiang Kai-schek, der vor den Japanern ins Landesinnere, nach Chongqing, geflohen war. 1943 eröffnete die Hongkong Bank ihre Filiale in der Hafenstadt am Oberlauf des Yangtze hinter den drei Schluchten und demonstrierte damit ihren ungebrochenen Kampfwillen. Die Japaner wollten mit ihrer militärischen Expansion nach Indochina die Wende im Krieg zu ihren Gunsten herbeiführen. Es gelang ihnen jedoch nicht, die eroberten Gebiete zu konsolidieren, und die durch sieben Jahre Eroberungskriege geschwächte japanische Kriegsmaschinerie konnte der Offensive der USA nicht standhalten.

Am 30. August 1945 kapitulierten die Japaner in Hongkong vor den Briten. Der Hauptsitz der Hongkong Bank wurde 1946 nach Hongkong zurückverlegt. Der alte chinesische Butler in der Firmenkantine holte das silberne Essbesteck aus dem Schacht der Klimaanlage hervor, wo er es vor den anrückenden Japanern versteckt hatte. Auch die Filialen in den anderen ostasiatischen Ländern wurden wieder eröffnet. Nach der kommunistischen Machtübernahme in China 1949 hieß die Devise zunächst „business as usual". Der Hongkong-Bank-Vertreter in Beijing berichtete 1949: „Ich erwarte nicht, dass ausländische und chinesische Kaufleute, die Erfahrungen im Handel an der chinesischen Küste haben, in Verzweiflung ihre Siebensachen packen werden." Es dauerte tatsächlich fünf Jahre, bis die „bittere Medizin unter der Zuckerhülle" zum Vorschein kam und die ausländischen Unternehmen ebenso wie die einheimischen Privatbetriebe enteignet wurden. Die chinesischen Behörden bestanden jedoch darauf, dass die Hongkong Bank eine kleine Vertretung in Shanghai aufrechterhielt. Das macht sie heute zur einzigen ausländischen Firma mit ununterbrochener Präsenz in China seit 135 Jahren. Dieser Vorsprung ist uneinholbar.

Die Hongkong Bank ist die dominierende internationale Bank in Hongkong und auf dem Festland mit 433 Filialen in Hongkong und 14 Filialen im restlichen China, der gleichen Anzahl wie 1949. Auf dem Festland beschäftigt die Hongkong Bank über 500 Angestellte. Das Geschäft, das in diesen Festlandfilialen abgewickelt wird, stellt nicht mehr als zwei Prozent des weltweiten Gesamtgeschäfts dar.
Dennoch nimmt die Hongkong Bank den Aufbau ihrer Festlandorganisation sehr ernst. Das zeigt sich an dem Programm zur Entwicklung des lokalen Führungsnachwuchses. Die Kandidaten werden direkt von den Universitäten weg engagiert. Die Ausbildung umfasst zehn Wochen in England und drei Jahre in Hongkong. Danach werden die erfolgreichen Absolventen – auf freiwilliger Basis – in das mittlere Management der Festlandorganisation versetzt. Als Anreiz gibt es Wohnungsdarlehen zu zwei Prozent Zinsen bis zum hundertfachen Wert des Monatsgehalts sowie einen Repatriierungsbonus.
Eines der „Geheimnisse" des anhaltenden Erfolgs der Hongkong Bank sind ihre Eigentumsverhältnisse. Sie gehört 150.000 Aktionären und wird von einem Aufsichtsrat kontrolliert. Der Aufsichtsrat ist historisch gewachsen, seine Mitglieder werden jeweils vom alten Aufsichtsrat ernannt. Es gibt weder politischen noch anderen Einfluss von außen, alle Entscheidungen werden strikt nach professionellen Kriterien von Profitabilität und Kontinuität getroffen.

3. Kapitel

Siemens hat verstanden

„Es [ist] von ungeheurer Wichtigkeit, von Anfang an das Terrain besetzt gehalten zu haben ... Wie große Aussichten das enorme Reich bietet, wenn einmal der Anfang gemacht ist, liegt auf der Hand.“
Werner von Siemens, 1872

Der weit gereiste Firmengründer fand zwar nicht die Zeit, China selbst zu besuchen, erkannte das Potential aber sofort. Die Deutschen begannen im 19. Jahrhundert auf dem chinesischen Markt aktiv zu werden. Während Hongkong fest in britischer Hand war, zog Shanghai Geschäftsleute aus aller Welt an. 1866 öffnete der deutsche Club Concordia in Shanghai seine Pforten. Der während der Feierstunde ausgebrachte Toast eines Herrn Daucker, dessen Zunge von den genossenen Getränken gelöst war, brachte in deutscher Unverblümtheit die Stimmung der anwesenden Geschäftsleute auf den Punkt: „Wir, Deutsche, Engländer, Franzosen und Amerikaner kommen nach China mit der einzigen Absicht, die materiellen Vorteile zu erlangen, die vom Handel in diesem riesigen Land zu gewinnen sind. Die Teehändler, diejenigen, die sich für Seide oder Baumwolle oder für irgendeines der Produkte des Reiches interessieren, nicht zu vergessen die Fracht-Broker, haben einen nicht zu unterschätzenden Anteil am Wohlstand Shanghais. Es ist unser Zuhause für eine gewisse Zeit, aber nur eine Zeit lang. Wir wünschen, so bald wie möglich das Weite zu suchen und heißen daher jedes Anzeichen, das eine schnellere Verwirklichung unserer Hoffnungen zu versprechen scheint, willkommen. Daher, meine Herren, füllen Sie Ihre Gläser und trinken Sie mit mir auf den Wohlstand Shanghais.“
Siemens' Wurzeln in China gehen zurück bis ins Jahr 1872, als der erste Nadeltelegraf, eine der ersten Entwicklungen der 1847

von Werner von Siemens gegründeten Siemens Werke, nach China geliefert wurde. 1879 wickelte Siemens den ersten Projektauftrag in China ab: Der Hafen von Shanghai wurde mit einer Dampfturbine und elektrischer Beleuchtung ausgestattet. Hundert Jahre später ist Siemens der größte internationale Kraftwerkslieferant in China. 1899 konnte Siemens einen weiteren prestigeträchtigen Auftrag gewinnen: den Bau der ersten elektrischen Straßenbahnlinie Chinas in der kaiserlichen Hauptstadt Beijing. Knapp hundert Jahre später liefert Siemens die U-Bahnen in Shanghai und Guangzhou und erhält den Auftrag, die Hongkonger Doppeldecker-Straßenbahn zu modernisieren. Ein anderes von Siemens 1900 geliefertes Transportmittel kann noch heute in Shanghai besichtigt und benützt werden: der dreieckige Personenlift im jugendstil-verzierten Haus Zhongshan Dongyilu No. 3, dem heutigen Dongfeng-Hotel. 1910 gründete Siemens die Siemens China Electrical Co., die sogleich mit einem Großauftrag betraut wurde, dem Bau des ersten chinesischen Wasserkraftwerks in der Provinz Yunnan. 87 Jahre später ist Siemens Führer eines der beiden erfolgreichen europäischen Konsortien, die mit der Lieferung von insgesamt 14 Wasserkraft-Generatoren im Werte von über einer Milliarde DM beauftragt werden. 1924 verbucht Siemens eine weitere Pionierleistung in China: Installation des ersten automatischen Telefonwählamtes in Tianjin, der Hafenstadt südöstlich von Beijing. 62 Jahre später, 1986, liefert Siemens das erste digitale Telefonwählamt EWSD und wird damit zu einem führenden internationalen Lieferanten der chinesischen Post.
Der Zweite Weltkrieg und die kommunistische Machtübernahme in China setzten der Expansion ein vorübergehendes Ende. Doch sofort nach der Kulturrevolution nahm Siemens in den Siebzigerjahren den Faden wieder auf und knüpfte mit Lieferungen von elektrischen Ausrüstungen an die Stahlwerke in Wuhan und Turbinentechnologie nach Hangzhou 1975 an die alten Erfolge an. 1982 war Siemens einer der ersten internationalen Konzerne, die wieder ein Büro in Beijing eröffneten.

Sein erstes Joint Venture ging Siemens 1990 in Beijing zur Produktion des digitalen Telefonwählamtes EWSD ein. In wenigen Jahren folgten 39 weitere Joint Ventures im ganzen Land, die buchstäblich die gesamte Produktpalette des Konzerns – von der Glühbirne über Kühlschrank und Computer bis zum Kraftwerk – abdecken.

Symbolträchtig wählte Siemens 1997 eine Baumpflanzaktion vor seinem neuen Hauptquartier in Beijing zur Feier des 150-jährigen Firmenjubiläums. Am Montag, den 21. April 1997 führte der Präsident von Siemens Ltd. China, Hermann Kölle, eine Hundertschaft von Mitarbeitern an, um entlang der Zufahrtstraße zum Siemens-Hauptquartier in Beijing 150 Akazien zu pflanzen. Die Löcher dafür im Boden waren bereits in den Tagen zuvor ausgehoben worden, denn die Beijinger Erde ist, besonders nach dem langen, niederschlagslosen Winter hart wie Stein. Es ist nicht leicht hier Wurzeln zu schlagen.

„Als Global Player kann Siemens die große Herausforderung annehmen, welche die wichtigen Märkte in Asien-Pazifik für den Wettbewerb darstellen ... Wirtschaftsbeziehungen basieren generell auf Vertrauen, Zuverlässigkeit und Engagement aller Beteiligten. Um also neue Märkte erschließen zu können, bedarf es langfristiger Strategien, Kontinuität und Ausdauer. Siemens hat verstanden." Wenn Vorstandsvorsitzender Heinrich von Pierer über Siemens' Asienstrategie spricht, tut die Konkurrenz gut daran genau hinzuhören. Denn Siemens baut auf rund 140 Jahren Geschäftserfahrung in Asien auf. Was 1859 mit der Verlegung von Tiefseekabeln für Telegrafie im Arabischen Meer bei Karachi begann – Siemens war damals erst zwölf Jahre alt – ist heute mit 50.000 Mitarbeitern und 15 Milliarden DM Umsatz in nahezu allen Ländern Asiens fest verwurzelt.
1996 übersiedelte Siemens in den neu errichteten Siemens-Compound am nördlichen Stadtrand Beijings. Hier hat sich der Konzern ein China-Hauptquartier geschaffen, das auch am Stadtrand von München stehen könnte. Die fünfstöckigen Bürohäuser aus dunkelgrauen Klinkersteinen strahlen schlichte Eleganz und Zweckmäßigkeit aus. Acht Bürohäuser gruppieren sich

um ein Konferenzzentrum und werden durch ein Apartmenthaus, ein Wohnheim und ein Werkshotel mit großzügiger Kantine ergänzt. Bäume und Rasen säumen die asphaltierten Wege im Gelände, das nach außen durch ein hohes Gitter und Wachposten an den Eingängen geschützt wird. Das scheint notwendig zu sein, denn die Siemens-Kolonie an der Ausfallstraße zum Flughafen ist Anziehungspunkt für arme Taglöhner vom Land, die sich in der toten Saison mit Betteln in der Stadt ein Zubrot verdienen.
Die Jubiläums-Baumpflanzaktion war nicht nur von symbolischer Bedeutung, sondern diente auch der Erhöhung der Lebensqualität der Beschäftigten und ausländischen Familien, die im Siemens-Compound leben und im Winter Staub und im Sommer sengender Sonnenhitze ausgesetzt sind, wenn sie einen Fuß vor die Türe setzen. Bald werden sich lokale Siemens-Mitarbeiter als Nachbarn dazugesellen, wenn die neuen Apartmentblocks, die nördlich des Compounds hochgezogen werden, von ausgewählten Mitarbeitern, die hier Eigentumswohnungen erwerben können, bezogen werden.

„Wir klopfen immer wieder an das Tor des Ostens mit unserer Aufrichtigkeit, jedes Wunder beweist unsere ergebene Verantwortlichkeit; wo immer und wann immer, wir sind immer bei euch, was unser Leben erwärmt, ist Siemens-Begeisterung." Der Beijinger Kinderchor schmettert die Hymne von Siemens China vor den erlauchten Gästen, die sich am 27. Oktober 1997 im Siemens-Hauptquartier versammelt haben, um noch einmal das 150-jährige Jubiläum zu feiern, weil die Baumpflanzaktion nicht so prominent besucht war und Siemens China inzwischen mit Ernst H. Behrens einen neuen dynamischen, jungen Präsidenten hat, der dem gemütlichen Hermann J. Kölle nachfolgt.

Bereits um die Jahrhundertwende schrieb ein Siemens-Ingenieur, der bei Geschäften mit chinesischen Kunden eigene Erfahrungen vor Ort gemacht hatte, in einer Fachzeitschrift, „dass unsere elektrische Industrie in China noch ein Feld hat, dem sie eingehendes und praktische Erfolge zeitigendes Interesse zuwenden sollte". Genau dies hat Siemens in dem nun zu Ende gehenden Jahrhundert getan und sich damit in China eine äußerst breite Basis geschaffen, die von keinem anderen internationalen Unternehmen übertroffen wird. Heinrich von Pierer fasste 1997 Siemens' Strategie zusammen: „Seriösen Unternehmen geht es nicht um ein kurzfristiges Hochpushen, sondern um eine dauerhaft attraktive Performance – und dafür ist die Präsenz in den Zukunftsregionen und -märkten entscheidend." Eine dermaßen massive Präsenz wie sie Siemens in China entfaltet, hat ihren Preis: Während der deutsche Musterknabe in China 1996 100.000 US$ pro Beschäftigtem umsetzte, waren es bei der Konkurrenz ABB 115.000 US$. Telekommunikation-Branchenkaiser Ericsson kam im selben Zeitraum auf über 750.000 US$ pro Mitarbeiter! Die niedrigere Durchschnittszahl bei Siemens zeigt vor allem eines: das Geschäft ruht auf mehr Schultern. Es sind dies die 39 Joint Ventures, die für über 50 Prozent des Verkaufs zuständig sind. Diese breite Produktionsbasis in China zeigt am besten die langfristig angelegte Strategie des Konzerns, die China zum zweitwichtigsten Markt nach Deutschland ausbauen möchte. Schon heute ist Shanghai der größte Siemens-Standort nach München.

Nicht weniger als 11 Siemens-Joint-Ventures erzeugen in Chinas High-Tech-Metropole Wasserkraftturbinen, Industrieschalter und Sicherungen, Stromversorgungen, Industrieautomation, Telefonanlagen, Mobiltelefone, Telefonapparate, Elektromotore und Computer-Tomografen. Shanghai als wirtschaftlich dynamischeste Stadt Chinas bietet einmalige Standortvorteile: das größte Potential an gut ausgebildeten Technikern und Managern, wirtschaftliche Sonderzonen mit Investitionsanreizen wie in Shenzhen, einen riesigen Heimmarkt mit der Wirtschaftsleistung ganz Indonesiens, wenn man das angrenzende Jiangsu am Unterlauf des Yangtze dazurechnet, eingesessene Handelshäuser mit langjährigen Beziehungen zu allen Teilen Chinas und – keineswegs ein Zufall, wie wir im Folgenden sehen werden – stärksten Rückhalt in der Beijinger Zentralregierung unter Präsident Jiang Zemin und Premier Zhu Rongji, beide ehemalige Parteichefs von Shanghai.

Siemens' Erfolge in China bauen auf vier festen Säulen auf:

- tiefe Taschen
- gute Freunde
- Spitzenqualität
- Lernbereitschaft

Die Finanzkraft des deutschen Konzerns ist legendär, er kommt praktisch ohne Bankkredite aus. Siemens hat den langen Atem, auf einem wichtigen Markt wie China eine lange Aufbauphase mit niedriger Rendite durchzustehen.

Dafür, dass das eingesetzte Kapital gut angelegt wird, sorgt nicht zuletzt die politische Schützenhilfe durch die deutsche Regierung. Kohl ging während seiner gesamten Amtszeit pragmatisch an die Chinapolitik heran. Während seiner drei Besuche in China bzw. der Gegenbesuche durch seine chinesischen Amtskollegen Zhao Ziyang und Li Peng in Deutschland segelten in seinem Kielwasser stets auch Siemens-Industriekapitäne, um sich das Entree zur Beijinger Spitzenbürokratie zu sichern. Bis zur Regierungsreform 1998 spielten die Beijinger Industrieministerien, von Wasserkraft über Kohle bis zu Maschinenbau und Elektronik, für die Vergabe von Großaufträgen und die Auswahl von Kooperationspartnern eine entscheidende Rolle. Kohl befleißigte sich gegenüber China stets eines emotionslosen Pragmatismus. Priorität genossen Auftragsbücher und Arbeitsplätze in Deutschland. Außerdem erkannte Kohl mit seiner politischen Spürnase, die ihn an die Spitze geführt und selten enttäuscht hat, dass China ein dankbares Pflaster für den Kanzler der Wirtschaftsgroßmacht Deutschland war. Hier ließen sich in Wahljahren noch werbewirksame Staatsbesuche mit Milliardenaufträgen inszenieren. Wenn es um den Preis eines Fototermins auf dem Dach der Welt oder eines Lokalaugenscheins bei der Volksbefreiungsarmee war, so sei's drum. Die wenigen Linken und Grünen, die in Deutschland dagegen protestierten, hätten ihre Stimme ohnehin nicht Kohl gegeben. Dasselbe gilt für die staatliche Hermes-Bürgschaft für Zulieferungen zum Yangtze-Staudamm. Siemens hat von Kohls Chinoiserien immens profitiert. Im November 1995 begleitete gleich der gesamte Siemens-Vorstand Kohl nach China, um seine Vorstandssitzung dort abzuhalten und die kräftige Aufstockung der Investitionen in China zu beschließen. Die Belohnung ließ nicht lange auf sich warten. Mit drei Kraftwerkgroßaufträgen überholte Siemens General Electric und ABB als die Nummer eins im Kraftwerksbau in China. Dr. Wilhelm, der China-Koordinator im Siemens-Vorstand, wurde im Sommer 1996 von Premierminister Li Peng in Beijing empfangen und prompt konnte auch noch der heiß umkämpfte Auftrag für die Metrolinie 2 in Shanghai eingefahren werden. Im November 1996 gab der Deutsche Bundestag den Weg frei für Hermes-Bürgschaften für den Yangtze-Staudamm und programmgemäß lachte im Sommer '97 Siemens wieder das Glück mit einem 320-Millionen-US$-Auftrag für sechs Generatoren. Der Erhalt solch hochkarätiger Freundschaft erfordert unablässige und zähe Lobby-Arbeit in Deutschland und in China. Die reicht vom Protokoll für Staatsempfänge und feierliche Vertragsunterzeichnungen und Eröffnungen über geselliges Beisammensein auf dem Rhein und auf der Wiesn beim Oktoberfest in München bis zum Stipendium und Praktikum für den Kadernachwuchs. Siemens' Vorstandsetage betreibt Politik und Diplomatie mit derselben Gründlichkeit wie die Entwicklungsabteilung ihre Forschung.

Gründlich und systematisch wird bei Siemens China auch die Personalpolitik betrieben. Sie beginnt bei der Lehrlingsausbildung und endet mit dem Executive Program für Kandidaten für Führungspositionen im Konzern. Zeitplan und Zwischenschritte sind definiert.

Die Lehrlingsausbildung wurde nach dem Muster des deutschen „dualen Systems", das theoretischen Unterricht mit praktischer Arbeit im Betrieb kombiniert, geschaffen. Rund 200 Lehrlinge beginnen jedes Jahr ihre Berufsausbildung in Berufsbildungszentren in Shanghai, Nanjing, Beijing und Tianjin. Diese Ausbildungsstätten werden durch deutsche Stiftungen und die Firmen, die die Lehrlinge entsenden, finanziert. Die Ausbildung beginnt mit zwei Jahren theoretischer Unterweisung und einem Jahr Praktikum in einem Siemens Joint Venture. Gelehrt werden folgende Berufe: Energieelektroniker, Industrieelektroniker und Industriemechaniker. Auch die kaufmännische Ausbildung der

Mitarbeiter beginnt mit einer Lehrlingsausbildung zum Industriekaufmann, die zwei Jahre dauert und zur Hälfte im Klassenzimmer und zur anderen Hälfte in einem Siemens Joint Venture absolviert wird.
Der Weg zu höheren Management-Weihen führt über das „Siemens Management Lernprogramm". In vier Modulen, die jeweils zwischen einem und zwei Jahren dauern, kann der ehrgeizige Jung-Manager nach mindestens fünfeinhalb Jahren berufsbegleitender Ausbildung zum Abteilungsleiter oder Geschäftsführer einer Tochterfirma aufsteigen. Das fünfte Modul oder „Siemens Executive Program" ist der kleinen Elite, die für die Konzernspitze bestimmt ist, vorbehalten und wird in Dauer und Inhalt für den jeweiligen Kandidaten maßgeschneidert. Im Jahr 2005 soll erstmals ein Kandidat aus China so weit sein.
Schon früher, nämlich im Jahr 2000, sollen chinesische Manager in der weltweiten Siemens-Organisation eingesetzt werden.
Das Siemens Management Institute im Siemens Compound in Beijing ist zuständig für das Management-Lernprogramm. 30 Mitarbeiter organisieren den Ausbildungsbetrieb.
Woher kommen die Talente, die zu Siemens-Managern geschmiedet werden sollen? Siemens hat die chinesischen Universitäten mit technischen und wirtschaftlichen Studienrichtungen als Talentpool identifiziert. Diese Kontakte werden vom „University Liaison Office" gepflegt, das Beziehungen zu 20 Universitäten in ganz China unterhält. Es werden sowohl die Universitäten selbst als auch Studenten individuell gefördert. Die Unterstützung für die Universitäten reicht von Informationstagen über technische Fachzeitschriften, gemeinsame Forschungs- und Entwicklungsprojekte bis zur Spende von Geräten. Einzelne Studenten können in den Genuss eines der über 300 akademischen Preise, die Siemens jedes Jahr in China vergibt, kommen oder Mitglied im Siemens International Student Circle werden. Die Kontakte zu den Universitäten sorgen auch dafür, dass hervorragende Absolventen frühzeitig den Weg zu einer Beschäftigung bei Siemens finden.
Siemens' starkes Engagement im Aufbau lokaler Kompetenz trägt bereits Früchte. Es ist dadurch möglich geworden, dass

nicht mehr als 200 Deutsche und andere Expats unter den 9000 Mitarbeitern in China erforderlich sind. Die Zahl der Entsendeten soll auch in Zukunft nicht weiter steigen, selbst wenn die Gesamtmitarbeiterzahl bis 2001 auf 28.000 ansteigen wird. Die kleine Zahl von Expats ist ein wesentlicher Faktor zur Kostenkontrolle, kostet ein Expat mit durchschnittlich 300.000 US$ doch rund zehnmal soviel wie ein lokaler Angestellter.

Das sind schlechte Nachrichten für die „Bauernstube" im Lido-Hotel in unmittelbarer Nachbarschaft des Siemens-Compound. Hier findet der von Heimweh geplagte Münchner bayrische Atmosphäre mit in Eiche gebeizten Tischen und Stühlen, rot karierten Tischdecken, Steinguttöpfchen mit Butter und Schmalz, hausgemachten Schlachtplatten, Laugenbrezeln und Fassbier und Gastauftritten süddeutscher und österreichischer Volksmusikvirtuosen. Wenn auch keine Zunahme der deutschen Siemens-Mitarbeiter in China erwartet wird, so bilden die rund 100 deutschen Siemens-Familien in Beijing einen festen Bestandteil der über 2000 Deutschen in Beijing. Für ihre Alltagsbedürfnisse sorgen eine deutsche Schule, ebenfalls im Lido-Hotel, das Lufthansa-Zentrum mit Kaufhaus und sogar ein deutscher Fleischer mit bunter Biografie. Der Ex-Militärattaché an der DDR-Botschaft in Beijing sah nach der Auflösung seiner Heimatbasis eine Marktlücke in Beijing und gründete die deutsche Fleischerei. Der Laden fand sofort Anklang beim diplomatischen Korps und den westlichen Firmenvertretern in Beijing, die bisher bei der Fleischversorgung für ihren westlichen Speisezettel hauptsächlich auf Tiefkühlimporte im staatlichen Freundschaftsladen angewiesen waren. Der Ex-Militär ist nun ein erfolgreicher Geschäftsmann im Kreise der ausländischen Unternehmer, die sich auf das Abenteuer einließen, in Beijing ihren Landsleuten ein Stück Heimat anzubieten, sei es Wein, der in Beijing von französischen Mönchen gekeltert wird, Kaffee, von Amerikanern geröstet, Baguettes und Croissants von der internationalen Kette DeliFrance und Ricotta vom sizilianischen Käsemeister. In Shanghai und Nanjing sind ähnliche Dienstleistungsbetriebe im Gefolge der ausländischen Firmenniederlassungen entstanden, die nicht nur auf den stagnierenden Expats-Kundenkreis, sondern auch auf breitere Akzeptanz durch das chinesische Publikum abzielen.

Die Broschüre des Siemens Management Institute ziert ein Bild des chinesischen Weiqi-Schachs, im Westen besser bekannt als Go. Die abgebildete Stellung der schwarzen und weißen Steine ist eine Eröffnungsstellung in diesem komplexen Spiel, das mit 361 Steinen und Positionen normalerweise mehrere Stunden lang intensive Denkarbeit erfordert. Die Eröffnungsstrategie ist spielentscheidend, steckt sie doch die Positionen der Spieler auf dem großen Feld grob ab. Siemens hat sich in China zweifellos hervorragend positioniert und kann optimistisch in die Zukunft blicken. Das bedeutet nicht, dass Siemens nicht auch Niederlagen erlebt hätte. Die Mobiltelefonie ist ein Paradebeispiel. Siemens gehörte 1993 zu den ersten Lieferanten des digitalen GSM-Mobilnetzes in Guangzhou und hat mittlerweile weitere Netze in Shanghai, Tianjin und Beijing installiert. Siemens ist der einzige Konzern, der komplette Mobilsysteme in China produziert. Dennoch gelang es Siemens nicht, mit Ericsson und Nokia mitzuziehen, die gemeinsam 80 Prozent des chinesischen GSM-Mobilnetzmarktes besetzen. Auch bei den Mobiltelefonen selbst liegen die Verkaufszahlen der Siemens-Modelle weit hinter denen von Ericsson, Motorola und Nokia. Was ist die Ursache für die offensichtliche Schwäche in dieser Disziplin?
Über den Verkaufserfolg auf dem Markt entscheiden Produkt, Preis und Marketing. In den ersten beiden Kategorien sollte Siemens jedem Konkurrenten gewachsen sein. So kann es nur an letzterem liegen, wenn sich der gewünschte Erfolg nicht einstellte. Die Mobiltelefonie ist keine von der chinesischen Regierung geförderte Schlüsseltechnologie wie Stahlindustrie, Kraftwerksbau, Erdölraffinerie oder auch Telekommunikation insgesamt. Die Neuheit der Mobiltelefonie als Alternative zum fixen Telefonanschluss brachte es mit sich, dass die Provinztelefonverwaltungen großen Spielraum hatten, mit ausländischen Partnern zusammenzuarbeiten. Sie nützten diese Gelegenheit, um gegenseitig lukrative Kooperationsmodelle über Importfirmen in

Hongkong und Joint Ventures zu erfinden, bevor die staatliche Planungskommission auf diese neue Technologie aufmerksam wurde. Daher waren Ericsson und Nokia im Vorteil, die ihre Geschäfte nicht mit staatstragender Bedächtigkeit auf höchster Ebene einfädelten, sondern direkt beim Kunden, das heißt zuerst bei der Post in Guangzhou, Beijing und Shanghai abwickelten. Siemens brachte sein Produkt zwar zur selben Zeit, 1993, auf den Markt, hatte aber nicht das richtige Geschäftsmodell parat, um sich einen großen Marktanteil zu sichern.

Auf dem Programm des neuen Chefs steht an erster Stelle Konsolidierung. „Wenn Sie mich fragen, ob wir weitere 39 Joint Ventures folgen lassen werden, sage ich nein", stellt Behrens klipp und klar fest. Eher ist zu erwarten, dass von den bestehenden Joint Ventures welche geschlossen oder verkauft werden – wie es im November 1998 geschah, in England allerdings, wo ein chinesischer (!) Telekommunikationskonzern der aussichtsreichste „Weiße Ritter" zur Übernahme der Mehrheit an einem defizitären Siemens-Halbleiterwerk war. Der Retter in der Not war niemand anders als BISC, das Beijinger Telekommunikations-Joint-Venture mit Siemens-Minderheitsbeteiligung. Behrens erwartet für 1998 einen Geschäftsrückgang von bis zu 10 Prozent in China, bedingt durch die asiatische Finanzkrise, die die Exporte der Siemens-Joint-Ventures in China in Mitleidenschaft zieht. Vorübergehende Probleme ändern jedoch nichts an Behrens' strategischer Überzeugung: „Man kann in China nur erfolgreich sein, wenn man als lokale Firma betrachtet wird und unter den gleichen regulativen Bedingungen wie die lokalen Mitbewerber arbeitet."

Auch wenn Siemens eine steife Brise ins Gesicht weht, wird das „Tor zum Westen", wie die Übersetzung des chinesischen Namens von Siemens, „Xi Men Zi" lautet, offen bleiben und weiter Technologie und Kapital in den Osten einlassen.

4. Kapitel

A wie ABB

„Es ist unsere Verantwortung, die Erfahrungen unserer eigenen Industrialisierung sowie effiziente und saubere Technologie an sie zu transferieren."
Percy Barnevik, bis 1997 CEO von ABB

Tausende chinesische Studenten demonstrierten vor dem Tor des Himmlischen Friedens, dem Südeingang der Verbotenen Stadt. Man schrieb Sonntag, den 4. Mai 1919. Der Protest richtete sich gegen die Entscheidung in Versailles, den Status quo in Qingdao und Shandong, das heißt die Übernahme der deutschen Kolonie durch die Japaner seit 1915, zu sanktionieren. Die chinesischen Studenten verlangten die Rückgabe an China.

Die Residenz des Gouverneurs der ehemaligen deutschen Kolonie Shandong in Qingdao steht noch auf dem Hügel in der Stadt. Das prächtige Stein- und Fachwerkhaus mit den Butzenglasfenstern im Erdgeschoß liegt in einem Park mit großen Bäumen. Es ist heute ein Hotel, in dem bevorzugt Konferenzen chinesischer Behörden stattfinden. So wie an diesem Juliabend, an dem ich mit meiner Frau hier essen wollte, um die historische Atmosphäre aufzunehmen. Alle Tische im Speisesaal und in den Extrazimmern im ersten Stock waren von schwitzenden Gästen in kurzärmeligen, weißen Hemden und grauen Hosen besetzt. Viele Hosenbeine waren bis über die Knie aufgerollt, denn es war ein heißer Abend. Wir konnten nur einen kurzen Blick in das Innere werfen, sahen dunkle Eichenbalken, weiße Wände, steinerne Treppen und schmiedeeiserne Geländer. Kellnerinnen beäugten uns neugierig. Vor Einbruch der Dunkelheit gingen wir noch ein wenig im Park spazieren, bevor wir uns zu Fuß wieder auf den Weg in die Stadt hinunter machten, deren Lichter heraufzuglänzen begannen. Während der Fahrt quer durch die Stadt hatten wir die Anlage der Straßen in der hügeligen Hafenstadt am Ostchinesischen Meer bewundert. „Man sieht, dass diese Stadt von den Deutschen geplant wurde", sagte ich. „Schau, da steht eine richtige Kirche", meine Frau zeigte auf die zwei spitzen Türme am Ende der Straße, die wir bergab gingen.

1919, als die Studenten in Beijing demonstrierten, wickelte die schweizerische Brown Boveri ihr erstes Turbinengeschäft im von den Japanern annektierten Qingdao ab. Die ausländischen Ingenieure, die sich am Feierabend mit kühlem Qingdao-Bier labten, wussten nicht, dass an ihrem Einsatzort der Funken entstand, der das patriotische Feuer in China in Brand setzte. „Ein Funken kann einen Flächenbrand auslösen", Mao Zedong beschrieb mit diesem Zitat aus einem Gedicht aus der Tang-Dynastie (618–907) politische Kettenreaktionen, wie sie 1921 zur Gründung der kommunistischen Partei Chinas in Shanghai führten.
Auch der Schriftsteller Lu Xun in Shanghai sah die Zeichen der Zeit in den Studentendemonstrationen. Er war überzeugt davon, dass China die Kolonisatoren abschütteln und eine ähnliche Modernisierung wie Japan bewerkstelligen könnte. Wenn die Menschen es nur wagten neue Wege zu gehen …
Der sensible Dichter ahnte, dass bald chinesische Patrioten ihr Schicksal in die eigenen Hände nehmen würden. 1921 begann Mao Zedong mit der Gründung der kommunistischen Partei Chinas in Shanghai seinen langen Marsch, der 28 Jahre später mit der Ausrufung der Volksrepublik China vor demselben Tor des Himmlischen Friedens, vor dem 1919 die Studenten demonstriert hatten, seinen krönenden Abschluss finden sollte. Noch länger, nämlich volle 60 Jahre, bis 1979, sollte es dauern, bevor ein chinesischer Markt unter stabilen politischen Verhältnissen entstehen konnte. Auch dies, weil jemand, diesmal Deng Xiaoping, der langjährige Weggefährte, aber auch Kritiker Mao Zedongs es wagte neue Wege zu gehen.

Auch für Brown Boveri dauerte es bis 1979, bis das erste Vertretungsbüro in Beijing gegründet wurde. Dabei hatten die Geschäfte mit der Volksrepublik China schon 1957 begonnen, begünstigt durch den Status von BBC als Weltfirma aus der neutralen Schweiz, die überdies zu den ersten westlichen Ländern gehörte, die die Volksrepublik China 1950 diplomatisch anerkannten. Die vorsichtigen Schweizer betrachteten ihre chinesischen Kunden – die öffentlichen Kraftwerksbetreiber und die staatliche Schwerindustrie – lange als unsichere Kantonisten und zogen es vor, ihre Geschäfte in China vom sicheren Hongkong aus auf Projektbasis zu betreiben. An den Aufbau einer eigenen Infrastruktur für Produktion, Vertrieb und Service mochte man noch nicht denken. Es bedurfte einer „Kulturrevolution“ im eigenen Haus, nämlich der Fusion von BBC mit dem schwedischen Maschinenbaukonzern ASEA zu ABB 1988, um die strategische Wende herbeizuführen. Percy Barnevik, der Architekt des neuen Konzerns, gab als erster CEO der vereinigten ABB den neuen Kurs an: ABB sollte nicht ein Multi wie viele seiner Konkurrenten werden, sondern ein internationaler Verbund von rund 1000 „einheimischen Unternehmen“ in 140 Ländern der Welt. Dieser Verbund mit 220.000 Mitarbeitern wird von einer winzigen Konzernzentrale in Zürich mit nur 176 Mitarbeitern geleitet, die sich auf die reine Kunst der Führung konzentrieren: Strategie, Finanzierung, Kontrolle.

Die Zentrale für China, 1994 von Hongkong nach Beijing übersiedelt, beschäftigt mehr Leute. Dies war die Absicht von Percy Barnevik und ist eine Art von Management-Subsidiaritätsprinzip: Aufgaben dort erledigen, wo sie anfallen. So wird vermieden, eine unproduktive und teure Unternehmensbürokratie aufzubauen.

Vor dem Eingang zur Beijinger Chinazentrale parkt ein amerikanischer Luxusschlitten. Dies ist nicht der Dienstwagen von Rolf Schaumann, dem stets zum Scherzen aufgelegten Präsidenten von ABB China, sondern Dekoration des Luxusrestaurants und Nachtklubs, mit dem sich ABB die Nutzung des ehemaligen chinesischen Landwirtschaftsmuseums im Osten Beijings teilt. 1994, nach der Übersiedlung von Hongkong, war ABB auf der Suche nach einem Großraumbüro in Beijing auf diese von einem taiwanesischen Investor vom Landwirtschaftsministerium langfristig geleaste Immobilie gestoßen. Nach der Renovierung werken nun 200 Mitarbeiter an ihren Workstations in blassblauen, schulterhohen Kabäuschen unter den Augen der Abteilungsleiter, deren eine Spur größere Arbeitsräume mit einem Außenfenster und einer gläsernen Trennwand zum Großraumbüro ausgestattet sind. Dieser Teil Beijings in der Nähe der großen Luxushotels und Botschaften verwandelt sich immer mehr zur gehobenen Vergnügungsmeile für Neureiche und ihre politischen Gönner. Gewöhnlich gut unterrichtete Taxifahrer weisen den Fahrgast auf das der ABB benachbarte Luxusetablissement hin, neben dessen Eingang ein blassgelber Rolls Royce für Hollywood-Glamour sorgt. „Dieses Restaurant gehört dem Sohn von Li Peng!" Diese Nachbarschaft mag reiner Zufall sein, aber, wie das Leben spielt, Premierminister Li Peng (bis 1979) hat seinen Namen durch zwei Taten in die chinesischen Geschichtsbücher geschrieben: durch die gewaltsame Niederschlagung der Jugendrevolte auf dem Platz des Himmlischen Friedens (an derselben Stelle, an der die chinesische Revolution 1919 ihren Anfang genommen hatte) und durch den Bau des größten Staudamms der Welt bei den drei Yangtze-Schluchten. Letztere Tat bot eine goldene Chance für ABB als führendem Kraftwerksbauer: als Konsortiumsführer wird ABB gemeinsam mit der britisch-französischen Gec Alsthom acht Wasserkraft-Generatoren im Wert von 420 Mio US$ liefern. Folgeaufträge sind nicht ausgeschlossen, denn ABB verfügt über die Produktpalette, die benötigt wird, um die am Yangtze gewonnene Elektrizität über Hochspannungsleitungen im ganzen Land zu verteilen und durch Elektromotoren für Industrieanlagen bis zu U-Bahnen zu nutzen.

Chinas Elektrizitätsbedarf ist unerschöpflich. 40 Milliarden US$ werden dafür jährlich investiert. Jede zweite Woche geht ein neues Elektrizitätswerk ans Netz. Trotzdem fällt in den meisten Wohnvierteln Beijings und anderer Städte mindestens einmal pro Woche der Strom aus, wenn er nicht gar täglich für ein paar Stunden abgeschaltet wird. Kein Wunder, dass Schaumann ins Schwärmen gerät: „Dies ist ein enormer und schnell wachsender Markt. Unsere Mission ist, die Volksrepublik China bis zum Jahr 2010 zu unserem drittgrößten Markt nach den USA und

Deutschland zu machen." Dann wird ABB in China mindestens 5 Milliarden US$ umsetzen. 1997 waren es rund eine Milliarde. „Wir arbeiten sehr hart daran, unsere Vision umzusetzen", bestätigt auch Paul T. P. Chan, Senior Vice President für Sales & Marketing bei einem Gespräch in seinem Büro in der mit dunklem Holz getäfelten Direktionsetage im „Landwirtschaftsmuseum". Vor dem Fenster stehen zwei staubige Bäume und eine weitere, nicht zu ABB gehörende, graue Halle mit einem Gewirr von Röhren an der Wand. Die Herausforderung für Chan, 100 Expats und 5900 chinesische Mitarbeiter im ganzen Land steht auf Pauls Visitenkarte, interessanterweise erst an zweiter Stelle hinter dem „Sales": Marketing. Ein kleines Detail, das aber nicht uncharakteristisch ist. Europäische Unternehmen haben sich seit jeher schwer getan, den aus den USA stammenden Begriff richtig einzuordnen. Manche missverstehen ihn überhaupt als vornehmeren Ausdruck für „Verkauf". Marketing bedeutet nichts anderes als „Orientierung am Markt" mit allem, was dazugehört: Marktforschung, bedarfsorientierte Produktentwicklung, Marktstrategie, Markteroberungspläne, Marktkommunikation. In China war Marketing noch bis vor kurzem völlig unbekannt. „Das ist die größte Veränderung, die ich in den letzten Jahren in China erlebt habe", fasst Paul T. P. Chan zusammen: „Noch vor wenigen Jahren hatten wir nur mit den Büros für auswärtige Angelegenheiten der Ministerien oder den Außenhandelsgesellschaften zu tun. Es war nicht ungewöhnlich, dass eine Anfrage im Briefumschlag unter der Hotelzimmertüre durchgeschoben wurde. Heute ist der Markt fragmentiert. Wir sehen uns damit konfrontiert, Marketing betreiben zu müssen."
Paul Chan ist überzeugt, dass ABB in China erst am Beginn steht. Der chinesische Markt trägt bisher nicht mehr als 3 Prozent des gesamten Konzernumsatzes und 10 Prozent des Umsatzes in Asien-Pazifik bei. Damit steht China an 25. Stelle unter den 140 Ländern, in denen ABB präsent ist.

ABB's Marktstrategie in China orientiert sich an den Segmenten, in denen der Konzern tätig ist.
Kraftwerksbau und Elektrizitätsübertragung werden immer

noch zu 100 Prozent von der öffentlichen Hand finanziert. „Der größte Teil des Geschäfts wird von einheimischen Firmen gemacht, die großen internationalen Unternehmen wie ABB stehen im Wettbewerb um gerade 20 Prozent des Marktes", bemerkt Schaumann – das sind immerhin 3,2 Milliarden US$ jährlich. „Was wir tun, ist diesen Markt dadurch zu erweitern und auszudehnen, dass wir durch einheimische Joint Ventures zum Insider werden." So fasst Rolf Schaumann die Strategie von ABB in diesem Segment zusammen.

ABB verlässt sich nicht nur auf weltweit gewonnene technische Erfahrung und strenge Qualitätsmaßstäbe, sondern auch auf attraktive Finanzierungsmodelle und Lobbyarbeit. Eine der neuesten Finanzierungsvarianten in China ist BOT – Build, Operate, Transfer. Der Generalunternehmer finanziert den Bau selbst und betreibt das Kraftwerk so lange, bis er seine Kosten und den kalkulierten Gewinn hereingespielt hat. Die chinesische Regierung hat diesen Gewinn auf 15 Prozent der Investitionssumme beschränkt. ABB und Konkurrenz schreien Zeter und Mordio über die Halsabschneiderei – und stürzen sich auf jedes ausgeschriebene BOT-Projekt. ABB zog 1994 eines der ersten in Shenzhen, dem kapitalistischen Experimentierlabor in der Nachbarschaft Hongkongs, an Land.

Die Lobbyarbeit wird seit 1994 systematisch durch die ABB Power Generation University in Beijing betrieben. Hier sollen die Kraftwerksexperten aus- und fortgebildet werden, die ABB in Zukunft den nötigen Rückhalt bei den chinesischen Kraftwerksbetreibern geben sollen. Darüber hinaus organisiert ABB den Besuch tausender chinesischer Entscheidungsträger und Experten in seinen Werken und Referenzprojekten außerhalb Chinas. Nichts vertieft die Freundschaft so wie eine gemeinsame, kombinierte Geschäfts- und Urlaubsreise als Belohnung für einen erteilten Auftrag.

Der Verkauf von Kraftwerken und Hochspannungsleitungen erfolgt ausschließlich durch die eigenen Verkaufsbüros, die heute schon in 13 Städten bestehen. Im Jahr 2000 soll mit einem Büro in jeder Stadt mit über zwei Millionen Einwohnern der zunehmenden Marktfragmentierung Rechnung getragen werden.

Der relativ geringe Marktanteil ausländischer Kraftwerkslieferanten (20 Prozent) liegt an der chinesischen Industriepolitik, die per Gesetz ausländische Kontrolle von Turbinen und Generatorenherstellern in China verbietet. Diese Industrie wird als „staatliche Säulenindustrie" geschützt. Damit wird praktisch Kapitalzufuhr und Transfer neuester Technologie verhindert, denn in aller Regel gehen Weltfirmen keine Beteiligungen ein, bei denen sie nicht die Kapitalmehrheit oder zumindest die Managementkontrolle haben. Nur so können sie ihren Qualitätsstandard und technologischen Vorsprung sichern.
Das zweite Marktsegment, in dem ABB in China aktiv ist, sind Industrieautomation und Umwelttechnik. Die Finanzierung dieser Projekte erfolgt heute weitgehend durch institutionelle und ausländische Investoren, die neue Industriebetriebe aufbauen oder bestehende modernisieren. Hier gibt es keine Investitionsbeschränkungen für ausländisches Kapital, daher sind die meisten der 20 Joint Ventures in diesem Segment tätig. Etwa ein Drittel des ABB-Umsatzes in China wird von den Joint Ventures beigetragen. Noch wird die Produktion der Joint Ventures vorwiegend für Projekte in China verwendet, die „Vision 2000" ist jedoch, dass die chinesischen ABB-Fabriken Teil der weltweiten Zulieferkette von ABB werden, wie es die Werke in Indien, Thailand und Malaysia heute schon sind.
Das dritte Marktsegment ist der Handel mit kleineren Elektromotoren, Schaltern und anderem industriellen Elektromaterial. Der Vertrieb dieser Lagerware erfolgt über ein Netz von 150 unabhängigen Distributoren in ganz China. Die eigene Serviceorganisation sorgt jedoch dafür, dass alle Kunden von ABB-Ausrüstungen Service von gleichem Qualitätsstandard erhalten.
Schließlich vertreibt ABB noch gemeinsam mit Daimler-Benz in der Firma Adtranz Verkehrstechnik. In Shanghai und Guangzhou konnten Großaufträge für U-Bahnzüge verbucht werden. Das nächste lockende Großprojekt ist die Hochgeschwindigkeitsstrecke Beijing–Shanghai.
„China ist kein Markt zweiter Klasse", betont Paul Chan. Das ausländische Unternehmen oder Joint Venture ist auf Grund der höheren Kosten gezwungen, teurer als die einheimische Konkur-

renz zu verkaufen. Daher müssen die Produkte in einer höheren Preisklasse angesiedelt werden. Der Markt kann diese Erzeugnisse nur aufnehmen, wenn sie den letzten Stand der Technik haben und von überdurchschnittlicher Qualität sind.
Eine der größten Herausforderungen für ABB ist die Lokalisierung der Managementpositionen. Technische Fachkräfte und Ingenieure sind heute schon relativ leicht zu finden. Sehr schwierig ist es dagegen, erfahrene Manager zu finden, die in der Lage sind, selbständig Entscheidungen zu treffen und vorausschauend zu handeln. ABB versucht in den eigenen Reihen potentielle Führungskräfte zu identifizieren und durch individuelle Karrierepläne zu fördern. Bisher sind erst fünf lokale, chinesische Manager in die dritte Führungsebene des Division General Manager aufgestiegen. Unter den Abteilungsleitern gibt es jedoch schon mehr. Das Fernziel von ABB ist es, so wie heute schon in Indien, Malaysia oder Thailand bis zum Präsidenten von Einheimischen geführte Tochterunternehmen zu haben.
Der neue CEO von ABB, Göran Lindahl, der vor seiner Berufung an die Konzernspitze die Region Asien-Pazifik in Hongkong leitete, setzt weiter voll auf Asien: „Langfristig bin ich sehr optimistisch, was Asien anbelangt. Mit 55 bis 60 Prozent der Weltbevölkerung, aber nur einem Viertel des Bruttonationalprodukts, muss Asien wachsen. Ich bin überzeugt, dass das nächste Millenium in Asien stattfinden wird."
Gleich am Beginn des neuen Milleniums wird eine feierliche Kraftwerksinbetriebnahme stattfinden, an der, wie das erste Mal 1919 in Qingdao, wieder ein ABB-Vertreter teilnehmen wird. Diesmal wird es gleich das größte Wasserkraftwerk der Welt sein – der Staudamm bei den Drei Yangtze-Schluchten. Hier wacht ein besonderer Patron über das spektakuläre Unternehmen.
Die Berge rechts des Stromes zeigen – worauf die munter plappernden Reiseführer auf den Touristenschiffen, die seit 1997 alljährlich „Abschiedsfahrten" durch die Drei Schluchten unternehmen – niemals hinzuweisen versäumen, das Profil des 1997 verstorbenen Deng Xiaoping. Tatsächlich, hebt man den Blick von der Baustellen-Stadt mit dem Containerlager voller Zement am Flussufer, erkennt man am Bergrücken darüber den bekann-

ten, quadratischen Kopf mit in den Himmel gerichtetem, stummelnasigem Profil. Deng Xiaoping, den Wegbereiter der marktwirtschaftlichen Reform in China, würde es vermutlich mit Befriedigung erfüllen, dass die europäischen, amerikanischen und japanischen Unternehmen übereinander herfallen, um ein Stück vom Kuchen der weltgrößten Kraftwerksbaustelle zu erhaschen und dabei von Kreditbürgschaften ihrer Regierungen unterstützt werden. Die internationalen und chinesischen Proteste von Umweltschützern haben den ökologischen Musterkonzern ABB ebensowenig von einem Engagement abgehalten wie die Konkurrenz. ABB sieht keinen Widerspruch in seiner Mitgliedschaft bei dem ICC Industrieabkommen für nachhaltige Entwicklung und seiner Mittäterschaft am Yangtze-Staudamm. Mit 10.000 Megawatt wird der Staudamm so viel Strom wie zehn große Kohlekraftwerke liefern, ohne ein Gramm schädlicher Emissionen, abgesehen von den bei der Zementherstellung angefallenen. Der erzeugte Strom wird von China dringend gebraucht werden und ABB wird mit diesem Prestigeprojekt seiner Vision vom ersten chinesischen Kraftwerksbauer ein Stück näherrücken.

5. Kapitel

Mode für die Massen – Pierre Cardin

„China wird innerhalb von 20 Jahren die Mode-Wüste verlassen."
Pierre Cardin, 1978

Hochzeit in Shanghai. Mein Geschäftspartner hat mich zu seiner Hochzeit eingeladen. Das strahlend weiße Hemd von Pierre Cardin passt zu meinem mitternachtsblauen Anzug, den ich bei dieser Gelegenheit tragen werde. Das Hemd habe ich vor drei Wochen in Paris in den Galeries Lafayette gekauft, als ich meine chinesischen Kunden, unter ihnen auch den Bräutigam, durch Europa begleitete: Wien, Venedig, Paris, Brüssel, eine kulturell-kulinarische Europareise von zehn Tagen, hart erarbeitet durch Erreichen der Verkaufsziele. Der Taxifahrer, der mich abholt, verrät mir treuherzig, dass er ein neuer Fahrer sei, sich aber bemühen werde, das Hotel zur Weißen Magnolie zu finden, in dem die Hochzeit stattfindet. Wir brausen über die Stadtautobahn auf Stelzen nach Norden. In Shanghai muss man mit einer Stunde Fahrzeit rechnen, egal wohin man möchte. Denn wenn das Fahrziel in der Nähe liegt, steckt man im Stau am Boden. Wenn es in der Ferne liegt, fährt man eine halbe Stunde über die luftige Stadtautobahn und steckt dann nach der Ausfahrt auch wieder im Stau. Wenn man Glück hat, ist das Ziel jedoch nicht weit von einer der Stadtautobahnschleifen entfernt. Der Neuling am Volant meines Taxis muss zweimal am Straßenrand anhalten, um sich nach dem Weg zu erkundigen. Während er aussteigt und einen jungen Mann fragt, der auf seinem Fahrrad sitzend das letzte Tageslicht ausnützt, um im Freien die Zeitung zu lesen, bevor er in seine vermutlich überfüllte Wohnung zum Essen zurückkehrt, geht mir eine Szene für eine Action-Komödie durch den

Sinn: Ein Bankräuber stürzt mit seiner Beute aus der Bank und bemerkt das Taxi mit laufendem Motor ohne Fahrer. Er kann wegen der getönten Scheiben nicht sehen, ob hinten jemand sitzt. Der Bankräuber braust mit dem Taxi davon und schüttelt nach einer Verfolgungsjagd durch einen Gemüsemarkt und die engen Gassen eines alten Stadtviertels die Polizei ab. Dann hat er erst Gelegenheit, sich seiner vor Schreck erstarrten Geisel zuzuwenden: Es ist eine dicke, mittelalterliche amerikanische Touristin. Wie wird er sie los? Wie kommt sie an das Geld, denn so viel hat sie mitbekommen, dass in dem Sack, den der Mann auf den rechten Vordersitz warf, Bares enthalten sein muss. Könnte sich vielleicht sogar eine Romanze entwickeln?
Wir sind am Ziel der Fahrt, einem in der Abenddämmerung etwas düster wirkenden Hotelkasten, dessen schöner Name von den Magnolienbäumen kommt, die in Shanghai vielerorts die Straßen säumen. Am Eingang zum Hotel verkündet ein rotes Schild, dass die Hochzeitsfeier im 14. Stock stattfindet. In der Lobby steht das Paar im Scheinwerferlicht und lässt sich mit den ankommenden Gästen auf Film und Video ablichten. Meinen Geschäftspartner Fred Wang kann ich ganz gut erkennen, doch seine Frau hat im weißen Hochzeitskleid mit Schleier und Reifrock, kunstvoller Frisur mit Diadem und rosigem Make-up etwas Unwirkliches an sich. „Warst das wirklich du, Mami?" wird das Töchterchen einmal fragen, wenn das erlaubte eine Kind denn eines werden sollte und das Fotoalbum von dem Ereignis durchblättert. Ein Freund und Kollege des Bräutigams geleitet mich in den Festsaal und zeigt mir, an welchem Tisch ich sitze. Am Eingang liegt ein langes Gästebuch auf, in das sich alle, in traditionell chinesischer Weise senkrecht, eintragen. Im Saal befinden sich zehn gedeckte runde Tische, an denen jeweils zehn Gäste Platz haben. Die Hälfte sind Verwandte, die anderen 50 Freunde, Arbeitskollegen und Geschäftspartner. Ein Conferencier macht eine Sprechprobe in hallendem Bariton: „Hallo, hallo, eins, zwei, drei ..." Die kalten Vorspeisen und Getränke stehen schon auf dem Tisch, Qualle, Kraut, Datteln, Cashew-Nüsse, Gurken, Wurst, Seeschnecken, Bier, Coca-Cola und Sprite. An der Decke hängen bunte Girlanden aus Metallfolie.

Aus den Lautsprechern schmachten chinesische Schlager. Mein Tischnachbar ist Business Development Manager einer Immobilienfirma und klagt über die sich öffnende Schere zwischen Kosten, besonders den Bodennutzungskosten, die vom Staat erbarmungslos hoch gehalten werden, und den angesichts des Überangebots verfallenden Immobilienpreisen. „Bitte alle Gäste Platz nehmen, das Brautpaar wird gleich eintreffen!" Der Conferencier waltet routiniert seines Amtes, der Hochzeitsmarsch von Mendelssohn erklingt, die Flügeltüren springen auf und das Empfangskomitee aus Kindern bestreut das eintretende Paar mit Konfetti und bespritzt es mit bunten Fäden aus der Tube. Der Conferencier bittet die beiden und dann die Eltern und Trauzeugen auf die Bühne, an deren mit rotem Stoff bespannter Rückwand das große, goldene Schriftzeichen für „doppeltes Glück" hängt. Als erster spricht der Vater der Braut und erzählt mit weltmännischer Gewandtheit, dass sich seine Tochter und der Bräutigam schon seit acht Jahren, als sie gemeinsam zu studieren begannen, kennen. Der Vater des Bräutigams stammt aus einer kleinen Kreisstadt in einer Nachbarprovinz Shanghais und ist weniger wortgewandt. In starkem Dialekt gibt er seiner Rührung in einigen auswendig gelernten Glückwunschformeln Ausdruck. Daraufhin fordert der Conferencier das Paar auf, sich vor Eltern, Gästen und voreinander zu verneigen. Dann werden die Ringe gewechselt. Schließlich kommt das wichtigste: „The kiss", sagt der Conferencier auf Englisch mit Tremolo, „den wollen wir doch alle sehen, nicht wahr?" Die Gäste applaudieren wild und trommeln mit den Essstäbchen auf die Teller. Das Scheinwerferlicht gleißt, der Conferencier will es ganz genau wissen: „Der muss aber sitzen!", mahnt er die beiden. Erst nach mehreren Anläufen gibt sich das Publikum zufrieden. Als nächstes schneidet der Bräutigam mit einem mit einer roten Schleife verzierten Messer die Hochzeitstorte an. Dann heißt es, die Sektflasche zu öffnen, „aber bitte mit einem Knall", verlangt der Conferencier. Als auch dieses vollbracht ist, stoßen Braut und Bräutigam miteinander und mit einigen Abgeordneten der Gäste an. Dann dürfen alle an ihre Tische zurückkehren und das Schmausen hebt an. Die heißen Platten mit frischen Scampi in

Schale, gemischten Meeresfrüchten, Rindfleisch, Ente, Blattgemüse, Schweinestelze und Fisch sowie zweierlei Suppen werden serviert. Dann noch faustgroße, haarige Süßwasserkrabben, deren Fleisch vor dem Essen in den mild-würzigen Reis-Essig getaucht wird. Dazwischen kleine Leckereien wie klebriger Reis in Schilfblättern, schwarzer, süßer Reisbrei mit Datteln und Blätterteiggebäck. Den Abschluss bilden Melonen und Trauben. Während des Essens machen Brautpaar und Trauzeugen mit ihren Biergläsern die Runde, um mit allen Gästen anzustoßen und unter vielerlei Scherzen ihre Gläser möglichst selten zu leeren. Der Braut fallen noch weitere Aufgaben zu, sie wechselt, in einem Zimmer des Hotels, ihre Kleider und gleich auch die Frisur dreimal, zuerst ein purpurnes Samtkleid mit Sisi-Taille, dann ein leuchtend rotes, gold-besticktes, traditionelles mandschurisches, geschlitztes Kleid, und schließlich ein dunkelgraues sogenanntes Business-Kostüm. Die Anzahl der Kleiderwechsel signalisiert den Reichtum des Paares. Eine weitere Aufgabe der Braut und ihrer Trauzeugin ist es, jedem männlichen Gast eine Zigarette anzuzünden. Die Gäste versuchen mit allerlei Finten zu verhindern, dass dies gelingt. Diese kleine Komödie soll eine Mahnung sein, dass im Leben nicht alles beim ersten Anlauf glückt, sondern dass man auch geduldig Schwierigkeiten überwinden muss. So sind im Nu drei Stunden verstrichen. Die Mehrzahl der Gäste, besonders die älteren Verwandten und Eltern mit Kindern, verabschieden sich nun, nachdem sie noch jeder zwei Päckchen Bonbons erhalten haben. Eine kleinere Gruppe junger Freunde bleibt beim Paar zurück und begleitet es in die Hochzeits-Suite. Hier wird weiter gescherzt und anzüglicher Schabernack getrieben. Eher ein „auszüglicher", wie mir mein Tischnachbar erklärt. Braut und Bräutigam werden aufgefordert, 25 Gegenstände, die sie am Körper tragen, herauszureichen, bevor sie in Ruhe gelassen werden. Von jeder Sorte nur einen, versteht sich. „Bei der letzten Hochzeit musste der Bräutigam am Ende in Unterhosen kapitulieren! Ha, ha!", rief mein Nachbar absichtlich so laut, dass es Fred, das Opfer dieses Abends, hören konnte. Der kluge Mann sorgt mit modischen Accessoires bei sich und seiner Frau für solche Gelegenheiten vor.

Pierre Cardin ist der Pionier des modernen Modebewusstseins in China. Bis Anfang des 20. Jahrhunderts war die Mode in China von den Kleidungstraditionen der Berufsstände geprägt. Vor allem die Beamten oder „Mandarine", die seit Jahrtausenden eine zentrale Rolle in der Gesellschaft spielten, hatten einen penibeln Kleidercode. Material, Farbe und Muster, aber auch Accessoires wie Kopfbedeckung, Brustlatz und Fächer waren für jeden der neun Beamtenränge genau festgelegt. Heute sind diese prächtigen, goldgewirkten Seidenobjekte wertvolle Sammlerstücke. Andere Stände mussten sich mit bescheideneren Insignien zufrieden geben. Kaufleute etwa mussten sich mit der normalen Kleidung von nichtbeamteten Zivilisten begnügen – der langen Robe mit weiten Ärmeln, in denen man Silberbarren unterbringen konnte. Ohnehin empfahl es sich im alten China, keine Aufmerksamkeit in der Öffentlichkeit zu erwecken, sondern eine bescheidene Fassade zu bewahren, um nicht die Begehrlichkeit von Beamten und anderen Räubern anzustacheln. Die große Masse der Armen schließlich musste froh sein, sich mit kurzer „Kälbernasen"-Hose (die Beine wurden durch die „Nasenlöcher" gesteckt) und einer einfachen, schulterlosen Stoffjacke vor Staub und Kälte zu schützen.

Im 19. Jahrhundert wurde die westliche Mode in China erstmals bekannt. Seeleute und Soldaten, Diplomaten und Missionare landeten in den Häfen an der Küste und an den großen Flüssen. Kaum ein Chinese dachte jedoch daran, seine traditionelle Kleidung gegen die Gewänder der Fremden einzutauschen. Es war den ersten chinesischen Auslandsstudenten vorbehalten, westliche Kleidungsstücke mit nach Hause zu bringen. Wenn sie damit allerdings zu Hause auf die Straße gehen wollten, setzten sie sich dem Gespött der Straßenjungen aus, die ihnen „falscher fremder Teufel" nachschrien.

Shanghai war die erste chinesische Stadt, die dem westlichen Chic erlag. Die Pariser Mode hielt Anfang des zwanzigsten Jahrhunderts Einzug und die Shanghaier Textilindustrie begann westliche Kleidung herzustellen. Die kommunistische Machtübernahme 1949 setzte dem bourgeoisen Treiben ein Ende und verordnete Frau und Mann, Jung und Alt den Blaumann aus

Baumwollstoff im Stil der Uniform der Volksbefreiungsarmee. Maos „blaue Ameisen“ wurden zum Schreckgespenst der Amerikaner, die versuchten, um China einen „Cordon sanitaire“ von Korea über Taiwan bis Vietnam zu ziehen. Bekanntlich gingen die „Ameisen“ anderen Beschäftigungen nach als generalstabsmäßig die Weltrevolution zu planen, und als der Bambusvorhang zusammenkrachte, stellte sich heraus, dass sich die chinesische Revolution vor allem befreiend auf die Reproduktionskräfte ausgewirkt hatte: In den dreißig Jahren zwischen 1949 und 1979 wuchs die Bevölkerung von 400 Millionen auf eine Milliarde. Die Alterspyramide hat eine entsprechend breite Basis junger Leute. Deren Lebensfreude fand ihren Ausdruck durchaus auch im Schmuck der eigenen Erscheinung. Doch musste dabei stets auf politische Korrektheit Rücksicht genommen werden.

Mein Schwiegervater erzählt eine bezeichnende Anekdote aus seinem Leben. Nach einer beruflichen Beförderung in den Fünfzigerjahren eilte er freudig zum Schneider, um sich einen neuen Anzug machen zu lassen, in dem er würdevoll, wie er meinte, seine neue Aufgabe beginnen wollte. Der Anzug hatte westlichen Schnitt. Nach einigen Proben war das gute Stück schließlich fertig und mit frohem Herzen zog er den neuen Anzug zur Arbeit ins Büro an. Doch schon als er die Straße betrat, bemerkte er, dass etwas nicht stimmte. Leute blickten sich nach ihm um und begannen zu tuscheln. Im Büro angekommen war die Wirkung, die er mit seiner neuen Ausstattung auslöste, noch verheerender. Als er am Nachmittag nach Hause ging, sprach das ganze Gebäude über den neuen, auffälligen westlichen Anzug des Chefs. Noch am selben Abend eilte er verzweifelt zum Schneider: „Bitte ändern Sie mir den Schnitt der Jacke und machen Sie mir einen Sun-Yat-sen-Kragen!“, flehte er den Schneider an. Der alte Meister schüttelte den Kopf und warnte, dass das nicht gehe, der Stoff reiche nicht und der Anzug sei nun mal nach westlichem Schnitt. Mein Schwiegervater bestand auf der Änderung, mit dem Ergebnis, dass er das Kleidungsstück nicht mehr tragen konnte und es auf Jahre in einem Koffer verschwinden ließ.

Im Rahmen des politisch Korrekten galt es zum Beispiel während der Kulturrevolution Anfang der Siebzigerjahre als schick für Jungen und Mädchen, unter der Baumwollhose die Beine einer Sporthose hervorlugen zu lassen. Diese schmalen blauen oder roten Ränder an den schlanken Mädchenfesseln hatten Sexappeal und ließen an die Fortsetzung der graziösen, von der engen Sporthose umhüllten Beine nach oben denken ... Eine andere Jugendmode unter den strengen Blicken der Partei waren eng taillierte grüne Armeejacken, die wunderbar zu roten Apfelwangen und abstehenden Zöpfen unter einer kleinen grünen Kappe auf lackschwarzem Haar passten. Auch das Anbringen malerischer Flicken auf Gesäß und Knien diente der Verschönerung.

Als Pierre Cardin 1978 China das erste Mal besuchte, fielen ihm die vielen jungen Menschen auf, die in der berüchtigten blauen und grünen Ameisenuniform steckten. Das muss der zündende Funke gewesen sein, den das Enfant terrible der Pariser Modewelt brauchte, um Ideen zu entwickeln, wie dem abzuhelfen sei. Es gehörte damals für die Expatriates in Beijing zum Repertoire an Anekdoten über das Gastland, dass sich die Kleidung der Millionen Beijinger offenbar mehr nach dem Kalender als nach dem Wetter richtete, wenn von einem Tag auf den anderen alle die wattierten Jacken gegen einfache tauschten oder die langen Hemdsärmel den kurzen weichen mussten. Der starke Hang zur Konformität sollte sich auch als fruchtbarer Boden für Modetrends erweisen.

Pierre Cardin wurde 1922 in der Nähe von Venedig in Italien geboren, wuchs aber in Frankreich auf. Mit 14 trat er bei einem Schneider in die Lehre. Später begann er Architektur zu studieren, brach das Studium jedoch bald ab und nahm eine Stelle in einem Modehaus an. Hier arbeitete er an der Herstellung der fantastischen Kostüme für Jean Cocteaus Film „La Belle et la Bête“ mit. Von 1946 bis 1950 war Cardin Leiter des Design-Studios von Christian Dior. 1950 machte sich Pierre Cardin mit einem eigenen Modesalon selbstständig und trat in die Reihen der Pariser Couturiers ein. Es genügte ihm aber nicht, elitäre

Modekollektionen zu kreieren, sondern er wollte die Welt bewegen. Zuerst bewegte er sich selbst in der Welt und war 1957 an Bord des ersten Fluges von Paris nach Tokio. Ein Jahr darauf war er der erste westliche Modeschöpfer, der seine Modelle nach Japan brachte. 1959 sorgte Pierre Cardin in Paris für einen Skandal, als er begann, Prêt-à-porter-Mode von der Stange zu produzieren. Die Berufsorganisation der Modeschöpfer schloss ihn daraufhin aus ihren Reihen aus, denn sie sah die Haute Couture in Gefahr durch Massenproduktion ihre Geschäftsgrundlage zu verlieren. Pierre Cardins Interessen gingen jedoch schon längst über Kleider hinaus. Nachdem er sich einen Namen in der Modewelt gemacht hatte, begann er diesen Namen systematisch auf jeden Gegenstand zu übertragen, dem sich Design verpassen ließ. Heute tragen über 800 verschiedene Produkte, von Fliesen, Marmeladen, Kochtöpfen und Pfannen, Wecker, Autos über Parfum, Uhren und Schmuck bis zu Krawatten und Badetüchern den berühmten Schriftzug in Kleinbuchstaben.
Das Reich des Pierre Cardin umfasst weltweit 180.000 Menschen in 700 Fabriken. Doch keine dieser Fabriken gehört ihm. Sie sind Lizenznehmer des berühmten Namens, der zu einem Gütesiegel für gepflegten französischen Geschmack mit einem Hauch von Jugendlichkeit geworden ist. Pierre Cardin ist eine Ein-Mann-Show oder ein virtuelles Unternehmen, das alle Produktions- und Distributionsprozesse an Fremdfirmen vergeben hat und sich darauf konzentriert, den eigenen Namen zu Geld zu machen. So hält Cardin seine Fixkosten gering und wurde zum reichsten Modeschöpfer Frankreichs. Cardin nahm niemals einen Kredit auf, finanziert alle seine Unternehmungen selbst und betreibt nur für seine Parfums Werbung. Mit seinem Geld kauft Cardin Immobilien, Möbel, Papageien und Kleider, die er in einem „persönlichen Museum" aufbewahrt.
Auch Cardins erste Unternehmung in Beijing war exzentrisch. Nachdem er sich im Land umgesehen hatte, kam er zu dem Schluss, dass China nach all dem sozialistischen Heldentum nun Dekadenz brauche. So beschloss er, Beijing einen neuen Tempel zu geben, einen Tempel des kulinarischen und Nacht-

klub-Erlebnisses, ein „Maxim": „Wenn ich ein Maxim in Beijing eröffnen kann, dann kann ich auch eines auf dem Mond aufmachen." Pierre Cardin sah sein Projekt als eine Art aktionistisches Kunstwerk.
Pierre Cardins Maxim-Bar-Restaurantkette nach Pariser Vorbild hat Filialen in New York und neuerdings auch in Moskau. Die Dekoration ist Jugendstil mit Tiffany-Leuchten, Wurzelholz und rotem Samt. Das Beijinger Maxim befindet sich in einem unauffälligen Beton-Hotelklotz in der Nähe des Tiananmen-Platzes im Zentrum der Stadt. Es eröffnete 1983 und wirkte wie ein stolzer Pfau unter finsteren Krähen. Man konnte damals die westlichen Restaurants in Beijing an den Fingern einer Hand abzählen: das Restaurant Moskau im russischen Ausstellungsgelände, das für Kaviar und Wodka berühmt war, das westliche Restaurant des Minzu-Hotels, dessen Chef sich hervorragend auf die Zubereitung von Eisbein mit Sauerkraut verstand, das Justine im Jianguo-Hotel, das die authentischeste französische Küche in Beijing bot, und schließlich das Cafeshop im Great-Wall-Hotel, das amerikanischen Hotelketten-Fraß zu horrenden Preisen servierte. Ab 1985 schossen die neuen Hotels aus dem Boden und das kulinarische Angebot Beijings verbreiterte sich zunächst in Hotels, aber dann auch in eigenen Lokalen enorm.
Während im Maxim ältere Herren in dunklem Maoanzug Cocktails in schummriger Plüschatmosphäre mit ihren vorwiegend westlichen Gastgebern und jungen Übersetzerinnen genossen, schuf Pierre Cardin zu ebener Erde einen Konterpart für das gemeine Volk, dem sein eigentliches Interesse galt, das „Minims", das erste Fast-Food-Restaurant Beijings, das westliche Gerichte wie Spaghetti und Hamburger anbot. Von dieser Keimzelle aus wollte Cardin den chinesischen Markt mit Designer-Produkten für einen westlichen Lebensstil erobern. Die Eroberung ist voll und ganz gelungen.

Den Anfang machte Pierre Cardins ureigenste Branche, die Mode. 1984 widmete die Beijinger Kunsthalle dem Couturier eine große Schau mit Kleidern auf Modepuppen und Entwurfszeichnungen. Zur Eröffnung veranstaltete der Modezar eine veritable

Modenschau mit eingeflogenen Modellen und einem Laufsteg in der Ausstellungshalle, die bis dato Werke des sozialistischen Realismus zierten. Pierre Cardin entdeckte auch in China Nachwuchs-Models und brachte eine junge Dame nach Paris, die anschließend dort Karriere machte.
Gleichzeitig mit Pierre Cardin kamen auch die Hongkonger Textilunternehmer nach China und begannen vor allem im Süden Fabriken zu gründen, die in Lohnfertigung für den internationalen Markt produzierten. Die internationalen Lizenznehmer von Pierre Cardin sorgten bald dafür, dass China zu einem wichtigen Produktionsstandort für die Marke und auch für alle anderen internationalen Labels von Yves Saint Laurent bis Hugo Boss wurde.
Auf dem Beijinger Sanlitun-Markt wird ein Teil dieser Produktion, der über graue Kanäle von den Exportmengen abgezweigt wird, von Straßenhändlern in kleinen Buden zu einem Spottpreis verkauft. 20 bis 50 RMB bezahlt man für Designer-T-Shirts, -Hemden und -Hosen, egal ob Versace, Nike oder Dunhill.
Das chinesische Publikum ist sehr markenbewusst geworden. Die unschuldigen Anfänge dieser Sucht waren die Sonnenbrillen mit den Aufklebern „Made in Hongkong" auf den Brillengläsern, die (die Aufkleber) wie der Augapfel des Trägers gehütet wurden. Der nächste Schritt waren die westlichen Anzüge mit lateinisch beschrifteten Aufnähern außen am Ärmelende, die suggerieren sollten, dass der Träger sich in importiertes Tuch hüllte. Wie seinerzeit bei den hervorlugenden Sporthosenrändern oder beim konzertierten Umstieg vom Lang- auf den Kurzärmel machten alle mit Begeisterung mit. Hier bin ich endlich Mensch! Für dieses Vergnügen trugen Frau und Herr Li 1998 über 40 Milliarden US$ an die Kassen von „Boutique" und Kaufhaus. Natascha und Ivan folgten ihnen auf den Fersen.
„Die ersten Händler tröpfelten 1989 nach Beijing, mit dem Besuch Gorbatschows zur Normalisierung der Beziehungen mit China. Es folgten ihnen russische Beamte, die von Moskaus rascher Privatisierung der staatlichen Firmen profitierten. Chinas Wirtschaft war in einer Periode von Hochgeschwindigkeits-

wachstum, während die russische Wirtschaft kollabierte. Einige dieser frühesten Händler sind inzwischen Millionäre geworden", erzählt ein russischer Unternehmer in Beijing. Damals konnte man am Beijinger Flughafen die Kleiderballen beobachten, die in die Aeroflot-Maschinen nach Moskau geladen wurden. Am Rande des ältesten Beijinger Botschaftsviertels ist „Klein-Russland" entstanden mit Boutiquen für russische Einkaufstouristen. Sie fühlen sich von den westlichen Marken von Lee-Jeans über Reebok-Schuhe bis zu Pierre-Cardin-Hemden angezogen. Auf vielen Stücken steht „Made in USA", obwohl dies nicht einmal für die Etikette zutrifft – die Klamotten stammen aus den Hongkonger Joint-Venture-Fabriken in Südchina. Chinesisches Publikum meidet das Viertel, ihm sind die Sitten der Russen zu rau – und vielleicht auch die Preise zu hoch, die für die Einkäufer aus Moskau eine Mezzie sind.

Die Lust am Design erstreckt sich inzwischen auf alle Lebensbereiche. Wohnungen werden mit viel Aufwand und Styropor dekoriert, bis sie den Stilvorstellungen des Bewohners entsprechen, der sich sein persönliches Versailles auf vier Quadratmetern schaffen möchte. Lobbys von Hotels und Bürohäusern werden mit Marmor und Chrom in Mausoleen, die eines Kaisers würdig wären, verwandelt. Ja, die ganze City von Shanghai wurde mit hunderten neuer Hochhäuser zu einem modernen Architekturmuseum gestaltet.
Pierre Cardin ist heute in China der berühmteste Franzose und wird auch schon mal mit dem französischen Präsidenten verwechselt. Selbst die chinesische Armee, Eisenbahner, Stewardessen und Postbeamte wurden mit Uniformen aus dem Hause Cardin eingekleidet.
Das Maxim in Beijing besteht noch immer, nun ist es Zielpunkt französischer Touristen, die etwas Frankophiles in Beijing suchen. Live-Jazzmusik lockt auch einheimische Gäste. Der amerikanische Jazztrompeter David Moser notierte nach einer Session sein Erlebnis im Maxim: „Als ich mit den Spielern und einigen Zuhörern während der nächsten Pause sprach, hatte ich das Gefühl, dass die Welt wirklich das sprichwörtliche globale Dorf

geworden ist und dass, egal wie verschieden unser Hintergrund war, wir in diesem Bereich Teil eines weltweiten, inneren Kreises waren, der genau die gleichen Einstellungen und Hintergrundinformationen teilte." Der alte Zauberer Pierre Cardin einigt die Welt.

6. Kapitel

Schlaflos in Shanghai – Volkswagen

„Das Ziel von Volkswagen war, möglichst früh in den künftigen großen chinesischen Automarkt einzudringen, in China eine Autoproduktion zu entwickeln und eine Lokalisierung zu verwirklichen. Eroberung eines relativ großen Anteils am chinesischen Automarkt, um mit Japan und Südkorea in Wettbewerb zu treten und die Märkte Ost- und Südostasiens anzugreifen."
Wang Zhile, 1995

Ihre Wege sind von Leichen gesäumt. Gemeint sind die Wege der Autoindustrie in China. Die Leichen sind nicht wörtlich als Opfer des chinesischen Roulettes im Straßenverkehr zu verstehen, sondern als gescheiterte Projekte und Millionen-Gräber.

Ein gespenstisches Sekunden-Erlebnis auf der Heimfahrt im Taxi von meinem Büro im noblen Shanghaier Hongqiao-Bezirk. Es war der Abend des Mit-Herbst-Festes, an dem der Mond am rundesten ist und am hellsten leuchtet. Im Scheinwerferlicht des Santana, der im dichten Verkehr steckte, tauchte in der Mitte der Straße, auf der Trennlinie in der Straßenmitte kauernd, die Gestalt eines alten Mannes auf. Er trug die alte, blaue Baumwollkleidung und hatte einen langen, weißen Bart. Er schien auf allen vieren zu kriechen, die Hände versuchten, sich in den im Mondlicht silbern reflektierenden Mittelstreifen zu verkrallen. Der Verkehr brandete um ihn herum, schon war die Erscheinung verschwunden. War der Alte beim Überqueren der Straße zusammengebrochen und versuchte nun, wieder auf die Beine zu kommen? War es einer der Bettler, die bei Tag die Straßen in den reicheren Vierteln säumen, um am Abend in ihre Dörfer am

Stadtrand zurückzukehren? Hielt er in einem Halluzinationsanfall den Mittelstreifen für ein wertvolles Stück Metall, das er einsammeln wollte? Mir fiel das chinesische Sprichwort „Im Meere nach dem Monde fischen“ ein. Es drückt törichte, verblendete Suche nach Reichtum aus und lässt sich leicht auf manche Aktion der internationalen Automobilindustrie in China anwenden.

General Motors sorgte mit seinem Abenteuer für die größte Heiterkeit in der Branche: Die Amerikaner investierten 16,3 Millionen US$ in einen chinesischen Joint-Venture-Partner, um 660 Pickup-Trucks zu produzieren, von denen ganze zwölf Stück verkauft werden konnten ...
Citroën gehörte 1984 zu den ersten ausländischen Herstellern, die in Beijing ein lokales Assembling, einen Zusammenbau von Auto-Einzelteilen, versuchten. Das Projekt verlief im Sande und die produzierten Autos wurden im Lauf der Jahre als Taxis zu Schrott gefahren.
Peugeot schien alle Trümpfe im Blatt zu haben: höchste politische Unterstützung in der Provinz Guangdong und einen lokalen Joint-Venture-Partner für Produktion und Vertrieb. Doch die Kunden übten sich in Zurückhaltung und griffen lieber zu frischer Schmuggelware aus dem Meer, der „Wasserware“, wie die von kleinen Kuttern an die lange und zerklüftete südchinesische Küste angelieferten Autos, Fernseher, Computer und Mobiltelefone genannt werden. 1997 warfen die Franzosen das Handtuch.

Anlässlich einer Geschäftsreise nach Chengdu gingen mir die Augen auf: Am Flughafen „Zwei Flüsse“ wartete ein Empfangskomitee. Das Forschungsinstitut für Gärungstechnik, dem mein Besuch zusammen mit einem Wiener Eiscremehersteller galt, hatte seinen Direktionswagen zur Abholung bereitgestellt. Die freundlichen Gastgeber führten uns durch die Menschenmenge vor dem Flughafengebäude zum Parkplatz. Da stand das Prachtstück: eine tiefschwarze, wie Bitterschokolade matt schimmernde Wolga-Limousine. Gewiss war sie für uns aufpoliert worden. Der Fahrer trug einen ebenfalls dunklen, westli-

chen Anzug und schien ein nervöses Leiden zu haben, denn er ließ eine Schulter bedenklich hängen und zuckte mit Händen und Füßen. Nachdem wir eingestiegen waren, drehte er den Zündschlüssel. Der Motor gab nur ein kurzes Seufzen von sich. Der Mann in Schwarz am Steuer bleckte die Zähne und verfiel in einen epileptischen Anfall. Die Hand verkrampfte sich um den Zündschlüssel, während der rechte Fuß zu pumpen begann und er den Oberkörper vor und zurück warf. Nach wenigen Sekunden war es vorbei – der Motor lief. Das Einlegen des Ganges beschwor den nächsten Krampf herauf und als wir endlich auf die Straße rollten, bemerkte ich, dass auch die hängende Schulter eine Berufskrankheit war, denn der Bedauernswerte musste ständig ruckartig gegensteuern, wenn sich die Vorderräder in eine von der holprigen Straße ausgelöste Richtung selbstständig machen wollten. Während der folgenden drei Tage in Chengdu lernten wir unseren Fahrer kennen und schätzen. Er war nach 30 Jahren Berufserfahrung mit seinem alten Wolga verwachsen und hätte sich vermutlich am Steuer eines modernen Santana gar nicht mehr wohl gefühlt.

Bevor Volkswagen 1978 die chinesische Autoszene betrat und umkrempelte, herrschten auf dem Automarkt klare Verhältnisse. Motorisierte Fahrzeuge jeglicher Art waren eine Seltenheit. Die Polizisten, die damals noch jede Beijinger Ampel bemannten, schalteten auf Grün, wenn sie an der Kreuzung einen LKW oder Bus auftauchen sahen. So konnte er sein Tempo beibehalten und die Kreuzung passieren, da er ohnehin allein auf weiter Flur war. Kleinwagen gab es keine, als solche dienten die Fahrräder. Die Fahrzeug-Mittelklasse wurde vom Shanghai-Sedan eingenommen. Dieser diente als Dienstwagen für höhere Kader und als Taxi, das damals noch Seltenheitswert hatte. Die Luxusklasse schließlich war von der „Roten Fahne" besetzt, einem tonnenschweren Ungetüm, in dem die politische Führung in gepanzerter Sicherheit und hinter Vorhängen verborgen ihren Besorgungen nachging. Die Autos wurden im Rahmen der Planwirtschaft produziert und verteilt. Dazu kamen einige importierte russische Wolgas und polnische Zils.

1978 startete Deng Xiaoping seine Gründerzeit mit der Einladung an die Welt, in China zu investieren. Volkswagen war der erste Automobilkonzern, der dieser Einladung folgte.

„Es waren acht feine Herren, die kamen aus Hamburg über das Meer", es klang wie Gesang, was der feine, alte chinesische Herr im fadenscheinigen dunkelblauen Seidenjackett in fließendem Englisch erzählte. „Sie retteten unsere Firma." Es war 7 Uhr morgens, auf dem Volksplatz im Zentrum Shanghais, vor dem Springbrunnen zwischen Museum und Oper. In den beiden Prachtstücken moderner Architektur in China ist das Motiv der „Acht Unsterblichen, die das Meer überqueren", auf das der alte Herr unbewusst angespielt hatte, zu besichtigen: im Museum als Dekoration von Porzellangegenständen und in der Oper als beliebte Szene der traditionellen chinesischen Oper. Wir warteten auf einen Reisebus, der uns zu unserem Ausflugsziel, Zhoujiazhuang, dem „Venedig" Chinas aus der Ming-Dynastie (1368–1644), bringen sollte. Der alte weißhaarige Herr machte seinen Morgenspaziergang und sprach wie gewohnt jeden Ausländer, den er sah, an, um sein Englisch zu üben. Er hatte bis zur Pensionierung im Büro für auswärtige Angelegenheiten der Shanghai Automobile Industrial Corporation (SAIC), dem Partner von Volkswagen im Shanghaier Joint Venture, gearbeitet.

Die Verhandlungen zwischen VW und SAIC zogen sich über sechs Jahre bis zur Unterzeichnung des Joint-Venture-Vertrages im Oktober 1984 hin. Das Startkapital waren 350 Millionen RMB. Bis 1995 hatte Volkswagen rund 500 Millionen US$ in China investiert. Was ist dabei herausgekommen? Im Februar 1997 konnte Volkswagen eine Million verkaufter Autos in China feiern. Bei einem Gewinn von 10 Prozent wären das 2 Milliarden US$ Überschuss, der zwischen den Joint-Venture-Partnern geteilt wird. Der tatsächliche Gewinn wird wohl kleiner ausgefallen sein, denn der Break-even in der Automobilindustrie wird in der Regel erst bei einer Produktion von mehr als 100.000 Fahrzeugen im Jahr erreicht. Der Gewinn eines Joint Ventures ist außerdem ein Posten in der Bilanz, der sich leicht manipulieren lässt. Bezahlt das

Joint Venture mehr für die Leistungen der Mutterfirmen, ob für Zulieferungen oder für Amortisation von Gebäuden und Maschinen, dann verschlechtert das zwar die Bilanz des Joint Ventures, wirkt sich aber positiv für den Jahresabschluss der Stammhäuser aus. Das Joint Venture ist immer eine Partnerschaft auf Zeit, bei der jede Seite die andere zu übervorteilen sucht. „Verschiedene Träume im selben Bett", bezeichnet das chinesische Sprichwort die Wahrheit in vielen Ehen und trifft auch die Erfahrungen in Joint Ventures. Der Traum der Erfinder der Joint-Venture-Politik war es, von den ausländischen Partnern Kapital und Know-how zu erhalten und ihnen als Gegenleistung für eine gewisse Zeit den Zugang zum chinesischen Markt zu gewähren. Nach Ablauf des Joint-Venture-Vertrages sollte der chinesische Partner das gesamte Unternehmen übernehmen und in Eigenregie fortführen. Der ausländische Partner erhielt dafür als Gegenleistung seinen Gewinnanteil während der Laufzeit des Joint Ventures. Eine permanente Präsenz ausländischer Unternehmen in China lag anfangs nicht in der Absicht der Wirtschaftspolitiker. Diese „Ehe auf Zeit" veranlasste die ausländischen Partner natürlich, die Joint Ventures als Recyclingstationen für Auslaufprodukte zu benützen. Der Santana von VW ist ein gutes Beispiel dafür. 1984 war der Santana zwar ein neues Modell auf dem letzten Stand der Technik, aber er war vom Markt in Europa und ebenso vom nordamerikanischen nicht angenommen worden. Was lag also näher, als die Werkzeuge für den Flop nach Shanghai zu verschiffen und in China zu versuchen dem Modell zu einem zweiten Leben zu verhelfen. Wie jeder Besucher in China und besonders in Shanghai feststellen kann, ging der Plan voll und ganz auf. Der Santana hat einen Marktanteil von über 50 Prozent. Das ließe sogar den ehrwürdigen Käfer vor Neid grün werden. Grüne Santanas oder grüne Automodelle anderer Fabrikation sucht man auf Chinas Straßen allerdings vergeblich. Die Farbe Grün ist im Reich der Mitte nicht beliebt, sondern gilt als Symbol für Gespenster, Geiz und gehörnte Ehemänner, denen „der grüne Hut aufgesetzt wurde". Nichts gegen Trachtenhüte, aber schenke niemals einem Chinesen einen grünen Lodenhut. Die bevorzugte Farbe für den Santana ist Purpurrot. Außer Grün ist noch

Schwarz verpönt, denn diese Farbe ist großen Limousinen wie dem Audi 100 oder der „Kleinen Roten Fahne“ vorbehalten.

Letztere wäre beinahe zum Sargnagel für das Engagement des Volkswagenkonzerns in China geworden. Nachdem das Shanghaier Joint Venture so einigermaßen lief, beschlossen die Wolfsburger, das bewährte Spiel mit dem Audi 100 zu wiederholen. Als das Modell in Europa auslief, wurde in China ein neuer Partner gesucht, dem die alten Presswerkzeuge angedient werden konnten, um den Audi herzustellen. Das Ministerium für Maschinenbau war rasch mit einer Empfehlung zur Hand und nach Shanghai begannen die VW-Manager nach Changchun in der Mandschurei zu pilgern, wo die First Automobile Works (FAW) liegen. Die neuen Partner ließen sich die Gemeinschaftsproduktion der bewährten, windschlüpfrigen Limousinen eine schöne Stange Geld kosten: 1 Milliarde US$ betrug die Investition, von der VW 40 Prozent übernahm. Das Projekt stand unter keinem guten Stern. Die ersten Audi 100 aus der neuen Produktion hatten mit Qualitätsmängeln zu kämpfen. 1995 kaufte meine Firma in Beijing einige Audi 100 als Dienstwagen, natürlich schwarz (die Farbe), um stilgerecht bei den Kunden vorfahren zu können. Es trübte jedoch das Fahrvergnügen, dass beim Fahren aus dem Kofferraum ein lauteres Geräusch drang als von vorne. War der Motor irrtümlich hinten eingebaut worden? Der Fahrer klärte mich auf, dass der Lärm von der Benzinpumpe kam. „Der Wagen ist in China hergestellt“, fügte er als Erklärung hinzu. Das kam als Manko, besonders für ein Fahrzeug mit einem Hauch von Luxus, hinzu. Wer seinen Reichtum zeigen wollte, der griff lieber zu einem geschmuggelten BMW oder Lexus. Die Audi 100 wurden eher die Domäne der gehobenen Kader, deren Dienststellen verpflichtet waren, aus der einheimischen Produktion zu kaufen.

Dann kam in Changchun noch die Affäre mit der „Kleinen Roten Fahne“ hinzu. Die FAW waren die Hersteller der traditionellen Ministerlimousinen „Rote Fahne“, in denen Mao Zedong und Zhou Enlai und auch Deng Xiaoping ihre Wege zurücklegten. Doch der Aufschwung und die Öffnung der Achtzigerjahre machten den ehrwürdigen Limos den Garaus. Da sie ziemlich unverwüstlich waren, wurden sie noch für besondere Anlässe an Privatpersonen vermietet und einige gingen als Sammlerstücke ins Ausland. Die Minister und Generäle stiegen inzwischen auf schwere Mercedes um. In dieser Lage kamen die FAW auf die glorreiche Idee, ein Nachfolgemodell für die „Rote Fahne“ zu entwickeln, um an die große Tradition anzuschließen. Gesagt, getan, die Ansprüche – und die Fähigkeiten sie zu erfüllen – waren nicht hoch. Man nehme einen Audi 100, baue einen Chrysler-Motor ein und schraube eine rote Plastikfahne als Kühlerfigur auf die Haube. Fertig war das Nachfolgemodell. Kein Schelm, der da an das Schicksal des Kommunismus in China denkt: Früher war die Wendung „Der Kommunismus hat China gerettet“ beliebt. Heute heißt es öfter „China hat den Kommunismus gerettet“. Doch gleicht diese Rettung nicht eher dem Nachfolgemodell der „Roten Fahne“? Die Partei hat ihre alte, planwirtschaftliche Mühle verschrottet und sich mit Geld aus dem Ausland auf den Information-Highway begeben. Ideologische Beschönigungen gleichen dem Plastikfähnchen auf dem deutschen Boliden.

Der Verkaufspreis für die „Kleine Rote Fahne“ war natürlich niedriger als für den Audi. Volkswagen blieb nichts anderes übrig, als dieser Lizenzproduktion des Joint-Venture-Partners zuzustimmen. Denn bei FAW steckte man so tief in den roten Zahlen, dass es auf eine „Kleine Rote Fahne“ auch schon nicht mehr ankam. 1995/96 wies das Shanghaier Joint Venture einen Gewinn von 2 Milliarden RMB aus, während die Operation in Changchun läppische 8 Millionen vermeldete, die aber wohl nur einem Bilanzkunststück zu verdanken waren. Ende 1996 begannen Gerüchte über Verluste bei VW in China zu kursieren, *Der Spiegel* berichtete von 100 Millionen US$-Miesen bei FAW.

Das Abenteuer in der Mandschurei kostete auch den langjährigen China- und Asienchef von VW, Martin Posth, seinen Posten. Zuletzt war er Vorstandsdirektor für Asia-Pacific mit Sitz in Hongkong gewesen. Zu den Verlusten mit FAW kam auch eine Trübung des Verhältnisses mit SAIC in Shanghai, die einen neuen Partner für ein zweites Joint Venture zur Produktion eines Luxuswagens suchten. General Motors machte 1996 das Rennen und plant 1999 nach einer Investition von einer Milliarde US$ 50.000 Buick Regal in Shanghai Pudong zu produzieren. Der Joint-Venture-Vertrag sieht auch den Transfer von Technologie für verschiedene Komponenten vor. Zurückhaltung beim Technologietransfer ist einer der Kritikpunkte von SAIC an VW. Das Joint Venture mit GM ist daher auch ein strategisches Signal, dass SAIC für seine Entwicklung zu einem modernen Automobilkonzern nicht auf VW alleine angewiesen ist. Nach Abschluss des Geschäfts zwischen SAIC und GM verstärkte auch VW prompt sein Engagement wieder. 1997 legte VW-Chef Ferdinand Piëch persönlich in Shanghai den Grundstein für ein neues Forschungs- und Entwicklungszentrum, das 200 Millionen DM kosten wird. Damit erlange Shanghai-Volkswagen „die volle Entwicklungsfähigkeit für Automobile“, verlautbarte der VW-Konzern. Auch Ferdinand Piëch erklärte während der Feier des 800.000sten in Shanghai produzierten Santana: „China hat es geschafft, eine eigene Automobilproduktion aufzubauen.“ Der neueste Santana 2000 ist tatsächlich ganz in Shanghai entwickelt und besteht von Anfang an zu 65 Prozent aus in China hergestellten Komponenten. Beim weiter produzierten Vorgängermodell dauerte es zehn Jahre, einen einheimischen Anteil von 90 Prozent zu erreichen.

Die Produktionskapazität der chinesischen Automobilindustrie übersteigt inzwischen dank des kräftigen Engagements der internationalen Konzerne den Bedarf um 100 Prozent. An dieser Situation wird sich auch in den nächsten Jahren nicht viel ändern. Die Lage der chinesischen Autoproduzenten könnte sich sogar noch verschärfen, wenn die hohen Importzölle von 110 Prozent fallen sollten. Dann würden die Schleusen für südkoreanische und japanische Autos geöffnet.
Der Absatz liegt 1998 bei rund 400.000 Autos aller Fabrikate in ganz China. Das sind weniger, als VW alleine 1997 in Deutschland verkauft hat (500.000). Man braucht nur die wirtschaftlichen Grunddaten Chinas zu betrachten, um zu dem Schluss zu kommen, dass die Autohersteller noch einen weiten Weg vor sich haben, bevor sie die Rentabilität erreichen. VW ist dabei

durch seinen frühen Start und die Verankerung im größten Markt Shanghai die einzige Ausnahme. Die internationale Erfahrung lehrt, dass Privatautos erst ab einem Bruttonationalprodukt von 4000 bis 6000 US$ pro Kopf allgemeine Verbreitung finden können. Diese Kennzahl liegt in China 1998 bei 2500 US$. Bei einem jährlichen Wirtschaftswachstum von 10 Prozent – es wird für China immer schwieriger werden, an diesen Wert der vergangenen Jahre heranzukommen – würde es sieben bis acht Jahre dauern, bis die Schwelle zum Automobilzeitalter in China erreicht ist. Unter Automobilzeitalter verstehe ich hier, dass die Mehrheit der Familien sich ein eigenes Auto leisten kann. Aber Ferdinand Piëch wäre nicht der Nachfahre des berühmten Erfinders des Volkswagen-Käfers, wenn er nicht davon überzeugt wäre, dass China diesen Schritt tun wird.

Die Frage ist nur, wohin der Schritt führen wird, denn wo ist Platz für hunderte Millionen von Autos, vom Rohstoff- und Energieverbrauch ganz abgesehen. Dort wo Platz ist in China, in Tibet etwa, leben nur wenige Menschen und dort wo die kaufkräftige Mehrheit lebt, ist jetzt schon jeder Zentimeter besetzt. Der einzige mögliche Ausweg führt in die Höhe, zu Hochstraßen, den Stelzenautobahnen, die bereits Shanghai durchziehen, und in die Tiefe, zu Parkgaragen, die bisher noch nicht weit verbreitet sind. Die Autobauer täten gut daran, ihren Optimismus zu dämpfen, denn eher als ein Massenansturm der chinesischen Familien in die Autosalons ist eine Proliferation von Motorrollern zu erwarten. Taiwan hat diese Entwicklung bereits hinter sich, mit dem Ergebnis, dass die Vespa dort von Jung und Alt, Männlein und Weiblein täglich benützt wird, alleine oder auch mit der ganzen Familie auf einem Gerät, Vater am Steuer, Baby im Einkaufskorb, Großmutter in der Mitte, Mutter am Rücksitz, Kind(er) am Gepäcksträger. Das Festland hat sogar einen Vorteil: Die chinesische Ein-Kind-Musterfamilie ist geradezu für dieses Transportmittel ausgelegt.

Oder für ein neuartiges Familien-Miniauto, einen chinesischen „Si-ma-te“, wie der Mercedes-Winzling Smart in China genannt wird. Eine Entwicklungsgemeinschaft chinesischer Autobauer arbeitet unter reger Anteilnahme der Regierung an einem chinesischen Familienauto. Zuvor waren in einer internationalen Ausschreibung die Konzepte der Multis eingesammelt worden. Die Firmen, die sich beteiligten, hörten danach nichts mehr von dem Projekt – bei Ausschreibungen in China nichts Unübliches; bis 1997 durchsickerte, dass nun an mehreren Familien-Kleinstwagen gearbeitet wird und der erste, der Lucky Star, 1998 das Licht der Welt erblicken solle ...

Nachdem Volkswagen in China über mehr als ausreichende Produktionskapazität an zwei Standorten verfügt und auch die größte Serviceorganisation aller Autoanbieter in China mit Servicestationen in allen Provinzen aufgebaut hat, gilt es nun die letzte Hürde zu nehmen, bevor der Konzern in China seine Position gefestigt hat, den Verkauf. Bisher teilten sich SAIC und Volkswagen China diese Aufgabe. Doch VW möchte den Verkauf in die eigenen Hände nehmen und ein Verkaufsnetz aufbauen. Die dafür nötige Bekanntheit hat der VW Santana schon, laut Gallup ist er die viertbekannteste ausländische Marke in China, nach Coca Cola, Beijing Jeep (ein Chrysler Joint Venture) und Heads & Shoulders Shampoo (ein amerikanisches Joint Venture).
„Zum Tango braucht man zwei" ist eine bewährte Weisheit alter Verkaufshasen. Die Frage ist, ob die ungleichen Paare, die sich in der chinesischen Autoindustrie zusammengefunden haben, denselben Tanz im Sinne haben. Schon die eigene Obsession mit „Roten Fahnen" und Mercedes-Limousinen ließ die chinesische Führung die Autoindustrie zu einer sogenannten „Säulen-Industrie" der Volkswirtschaft erklären. Das ermöglichte staatliche Lenkung und Preisbindung. Deng Xiaoping persönlich besuchte im Februar 1991, während seines traditionellen Aufenthaltes in Shanghai zum Frühlingsfest Shanghai-Volkswagen. Auf einem Foto von der Visite steht er im dicken Wintermantel über dem Mao-Anzug mit Frau und Tochter hinter einem Vierzylinder-Motorblock, zur Seite den damaligen Shanghaier Bürgermeister und heutigen Premierminister Zhu Rongji, dessen verdrießliche Miene mit hängenden Mundwinkeln in auffälligem Kontrast zu dem „Cheese"-Lächeln steht, das alle anderen, inklusive Deng Xiaoping, auf dem Bild zur Schau stellen. Wie sehen die Chine-

sen selbst das Engagement von Volkswagen? Sind sie dem unvergänglichen Zauber der VW-Fahrzeuge erlegen? Deng Xiaoping selbst mag sich bei seinem Besuch an die weit zurückliegenden Jugenderlebnisse bei Renault in Frankreich erinnert haben, wo er als Student zu arbeiten begann, als ihm das Geld ausgegangen war.

Wang Zhile, Forscher am Institut für Internationale Ökonomische Zusammenarbeit des Ministeriums für Außenhandel, beschäftigte sich mit den gesellschaftlichen Auswirkungen der Investitionen des Volkswagenwerkes in Shanghai, die er als „Schneeball-Prinzip" charakterisiert:

„Die großen multinationalen Unternehmen beschäftigen in der Regel einige zehntausend bis zu hunderttausenden Mitarbeitern, sie haben einige hundert Tochterfimen, der Jahresumsatz liegt bei einigen Milliarden bis zu einigen zig Milliarden US$. Obwohl sie so riesig sind, gibt es keine einzige Firma, die ein Produkt vollkommen ‚aus eigenen Kräften' erzeugen kann. Der Grad an gesellschaftlicher Kooperation dieser multinationalen Unternehmen ist sehr hoch, sie sind stark horizontal integriert. Daher treiben die Investitionen einer großen multinationalen Firma die Investitionen einer Gruppe von betroffenen Firmen und Branchen an und verursachen Folgeinvestitionen nach dem ‚Schneeball-Prinzip'.

Die Investitionen von Volkswagen in Shanghai-Volkswagen Automobile sind ein Musterbeispiel für diese Art von Investitionen.

Volkswagen ist das zweitgrößte multinationale Unternehmen Deutschlands und gehört zu den berühmtesten Autoherstellern der Welt. Im Zuge der Vergesellschaftung und Internationalisierung der Produktion ist Volkswagen mit hunderten von Herstellern von Autoteilen auf der ganzen Welt in enge Zusammenarbeit getreten. Seit 1985 ist ein wichtiges Ziel von Shanghai-Volkswagen, den lokalen Wertschöpfungs-Anteil am Santana zu erhöhen. Das bedeutet, dass hunderte von Unternehmen in China für Shanghai-Volkswagen Autoteile erzeugen müssen. Volkswagen lädt unaufhörlich seine Autoteile-Hersteller im Ausland ein, in China zu investieren oder die Technologie an chinesische

Unternehmen zu transferieren, um passende Teile für den Santana zu produzieren. Wegen der glänzenden Zukunftsaussichten des chinesischen Automarktes, wegen der stabilen Produktionsausweitung von Shanghai-Volkswagen (1993 wurden 100.000 Fahrzeuge erreicht) und wegen der Initiative von Volkswagen investierten viele ausländische Unternehmen in China.
Ende 1994 erreichte der lokale Anteil am Santana bereits 85,8 Prozent. Von diesen 85,8 Prozent lokalen Anteils kommen 20 Prozent auf Shanghai-Volkswagen selbst, das für die Produktion von Motoren und Karosserie sowie für den Endzusammenbau verantwortlich ist. Die übrigen 60 Prozent lokalen Anteils werden von den inländischen Partner-Unternehmen abgedeckt. Bei der Mehrzahl von ihnen handelt es sich um Joint-Venture-Unternehmen auf Initiative von Volkswagen.
Nach der Statistik gibt es schon 200 Autoteile-Unternehmen, die mit Volkswagen-Shanghai und -Changchun zusammenarbeiten und auch schon an Volkswagen im Ausland liefern. Unter diesen 200 inländischen Unternehmen befinden sich Joint Ventures mit ausländischen Unternehmen, andere erhielten Technologie-Transfer aus dem Ausland. Es wurden bereits 60 Joint Ventures gegründet und 50 weitere sind in Verhandlung. Auf diese Weise haben nahezu alle wichtigen Zulieferanten von Volkswagen im Ausland in China investiert oder Technologie transferiert.
Der weltgrößte Hersteller von Autozubehör zum Beispiel, Bosch, hat an die Autoelektrikfabrik Changsha die Technologie für Generatoren und Startmotoren transferiert, an die Zündkerzenfabrik Nanjing die Produktionstechnologie für Zündkerzen und verhandelt zurzeit mit beiden Fabriken über Joint Ventures. Das Zündkerzen-Joint-Venture in Nanjing wurde bereits genehmigt, Bosch investiert 20 Millionen US$.
Henkel gründete in Shanghai die Hangao Chemical Products Co. Ltd. Die von ihr produzierten Reinigungsmittel für Metalloberflächen verwendet Volkswagen für die Reinigung des Autostahlblechs.
So bewirkte die Investition von Volkswagen in Shanghai das Ergebnis: ‚Ein Joint Venture mit einem Unternehmen bringt eine ganze Branche voran.'"

Wang Zhile bricht in seinem Beitrag eine Lanze für die von Deng Xiaoping initiierte Industriepolitik der Entwicklung durch Marktöffnung, die etwa im Gegensatz zu der viele Jahre lang von Indien betriebenen Politik der Abschottung des Marktes zum Schutze der heimischen Industrie steht. Dabei darf allerdings nicht übersehen werden, dass auch für die offiziellen Fürsprecher der Reformpolitik in China das Ziel darin besteht, durch die Entwicklung der Wirtschaft unter Einbeziehung aller Kräfte die chinesische Industrie international konkurrenzfähig zu machen.

Wang Zhile: „Um ein Bild zu verwenden: Die Bereitstellung und der Transfer von Technik durch Lizenzhandel gleicht einem Segelflugzeug, das zwar fliegen kann, aber selbst über keinen Motor als Antriebskraft verfügt, sondern von einem anderen Flugzeug in den Himmel gezogen werden muss und, je länger es fliegt, immer tiefer sinkt. Joint-Venture-Unternehmen sind dagegen Flugzeuge mit eigenem Motor, die aus eigener Kraft fliegen können."

7. Kapitel

Old Man Go East – Philips

„Im Zuge der Öffnung des chinesischen Marktes hatten die Chinesen fantastische Gelegenheiten am Weltmarkt teilzunehmen und globale Industrien erhielten die Chance in China mit dabei zu sein."
Cor Boonstra, CEO Philips

Kleiner Schwan, Entchen, Drei Schluchten, Ostwind, Gelber Fluss, Roter Fels, Phönix, Fliegende Taube, Damhirsch, Rote Pagode, Regenbogen, Panda, Goldpferd, Ewigkeit, Schmetterling, Päonie, Schneerose, Schneeflocke, Rote Fahne. Chinesische Markennamen haben unzweifelhaft eine starke lyrische Note – kein Wunder bei der Vorliebe für einprägsame Bilder in der chinesischen Sprache. Noch bleibt die Bekanntheit dieser Namen auf China beschränkt. Die einzige chinesische Marke, die international erkannt wird, ist Qingdao-Bier. Viele dieser Firmen sind Marktführer in China, das in wenigen Jahren für die meisten Konsumgüter der größte Markt sein wird. Mit Sicherheit für die „Weiß-" und „Braunware", die, außer den Glühbirnen, die angestammten Domänen von Philips sind. Ich spreche hier nicht von Schokolade, sondern von den sogenannten „dauerhaften Konsumgütern", den elektrischen und elektronischen Geräten des Haushalts und der Unterhaltungselektronik.
Philips produzierte schon 1920 in China und war unter den ersten internationalen Firmen, die sich 1984 fest in Beijing niederließen. Seit damals wurden 24 Tochterfirmen in China gegründet, die Mehrzahl Joint Ventures. Mehr als 10 Prozent aller Philips-Fabriken stehen heute in China. Chinas Anteil am weltweiten Umsatz von Philips liegt bereits bei 10 Prozent. Mit über 17.000 Beschäftigten in China zählt Philips zu den größten ausländischen Arbeitgebern. Die Produktivität der chinesischen Philips-Organisation ist mit 229.000 US$ pro Mitarbeiter um

50 Prozent höher als im Konzern-Gesamtschnitt von 152.000 US$. Das zeigt, dass China keineswegs nur als Standort für arbeitsintensive Produktionen in Frage kommt.
Philips stärkste Sparte in China sind die Audio-Produkte. 85 Prozent aller Philips Stereoanlagen, CD-Player, Walkmen und Lautsprecher sind „made in China", in den chinesischen Joint-Venture-Fabriken von Philips hergestellt. Philips rühmt sich gerne, der letzte westliche Hersteller von Unterhaltungselektronik zu sein, der der japanischen Konkurrenz standhalten konnte. Um diese Position weiter halten zu können, übersiedelte 1997 der gesamte Geschäftsbereich Philips Audio von Eindhoven nach Hongkong, um nahe an Kunden, Produktion und nicht zuletzt der Konkurrenz zu sein.
1992 war Philips Audio kurz vor der Schließung, die Lage schien mit steigenden Produktionskosten und sinkenden Umsätzen hoffnungslos. Da kam der entscheidende Anstoß von der Unternehmensberatungsfirma McKinsey: „Old man go east", alles in den Fernen Osten verlagern. Diese Entscheidung erwies sich als goldrichtig. Guy Demuynck, Chef des Geschäftsbereichs, erklärt warum: „Denn dort befindet sich die Basis der Audio-Industrie. Wir sind, im Weltmaßstab, die letzte nicht-fernöstliche Firma, die Audio produziert, und man muss dort sein, wo die Industrie ist. Kein Händler oder Kunde, zumindest von außerhalb Europas, wäre in der Lage, Philips Audio an einem Ort wie Eindhoven zu finden – und selbst wenn er es fände, hätte er kein Interesse es zu besuchen, denn es liegt nicht am Weg zu anderen Audio-Firmen. Hongkong dagegen ist wirklich ein Kreuzungspunkt für Audio-Händler. Und da wir bereits einige Kompetenzen wie Entwicklung, Herstellung, Produktdesign und Produktmanagement dort hatten, konnten wir auf etwas aufbauen." Der radikale Schnitt und mutige Schritt hat sich gelohnt, Philips ist in die erste Liga der Audio-Produzenten zurückgekehrt.

Technisch war Philips immer im Spitzenfeld und maßgeblich an der Entwicklung bahnbrechender Innovationen beteiligt. Die größte war die mit Sony, Matsushita und JVC gemeinsam entwickelte CD für die digitale Speicherung von Ton. Die nächste große Herausforderung ist die digitale Speicherung von Bild und Ton und der Brennpunkt für dieses Produkt ist der chinesische Markt. Erstmals könnte ein für die Bedürfnisse der chinesischen Konsumenten entwickelter Standard zum Weltstandard werden.

Schuld daran ist, wie an den meisten Entwicklungen in China im letzten Vierteljahrhundert, Deng Xiaoping. Denn Deng setzte die Produktivkräfte der Bauern in China frei bei gleichzeitiger Aufrechterhaltung der politischen Kontrolle durch die kommunistische Partei. Was haben Bauern und KPCh mit dem Standard für digitale Bildcodierung zu tun? Mehr als man bei oberflächlicher Betrachtung annehmen möchte.

Die Befreiung der Bauern aus der Planwirtschaft 1978 war der Auftakt zur Akkumulation von Kapital auf dem Land, das zur Steigerung der Kaufkraft in Stadt und Land und zum Aufbau neuer Industrien auf dem Land führte. Eine dieser Industrien ist die Herstellung von Video-CD-Spielern. 1997 wurden davon 15 Millionen Stück in China verkauft, zu einem durchschnittlichen Stückpreis von 1000 RMB. „Ein Video-CD-Player kostet mit 1000 Yuan soviel wie ein Schwein", bringt Patty Chan, die Chefin von Philips Key Modules in Shanghai, den Zusammenhang auf den Punkt. Ihre Firma stellt die Kernkomponenten für die VCD-Player her, die von über 300 chinesischen Herstellern zusammengebaut und unter klingenden eigenen Namen verkauft werden. 50 Prozent dieser Neoindustriellen sind Bauern in den reichen Regionen am Unterlauf des Yangtze zwischen Nanjing und Shanghai und des Perlflusses zwischen Kanton und Hongkong. Sie haben in ihrer Jugend noch mit nackten Beinen den Eltern beim Reispflanzen geholfen und fahren heute ihre Familien im Mercedes oder Lexus spazieren. 15 Milliarden RMB sind sogar in Dollar eine hübsche Stange Geld. Und das ist nur der Jahresumsatz 1997 mit den VCD-Playern. Dazu kommen mindestens 500 Millionen Video-CDs – die Bild- und Tonträger –, macht noch einmal mindestens fünf Milliarden RMB, die in die Taschen der Videopiraten und ihrer Schwarzhändler fließen. Hier hört die Wertschöpfungskette auf, denn die Produzenten der Filme und Videoclips, die in die piratisierten VCDs eingebrannt werden, erhalten keinen müden Cent, gleichgültig ob sie in Beijing, Hongkong oder Hollywood sitzen. Der schwunghafte Handel mit dem piratisierten Stoff, aus dem die Träume sind, findet so nahe am Licht der Öffentlichkeit statt, wie es nur in einer Gesellschaft möglich ist, in der der Übergang von Yin und Yang, von Schatten und Licht, ein fließender ist. Die Verkäufer sprechen ihre Kunden auf der Straße an und bringen sie bei Interesse zu ihrem Lager in einem Karton am Fahrrad in einer Nebengasse oder in einem Hauseingang. Oder sie machen gleich Hausbesuche, zum Beispiel in der Mittagspause im Büro bei Bekannten, wo sich dann die Belegschaft mit Unterhaltung für das Wochenende eindeckt.

Unterhaltung ist der Schlüssel zur erstaunlichen und außerhalb Chinas kaum bekannten Erfolgsstory der VCD. Die Kehrseite der silbernen Freudebringer ist die politische Repression. Das Fernsehen weist vor allem mit dem pädagogischen Zeigefinger in die Stube von Herrn und Frau Zhang und die Filmindustrie muss sich aus ideologischen Gründen auf ewig gleiche historische Schinken beschränken. Zum Import in die Kinos werden nur eine Handvoll ausländischer Filme zugelassen – nicht nur wegen der mehr als einen Handvoll Dollar, die Hollywood für seine Blockbuster verlangt, sondern noch mehr um des politischen Bewusstseins der Kinobesucher willen. Die VCD führt die offizielle Filmpolitik ad absurdum, denn auf VCD ist kurz nach dem Release alles erhältlich, was auf dem internationalen Filmmarkt erscheint, von Arnold Schwarzenegger bis zum Porno.

MPEG-1 und MPEG-2 sind keine Filmknüller, sondern die Kurzbezeichnungen für zwei digitale Codierungsverfahren für Videos. Der Kampf um die nächste Generation von Video-Disc-Playern ist voll entbrannt – mit dem neuen Ministerium für Informationsindustrie (MII) mitten drinnen wie die hilflose Tante auf dem Kinderspielplatz. Die Mitspieler sind: chinesische Gerätehersteller, die ihre Produkte so optimieren, dass sie für die piratisierten VCDs das beste Wiedergabe-Ergebnis erzielen – dazu darf die Auflösung nicht zu hoch sein, um die Unschärfen, die durch wiederholtes Kopieren entstehen, besser zu vertuschen; die Ministerialbürokratie, die die chinesische VCD-Industrie reif für den Export machen möchte – dafür sind Geräte erforderlich, die mit dem neuen internationalen DVD-Format kompatibel sind (allerdings möchte MII der chinesischen Industrie Lizenzgebühren für DVD ersparen); amerikanische Chip-Hersteller, die die Halbleiter für die verschiedenen Formate nach China liefern; schließlich die internationalen Gerätehersteller wie Philips, Sony, Matsushita, die einen größeren Anteil am chinesischen Markt gewinnen möchten. Es ist damit zu rechnen, dass das Angebot kompatibler und nicht kompatibler Technologien unübersichtlich bleiben wird. Zum Glück gibt es immer Hersteller, die sich auch eine solche Situation zu Nutze machen können und einen Multi-Format-VCD-Spieler herausbringen werden.

Auch auf dem Markt für die „Weißware", Kühlschränke, Gasherde, Wassererhitzer, Klimaanlagen, Waschmaschinen, Bügeleisen, Staubsauger, Reiskochtöpfe, Luftbefeuchter, ist Philips und den anderen internationalen Mitbewerbern eine starke chinesische Konkurrenz erwachsen. Bei den über 20 Millionen Haushaltsgeräten, die in China jährlich verkauft werden, sind in einigen Kategorien chinesische Hersteller die Marktführer, wie „Kleiner Schwan" bei Waschmaschinen, „Haier" bei Klimaanlagen, „Ruhm" bei Kühlschränken. Der Rest wird vorwiegend von den Joint Ventures mit den internationalen Marktführern Philips, Hitachi, Sanyo und Siemens beigesteuert, während die Importe stark zurückgehen.

Philips hat 20 Jahre Erfahrung im Betrieb von Joint Ventures in China. Im Schnitt dauert es sieben bis acht Jahre, bevor ein Joint Venture Geld zu verdienen beginnt. Da braucht es einen langen Atem und den richtigen Partner, um durchzuhalten. Produktion in China ist der einzige Weg zu dauerhafter Marktpräsenz, diese Erkenntnis hat sich allgemein durchgesetzt. Cor Boonstra: „Jedes Mal, wenn wir wachsen, sind wir bereit in China zu investieren, denn wir sind zutiefst davon überzeugt, dass China ein wichtiger Markt für uns ist."

Die Entscheidung Chinas, seine Unternehmen für Joint Ventures zu öffnen, war eine Entscheidung die Welt in das jahrzehntelang hermetisch abgeriegelte Reich der Mitte einzulassen. Die Ent-

scheidung von Philips und anderen Weltunternehmen, in China zu investieren, folgte dem natürlichen Expansionsdrang von Unternehmen und schließt mit ein, den neuen Tochterunternehmen einen gewissen Einfluss im Konzern einzuräumen. Dieser Einfluss erfolgt auch auf der persönlichen Ebene. So wurde der auf dem Festland geborene ehemalige Geschäftsführer von Philips Taiwan Y. C. Lo als Vorsitzender des Geschäftsbereichs Komponenten in den Philips-Vorstand berufen. Unter den hunderttausenden chinesischen Mitarbeitern ausländischer Unternehmen in China werden es mit Sicherheit einige zu einflussreichen Positionen in den Stammhäusern bringen. Je kleiner das Land, aus dem sie stammt, umso leichter wird eine Firma zum multikulturellen Weltunternehmen wie Philips. Es wird auch nicht mehr lange dauern, bis sich internationale Unternehmen neues Kapital an den Börsen von Hongkong und Shanghai holen.
Philips hat von der Öffnung des chinesischen Marktes in mehrfacher Hinsicht profitiert, einmal hat es eine neue Produktions- und Absatzbasis gewonnen, andererseits hat die Internationalisierung auch zur Öffnung und Umstrukturierung des traditionsreichen holländischen Konzerns geführt. Die technische Orientierung ist einer Marktorientierung gewichen. Der internationale Konsument, der zuerst von der Marke Philips angezogen wird, steht im Mittelpunkt der Bemühungen. „Eine Zeit lang hatten wir einen Slogan ‚Philips invents for you'", führt Cor Boonstra aus, „aber wir erfanden, ohne mit dem Konsumenten zu kommunizieren oder auf der Konsumentenebene zu überprüfen, was sein oder ihr Interesse war. Wir haben nun Konsumententests mit 14.000 Individuen in 17 Ländern gemacht, in denen wir fragten, was sie über Technologie, Produkte und Philips denken. Die Ergebnisse sind interessant und wir kennen nun die Gebiete, an denen der Konsument von heute rund um die Welt interessiert ist. Diese Tests haben uns veranlasst, eine Politik für den Konsumenten zu entwickeln, mit der wir bestimmte Produkte anregen, weil wir wissen, dass auf der Konsumentenebene Interesse besteht. Das sollte – und muss – die Produktentwicklung leiten. Das sollte – und muss – die Technologie in der Organisation leiten. Man kann es nicht andersherum machen. Unsere technologi-

schen Bemühungen müssen den Interessen des gesamten Unternehmens dienen."
China wird im Jahr 2000 mehr als 260 Millionen Konsumenten haben, die es sich leisten können, einen Konsumartikel von Philips zu kaufen. Die fliegenden Holländer, deren chinesischer Name Fei Li Pu „Fliegendes nützliches Schilf" bedeutet, haben sich auf dem chinesischen Markt gut positioniert, um an den Kaufentscheidungen seiner Konsumenten zu profitieren.

8. Kapitel

China Blue – IBM

„e-commerce wird die Art, wie die Regierung ihren Bürgern dient, ändern.“
Louis Gerstner

Die Abzweigung war schwierig zu finden. Besonders im Dunkeln. Im Dezember wurde es schon um fünf Uhr nachmittags dunkel. Die einsamen Glühbirnen, die in großen Abständen an über die Straße gespannten Drähten hingen und im eisigen Wind hin und her schwankten, hätten kaum ausgereicht eine Küche zu beleuchten. Bäume, Fußgänger und Radfahrer waren nur schemenhaft zu erkennen. Auch die Autobusse, LKWs und Pferdegespanne, die gelegentlich vorbeikamen, waren unbeleuchtet. Die Kälte biss in die Gesichtshaut. Nach einer Gruppe von Wohnblocks aus grauen Ziegeln ging es nach links. Mein Fahrrad begann zu rütteln. Der Weg, der in eine mit Bäumen bestandene Anlage führte, war nicht mehr asphaltiert und holprig. Einfamilienhäuser mit steilen Dächern und Mansarden tauchten auf. Hinter einigen Fenstern im Erdgeschoß schimmerte elektrisches Licht. Ich fand das Haus, das ich suchte, und stellte das Fahrrad ab. Zur Haustüre führten einige Stufen hinauf. Das Haus war groß und alt. Es stammte aus den Dreißigerjahren und war von den Amerikanern als Wohnhaus für Professoren an der von ihnen finanzierten Universität Beijing gebaut worden. Ich klopfte. „Guten Abend! Nur schnell herein in die kalte Stube!“, begrüßte mich Walter Zeisberger, der einen dicken wattierten Mantel trug. Hinter den aufgestapelten Kartons, die an allen Wänden standen, waren zwar Zentralheizungskörper zu erkennen, die Heizung war aber schon lange außer Betrieb. Wahrscheinlich war der Heizkessel defekt oder während des „Großen Sprungs vorwärts“ 1958 als Beitrag zur Stahlerzeugung eingeschmolzen worden. Die einzige Wärmequelle war ein kleines rundes Öf-

chen, in das Kohlebriketts geschichtet wurden. Der Rauch zog durch ein Ofenrohr ab, das durch ein Fenster ins Freie führte. Es war für mich unvorstellbar, wie man unter diesen Umständen den Winter überstehen konnte. Aber Professor Zeisberger und seine chinesische Frau, deren Rundlichkeit durch die vielen Kleidungsschichten im Winter noch besser zur Geltung kam, hatten sich daran, wie an so viele andere tägliche Unzulänglichkeiten im Neuen China, gewöhnt. Rationierungsmarken für Reis, Mehl, Öl, Eier, Fleisch, Milch gehörten 1974, als ich häufiger Gast bei dem Auslandsösterreicher war, der seit über 40 Jahren in Beijing lebte, zum beschwerlichen Alltag.

Meine Besuche waren dem edlen Weiqi-Spiel gewidmet, in Japan und im Westen auch Go genannt. Professor Zeisberger war nämlich ein begeisterter Lehrer dieser schwierigen Kunst und schlug einem Landsmann und jungen Studenten wie mir die Bitte nicht ab mich in dem uralten Spiel zu unterweisen. Bevor wir uns ans Brett setzten gab es noch eine kleine Stärkung – Früchtejogurt, in einer großen Emailschüssel vom Professor selbst gemischt. Die Schüssel stand immer auf einem Tisch bereit, dessen größere Hälfte mit kleinen Medizinflaschen bedeckt war. Vitamine und Naturheilmittel, mit denen das Ehepaar die karge Kost ergänzte und versuchte, das versagende Augenlicht der Frau Professor zu erhalten. Die Konversation während des Spiels bestand aus einer Mischung aus guten Lehren für das Weiqi-Spiel, etwa „Tigerrachen", „Rösselsprung" und „Drei-Drei", „Festung", „Mauer" und „Luftloch", sowie aus orakelhaften Sprüchen über die innenpolitische Lage und dunkle Machenschaften in den „inneren Palastbezirken". Bei diesem Thema senkte Professor Zeisberger immer die Stimme zu einem konspirativen Raunen. Zwischen der Realität, die der Professor aus jahrzehntelanger Erfahrung nur zu gut kannte, und der gleichgeschalteten Propaganda klaffte ein schwarzer Abgrund. Die Medien, aber auch die tägliche Gehirnwäsche, der jeder unterzogen wurde, der nur die geringste intellektuelle Regung zeigte, malten das Bild des „Neuen China" in den glühendsten und rötesten Farben nach dem Motto des Guerilla-Kampfliedes „Der Osten ist rot". Auch der erste chinesische Satellit funkte diese Melodie auf die

Erde und der erste chinesische Computer, von der unweit des Hauses von Professor Zeisberger gelegenen technischen Qinghua-Universität entwickelt, spielte auf ein eingetipptes Kommando hin ebenfalls „Der Osten ist rot". Multi-Media-Technologie im Jahre 1974.

„Das Weiqi-Spiel ist ein imperialistisches Spiel", liebte Professor Zeisberger zu sagen, „es geht dabei um die Besetzung von Territorium." Das ist auch der Unterschied zum Schachspiel, bei dem es um die restlose Vernichtung des Gegners geht. Beim Weiqi-Spiel geht es darum, die 361 Positionen auf dem Spielbrett mit schwarzen und weißen Steinen so zu besetzen, dass man mit seiner Farbe die größtmögliche Fläche besetzt. Nichts illustriert besser den Unterschied der chinesischen und abendländischen Kulturen als die Endstellung beim Weiqi und beim Schach. Die Weiqi-Partie ist dann beendet, wenn alle besetzbaren Positionen gefüllt sind und das Spielfeld mehr oder weniger voll ist. Am Ende einer Schachpartie stehen sich zwei Könige mit wenigen Getreuen gegenüber, das Spielfeld ist nahezu abgeräumt. Was im Spiel vor sich geht, scheint sich auch in der Realität zu wiederholen: China wird immer voller, von Menschen, Gebäuden, Autos, Dingen, Müll, während der Westen immer leerer, mit schrumpfender Bevölkerung, verlassenen Innenstädten und Dörfern wird. Es gibt noch mehr Parallelen zwischen Spiel und Kultur. Der westliche Mensch ist mobil und durchstreift die Welt auf Raubzügen, so wie die Schachfigur ihr Spielfeld. Der chinesische Mensch dagegen bleibt in der Regel an dem Fleck und in der Position, in die er als Teil eines festen Beziehungsnetzes geboren wurde, gerade so wie der Weiqi-Stein während des ganzen Spiels die einmal gegebene Position nicht verlässt und seine Rolle darin besteht, Teil eines größeren Musters zu sein.

Jedes Mal, wenn ich die Heimfahrt zu meinem etwa vier Kilometer entfernten Campus durch die kalte Winternacht antrat, glühten mir die Ohren vor Begeisterung über das geheimnisvolle Spiel und den unergründlichen Lehrer, der in diesem nicht minder mysteriösen Land so viel erlebt hatte. Er war in den Dreißigerjahren als junger Deutschlehrer aus Wien nach Beijing gekommen, um an einer Universität zu unterrichten. Anfang der

Dreißigerjahre, vor der japanischen Besetzung, war Beijing eine weltoffene Stadt. Die internationale Politik und Wirtschaft bemühten sich, Einfluss in China und auf seinem schon damals als unermesslich geltenden Markt zu gewinnen. „Vierhundert Millionen Kunden", schwärmte Carl Crow in dem 1937 auch auf Deutsch erschienenen Buch über seine Erfahrungen aus fünf Jahrzehnten in der Werbebranche in Shanghai.

Auch IBM, der 1911 in den USA als „Computer-Tabulating-Recording-Company" gegründete Datenverarbeitungskonzern, trat schon 1934 erstmals in China auf den Plan. Es wurde eine Rechenmaschine an das Beijing Union Hospital geliefert. Die kommunistische Machtübernahme in China 1949 beendete den Honeymoon, denn die Großrechner von Big Blue IBM standen ganz oben auf der Liste der strategischen Güter, deren Export in kommunistische Länder die amerikanische Regierung streng untersagte. Erst 1979, mit dem Beginn der Reformpolitik Deng Xiaopings, hatten sich die Beziehungen so weit normalisiert, dass IBM den ersten modernen Computer an eine Fabrik in China liefern konnte. Das Computerzeitalter brach in China ohnehin erst mit der PC-Revolution an, die IBM beinahe das Genick gebrochen hätte. Als IBM Mitte der Achtzigerjahre erste Repräsentanzen in Beijing und Shanghai gründete, war der Computerkonzern bereits auf dem Weg in die Talsohle des Geschäfts mit Großrechnern und ihrer Software. In China hatten die großen Klunker noch gar nicht Einzug gehalten, als sie schon überholt waren.
Zum Glück war IBM seit 1981 auch Hersteller von PCs und das anfangs belächelte „Spielzeug" erwies sich als Trumpf auf dem Weg aus der Krise, die 1993 in einem Verlust von fünf Milliarden US$ gipfelte. Dass Big Blue nicht endgültig blau machte, konnte nur durch eine radikale Umstrukturierung des Konzerns erreicht werden. Dazu wurde 1993 unter Pauken und Trompeten ein neuer CEO vom Keksfabrikanten Nabisco geholt und an die Spitze gestellt: Louis Gerstner, dem es gelang durch Orientierung an den Kundenbedürfnissen den in die Knie gegangenen Riesen wieder auf die Beine zu bringen.

„Die erste Aufgabe war, die entscheidenden Probleme zu lösen", fasste Gerstner in einem Vortrag vor 400 Kunden, Geschäftspartnern und Journalisten im Ballsaal des Kempinski-Hotels in Beijing im September 1998 seine Erfahrungen aus der Bewältigung der Krise bei IBM 1993 zusammen. Die Zuhörer lauschten gespannt, denn seit der chinesische Staatspräsident seine Landsleute dazu aufgerufen hatte, sich den Film *Titanic* anzusehen, schnellten nicht nur die Verkäufe der piratisierten VCDs in die Höhe, sondern war auch das Bewusstsein geweckt, dass auch anderswo schon Industrien untergegangen und die Rettung der Überlebenden nur durch Ordnung und Disziplin möglich war.

Ich gehörte auch zu denjenigen, die der Aufforderung von Präsident Jiang Zemin folgten, und besuchte mit meinen Mitarbeitern eine Vorstellung des Films. Montagmorgen-Meeting: „Das erste Quartal hat einen Rekord-Umsatz gebracht." – „Das müssen wir feiern." – „Gute Idee, was machen wir? Oder sagen wir zuerst, wann wir uns treffen. Diese Woche geht es nicht, da zu viele unterwegs sind. Nächsten Dienstag, wie wäre es? Gut? Abgemacht." Die Wahl meiner Mitarbeiter fällt auf den Film Titanic, *der gerade in Beijing angelaufen ist. Vorher werden wir zu einem amerikanischen Fastfood-Restaurant in der Nähe gehen. Das ist der Vorschlag unseres Jüngsten, der dem dortigen Root-Beer mit Vanilleeis zugetan ist. Ebenso wie beim chinesischen Staatspräsidenten treffen die Kernaussagen des* Titanic-*Filmepos über Glanz und Untergang, Liebe und Tod auch bei meinen Mitarbeitern auf unmittelbares persönliches Interesse:*

- *Nichts ist sicher. Auch das angeblich unsinkbare, größte Passagierschiff aller Zeiten ist gesunken. Das Gleiche kann mit jedem auch noch so großen Unternehmen in China (und anderswo) geschehen. Die lebenslange Unterhalts-Garantie von der Wiege bis zur Bahre gehört der Vergangenheit an.*
- *Die Katastrophe stellt die Menschen vor ihre größte Bewährungsprobe. Mut und Moral bieten die einzige Chance zu überleben. Man darf niemals aufgeben.*

Während Jiang Zemin an die chinesische Strukturreform denken mochte, traf die Titanic *bei meinen Mitarbeitern auf ganz per-*

sönliche Untergangsängste. Wir alle hatten gerade von der Firmenleitung erfahren, dass unsere Abteilung nach Shanghai transferiert würde. Das trifft Ma besonders hart. Er ist ein typischer Beijinger Junge aus einer Arbeiterfamilie, rau, aber herzlich, und plant, in Kürze zu heiraten. Seine Verlobte arbeitet auch in Beijing. Er fühlt, dass ihm der Boden unter den Füßen weggezogen wurde. Seine spontane Reaktion war die der Ratten in der Titanic, *die als erste den Korridor entlang ins Freie laufen, als sie den Untergang des Schiffes fühlen. Ma hat sich bereits um einen neuen Job beworben, um in Beijing bleiben zu können. Unser jüngster Kollege, Liu, dessen Vorliebe dem Root-Beer und allem, was hip und cool ist, gilt, ist in eine andere Art von Schwebezustand geraten. Er hat sich während eines Trainingskurses in eine Kollegin aus Guangzhou verliebt, die dort allerdings schon in festen Händen, wenn auch noch nicht verheiratet ist. Nun versucht der feurige Liu, seine Angebetete aus der Beijinger Ferne mit virtuellen Blumengrüßen über e-Mail zu gewinnen und kann sich voll und ganz mit dem jugendlichen Helden und dessen Ende im Eiswasser (der Enttäuschung) identifizieren. Den schwersten Schlag musste jedoch unsere Kollegin Pan hinnehmen, von der der Vorschlag zum Besuch des Films gekommen war. Was wir anderen zu diesem Zeitpunkt noch nicht wussten: Sie blickte in den tiefsten Abgrund von uns allen, denn man hatte an ihr gerade Tuberkulose diagnostiziert. Würde sie überleben? Was würde aus ihrer Ehe unter der Belastung der Krankheit? Würde sie je wieder ihre viel versprechende Karriere fortsetzen können? So sitzen alle mit bewegten Gefühlen im dunklen Kino. Die ernste Stimmung wird nur durch die Pfeifkonzerte und Buh-Rufe gestört, die immer wieder einsetzen, wenn das Bild auf der Leinwand nach dem Spulenwechsel aus dem Fokus gerät und der Vorführer offensichtlich anderweitig beschäftigt oder am Schlafen ist.*

Drei Wochen nach dem Kinobesuch hat jeder die Kollision mit seinem persönlichen Eisberg hinter sich: Ma hat seinen neuen Job gesichert und kann sich wieder den Vorbereitungen seiner Hochzeit und dem Versuch, an der Börse ein Startkapital für die Familiengründung zu gewinnen, widmen. Der junge Liu wird

weiter zwischen Heiß und Kalt hin und her gerissen und blickt einer kommenden Dienstreise nach Guangzhou mit Spannung entgegen. Die bedauernswerte Pan schließlich ist verzweifelt. Sie muss für mindestens ein halbes Jahr auf Kur. Sie klammert sich jedoch an das Leben wie an die Reling des hoch aufragenden Sterns der Titanic *vor dem Untergang.*
Und Jiang Zemin? Er hat den „Eisbrecher" Zhu Rongji als neuen Ministerpräsidenten vor sein Schiff gespannt. Dieser ist bereits tief in die erstarrten Regierungsstrukturen eingedrungen und bahnt den neuen Weg zu einem schlankeren, effektiveren Staat durch Reduktion der Ministerien von 41 auf 29. Eines der neuen Superministerien ist das Ministerium für Informationsindustrie, das die Telekommunikations- und elektronische Industrie umfasst. Ein Schritt in die von Louis Gerstner empfohlene Konvergenz der beiden Bereiche, die im vernetzten Computer resultieren soll.

„Wir verwirklichten in einer relativ kurzen Zeit, durch die Konzentration auf die einzigartigen Werte und Stärken von IBM auf dem Markt und die Fähigkeit komplette Lösungen anzubieten, erfolgreich unsere eigene Reform." Gerstner empfahl den anwesenden Verantwortlichen von Staatsbetrieben und anderen mittleren und kleinen Unternehmen sich selbst einer Beurteilung und Prüfung zu unterziehen. „Frage dich selbst, welche Unternehmensstrategie du wählst, um die Chancen zu nützen, die die vernetzte Gesellschaft bietet, wie du schnell und effektiv die festgelegte Strategie verwirklichst und wie du die grundlegenden Fragen der Verwirklichung von geschäftlichem Wachstum und Erlangung eines Wettbewerbsvorteils löst." Gerstner wäre kein begnadeter Verkäufer, wenn er die Antwort nicht gleich von seinem Statthalter in China, Henry Chow, präsentieren ließe: „*e-commerce* besitzt das Potential, die Handelsaktivitäten, die betroffenen Branchen und die gesamte Wirtschaft zu verändern." *e-commerce* ist der Marketing-Slogan, unter dem IBM weltweit seine Integrationsdienste anbietet, die Hardware, Software und Service zu spezifischen Kundenlösungen bündeln. Mit dieser Strategie gelang es IBM sich selbst aus dem Sumpf zu ziehen

und wieder Spitzenreiter und erfolgreichster Universalanbieter der Informationstechnologie zu werden. In China werden Lösungen im Finanz-, Hotel-, Point-of-Sale- und Produktionsmanagement angeboten, natürlich in chinesischer Sprache und mit chinesischem Betriebssystem. Diese Software wird in zwei Joint-Venture-Unternehmen in Shenzhen und Beijing entwickelt.
Seine chinesischen Kunden besucht Gerstner im Schnitt jedes Quartal und demonstriert mit dem Erfolg, den IBM in China hat, dass das Chinageschäft als Chefsache betrieben werden muss, wenn es zu den gewünschten Zielen führen soll. Das Ziel von IBM in China ist nicht kurzfristige Gewinnmaximierung, sondern eine starke Position auf dem chinesischen Markt für Informationstechnologie, der spätestens 2010 der größte der Welt sein soll.

Das 1992 inkorporierte IBM China segelte als kleine Tochter in einem neuen Hoffnungsmarkt relativ unberührt durch die Turbulenzen der Muttergesellschaft und konnte sich 1995 als eindeutiger Marktführer in China mit 30 Prozent Marktanteil bei PCs etablieren.
1997 erwirtschafteten 1800 IBM-Mitarbeiter in neun lokalen Büros und acht Joint Ventures einen Umsatz von geschätzt einer Milliarde US$. Das sind nur 1,3 Prozent des weltweiten Umsatzes von 76 Milliarden, aber die Häufigkeit der Besuche Louis Gerstners und seine intensiven Bemühungen um einen Dialog mit dem chinesischen Staatspräsidenten, ob beim Abendessen im Weißen Haus oder bei der Audienz in der Sitzgarnitur in der Verbotenen Stadt, zeigen, dass Gerstner das Potential des chinesischen Computermarktes erkannt hat. IBM selbst gibt keine Umsatzzahlen für China bekannt, dagegen nennt es unaufgefordert bei jeder Gelegenheit den Wert der Einkäufe des Konzerns in China: 1997 500 Millionen US$ für Leiterplatten, Netzteile, Mäuse, Metallteile, Spritzgussteile. Das zeigt auch die zupackende Strategie Gerstners: Wenn China in dieser Entwicklungsphase meiner Branche vor allem als Zulieferer Chancen bietet, dann nütze ich diese und kaufe eben in China die Dinge ein, die ich ohnehin irgendwo besorgen muss. Jeder Dollar, den IBM für Einkäufe in

China ausgibt, ist ein Baustein zu dem Fundament, auf dem IBM seine Festung in China errichtet – im Sinne der Strategie des Weiqi-Spiels.
Erklärtes Ziel von IBM China ist es, „in China im Einklang mit der wirtschaftlichen Dynamik des Landes zu wachsen und einen Beitrag zum Fortschritt der Informationsindustrie Chinas im neuen Zeitalter des Netzcomputers zu leisten".
Beim Verkauf dieser vernetzten PCs hat IBM allerdings Probleme: Der Absatz ist rückläufig, während die lokalen Konkurrenten zweistellige Zuwachsraten verzeichnen.
1995 wurden in China ca. 900.000 PCs verkauft, 1998 sind es über 4 Millionen. 2000 wird China über mehr PCs als Japan verfügen und im Jahr 2010 wird China der größte IT-(Informations-Technologie-)Markt der Welt sein. 1995 konnte IBM einen Marktanteil von 30 Prozent bei PCs erzielen, 1998 schrumpfte dieser Anteil auf nur 7 Prozent, während die absoluten Stückzahlen gleich blieben. Da sich die Preise für PCs zwischen 1995 und 1998 kräftig nach unten bewegten, erlöst IBM im PC-Geschäft immer weniger Geld. Ein kleiner Lichtblick an dieser Front ist, dass Great Wall, der Joint-Venture-Partner von IBM für die PC-Produktion, mit 2 Prozent Marktanteil der viertgrößte chinesische PC-Hersteller ist. Wenn es IBM gelingen sollte, sich den erfolgreichen Partner eines Tages einzuverleiben, dann ginge Big Blue am Ende gestärkt aus dem Kampf um den einheimischen PC-Markt hervor. Ein anderer, für IBM weniger günstiger Ausgang wäre, dass der chinesische Partner Great Wall, nachdem er genügend Technologie von IBM absorbiert hat, eigene Wege geht oder gar eine Allianz mit der Konkurrenz wie Compaq oder Toshiba eingeht. Es ist auch hier wie beim Weiqi-Spiel: Vermeintlich sicheres Territorium verwandelt sich plötzlich in eine tödliche Falle.

Die ausländischen Anbieter von PCs stehen in China vor einem Dilemma: wollen sie auf dem Massenmarkt mithalten, müssen sie dem Preisdiktat der einheimischen Konkurrenz folgen und ihre hochgezüchteten Maschinen entsprechend abspecken, um die Kosten zu reduzieren. Wenn sich das importierte Produkt aber nicht mehr vom lokalen Angebot unterscheidet, bleibt nur noch der ausländische Markenname, um einen höheren Preis zu rechtfertigen. Gerade bei PCs ziehen es viele Konsumenten vor eine einheimische Marke wie Legend oder Founder oder auch einen lokal geklonten PC ohne Namen zu kaufen, wenn Preis, Qualität und Service stimmen.

Ich gehöre auch zur letztgenannten Gruppe von PC-Käufern. Im Juli übersiedelten wir von Beijing nach Shanghai und beschlossen, unseren neuen Haushalt in der „Informationshafen"-Stadt ans Multimedia-Netz anzuschließen. Die erste Überlegung war, einen internationalen Marken-Computer mit weltweiter Garantie und weltweitem Service zu kaufen. Natürlich sollte er den neuesten Pentium-II-Prozessor und Windows 98 haben. Meine Frau wünschte sich außerdem „Via Voice", das von IBM entwickelte Spracheingabesystem für Chinesisch, das sie in einem Legend-PC bei Bekannten in Beijing gesehen hatte. Nach dem Einholen von Angeboten von IBM, Compaq, Toshiba, Dell stellte sich heraus, dass der Preis für ein solches Paket weit über 20.000 RMB (2.500 US$) betragen würde. Da trat Minnie auf den Plan. Minnie arbeitet in der Hausverwaltung, die die Wohnung von Bekannten in Shanghai betreut. Sie empfahl uns einen Bekannten von einer Computerfirma in Shanghai, der uns ein Angebot machen könne. Das Angebot inkludierte alle gewünschte Hard- und Software und auch den Internet-Anschluss zum Preis von 12.000 RMB! Da konnten wir nur mehr zugreifen, zumal wir für den Einkauf nicht einmal unsere Wohnung verlassen mussten. Alles wurde ins Haus geliefert, installiert und erst wenn wir vollkommen zufrieden waren, mussten wir bezahlen. Gesagt, getan. Die Kartons wurden, hoch auf einem Moped aufgestapelt, von einem kleinen Mann zur Mittagsstunde angeliefert. Außer den Schachteln hinterließ er einen üblen Geruch von feuchten Kleidern und Schweiß in der Wohnung. Zwei Stunden später kam der Verkaufsberater, der den Computer installieren sollte. Der junge Mann, der wohl ein Verehrer von Minnie war, machte einen ordentlichen Eindruck und verstand sein Handwerk. Es dauerte nicht lange, bis er die „Super power" genannte CPU-Ein-

heit mit Pentium-II-Prozessor und Sony-CD-Laufwerk, den Samsung-Bildschirm, die Mitsumi-Tastatur, Maestro-Maus, den Canon-Farbtintenstrahldrucker und das Co-Link 33.6 Kilobit-Modem zusammengestöpselt hatte. Nachdem die Telefonleitung angeschlossen war, erschien im Nu die Homepage der „Shanghai-Hotline“ auf dem Schirm. Nachdem alles erledigt war, fuhr ich zusammen mit dem jungen Mann zur Bank in der Nähe, um die 12.000 RMB abzuheben und ihm zu übergeben. „Regnet es so stark?“, fragte mich der Bankangestellte, denn das Sparbuch war feucht. Wir hatten es vor ein paar Tagen irrtümlich mit unseren Kleidern in der Waschmaschine gewaschen. Ich murmelte etwas, dass es ins Wasser gefallen sei, während ich den Pin-Code am Schalter eintippte.

Es dauerte eine weitere Woche, bis der freundliche Berater uns das Password für den Internet-Anschluss brachte und wir, zum Preis von 7 RMB pro Stunde zuzüglich der Telefongebühr für Ortsgespräche von 0,4 RMB für beliebige Dauer, Anschluss an die weltweite Gemeinde der Internet-Jünger fanden. Wir konnten den Berater auch nach der Installation bei einigen Anfängerproblemen über e-Mail zur Hilfe rufen. Ich kann mir nicht vorstellen, dass IBM oder eine andere internationale Firma einen besseren Service als diese Shanghaier Firma hätte anbieten können.

IBM hat für den Service für PC-Kunden in China eine originelle Lösung gefunden. Zusammen mit den chinesischen Staatsbahnen wurde das Joint Venture Blue Express Technical Service Co. Ltd. gegründet. Diese Firma mit dem Hauptquartier in Beijing ist für Installation und Wartung von IBM-PCs in ganz China zuständig. Sie hat Service-Stationen in den Bahnhöfen der größeren Städte und Vertragspartner für technischen Support. Die Eisenbahn kommt auch für die Ersatzteil-Logistik ins Spiel. Ein rollendes Ersatzteillager ist ständig in China unterwegs und versorgt die lokalen Service-Stationen. Ob dies heute, da China über ein dichtes Netz von Flugverbindungen und EMS-Kurierdiensten der Post im ganzen Land verfügt, noch effektiv und wirtschaftlich ist, ist fraglich.

Wir wissen nicht, wie der Lieferant unseres Computers die Li-

zenz für die Software registriert und abgerechnet hat. Jedenfalls haben wir weder Installations-CD noch Bedienungshandbücher bekommen. Da wir aber ohnehin die Erfahrung gemacht haben, dass die Bedienungsanleitungen für Software in einer Außerirdischen-Sprache geschrieben sind, die bei normalen Sterblichen nur Kopfschütteln verursacht, oder aber, dass die menschliche Sprache nicht geeignet ist zu erklären, wie man mit Software umgehen soll, störte uns dieser Mangel nicht. Anders unseren Nachbarn, Informatiklehrer an der Internationalen Schule in Shanghai. Er kaufte Computer für seine Schule und als der Lieferant die Installations-CDs nicht herausrücken wollte, drohte er damit, ihn bei der Polizei anzuzeigen. Das schreckte den Computer-Lieferanten nicht: „Bei uns in China ist das eben so", erklärte er dem verduzten Schulrat. Dieser ließ sich jedoch nicht so leicht ins Bockshorn jagen und fuhr mit schwererem Geschütz auf: „Dann wollen wir mal sehen, was Microsoft China dazu sagt", entgegnete der Deutsche und griff zum Telefon. Diese Drohung wirkte. Am nächsten Tag hatte er seine Original-Installations-CD.
Das chinesische Gesetz schützt das geistige Eigentum. Der Sinn dieses Schutzes ist jedoch nicht im allgemeinen Bewusstsein verankert. Mehr darüber im 12. Kapitel – „Bill und die Piraten".
IBM streitet seit Beginn seines Engagements in der Volksrepublik China für den Schutz seines geistigen Eigentums. Schon 1980 wurde die Marke „IBM" in China registriert und 1988 wurde ein Hersteller von piratisierten IBM-Computern in Shenzhen zu einer Geldstrafe von 600.000 RMB verurteilt, bei einem mit den gefälschten Produkten erzielten Umsatz von 3,2 Millionen.

Der IT-Markt besteht aber nicht nur aus PCs, die Domäne der lokalen Hersteller geworden sind. Die vernetzte Gesellschaft, deren Hohelied Louis Gerstner bei jeder Gelegenheit singt, hängt an Servern und Routern und Breitband-Übertragungs- und -Vermittlungseinrichtungen (ATM). Dann ist da die Software, die die Information zum Fließen bringt, und der Service, der sie am Laufen hält. Das ist der Hoffnungsmarkt für die internationalen Hi-Tech-Unternehmen wie IBM, Cisco, HP, Oracle, NEC. IBM ist in Chi-

na als Integrations- und Servicepartner für komplexe Netze staatlicher Institutionen und Banken erfolgreich. Weniger erfolgreich war der Versuch, sich als Anbieter von ATM-Breitband-Telekommunikationstechnologie zu positionieren. Der Feldversuch mit der Shanghaier Post war nicht von Erfolg gekrönt und IBM hat sich aus diesem Bereich wieder zurückgezogen. Die Konkurrenz durch die spezialisierten Telekommunikationsanbieter Nortel, Alcatel, Siemens, Lucent war zu stark.
Rückschläge können Louis Gerstner nicht verdrießen. Er ist überzeugt, dass Marketing auch in China für IBM der Schlüssel zum Erfolg ist: „Es ist nicht nur ein technisches Problem. In den Büros von Firmenpräsidenten, Rektoren und Regierungsbeamten findet gerade eine Revolution statt. Das kommt daher, dass, wenn Banken, Schulen, Kirchen, Fluglinien, Krankenhäuser und Regierungen das Netz benützen wollen, um ihren dienstlichen und gesellschaftlichen Verpflichtungen nachzukommen, sie zuerst ihre gewohnten Methoden einer gründlichen Reform unterziehen müssen." Dass Gerstner vor einem chinesischen Publikum in Beijing über die gesellschaftliche Rolle von Kirchen sprach, legt die Vermutung nahe, dass er eine Standardrede abspulte. Der chinesische Zuhörer könnte allerdings „Kirche" problemlos durch „Partei" ersetzen und erhielte Stoff zum Nachdenken über die Perspektiven der totalen Vernetzung im chinesischen Kontext.

9. Kapitel

Kleinvieh macht Mist – Motorola

„Biep."
Motorola-Pager

„Wenn jeder Chinese ...", mit dieser Einleitung haben schon viele Fantastereien über die Chancen des chinesischen Marktes begonnen. Nicht immer blieb es bei der Fantasie. Eine der ersten Firmen, denen es glückte Gewinn aus dieser Idee zu schlagen, war die amerikanische Ölfirma SOCONY (Standard Oil Company of New York, die heutige Mobil). Sie prägte 1880 das inzwischen geflügelte Wort „Öl für die Lampen Chinas". Ihre Exportmanager standen vor der Frage, wie sie Erdölprodukte auf dem potentiell unerschöpflichen chinesischen Markt verkaufen konnten. Der Hauptverwendungszweck von Erdöl war damals in den Vereinigten Staaten Kerosin für Beleuchtung. In China wurde es abends auch dunkel. Die Chinesen würden doch gewiss auch gerne Kerosinlampen an Stelle von rußenden Kerzen oder schwachen Öllämpchen benützen. Konsequent ging man daran billige Lampen auf den chinesischen Markt zu werfen, um die Nachfrage nach Kerosin anzukurbeln. Die Rechnung ging auf und Anfang des 20. Jahrhunderts segelten die berühmten „Kerosin-Klipper" durch den Panamakanal über den Pazifik nach China, um den Brennstoff für Millionen von „Mei Fu"-Lampen heranzuschaffen. „Mei Fu" war der chinesische Name von Socony und bedeutet: „schön und vertrauenswürdig".
Die Lichter in den chinesischen Straßen und in den Augen der Mobil-Manager gingen an. Der Kassenpegel stieg wie der Kerosinpegel in den Lampen sank. Jeder Chinese wollte mit den neuartigen Lampen das bedrohliche Dunkel zu vertreiben.

Es war nur wenigen Exportmanagern vergönnt, den Erfolg der Mei-Fu-Lampen zu wiederholen. Motorola jedoch gelang das Kunststück in den Achtziger- und Neunzigerjahren dieses Jahrhunderts mit den Pagern. Diese Goldmine zu erkennen war keine geringere Leistung der Amerikaner aus Schaumburg, Illinois, als die Idee mit den Kerosinlampen ihrer Kollegen von Mobil hundert Jahre zuvor.

Die Idee des „Pagings" ist so alt wie die Erfindung des Radios. Genau genommen sogar noch älter, denn der Rundfunk war ein zufälliges Nebenprodukt der ersten Versuche, Nachrichten über Funk an einen bestimmten Partner zu übermitteln – das Prinzip des „Pagings", zu Deutsch „ausrufen lassen". Das Wort „Paging" kommt vom Pagen, dem dienstbaren Geist an feudalen Höfen, der vor die wartenden Besucher tritt und den Namen desjenigen ausruft, der als nächster zur Audienz gebeten wird. Der elektronische Page ist eine kleines Gerät von der Größe einer Streichholzschachtel, das Geräusche von sich zu geben und Nachrichten anzuzeigen vermag.
Bei einem seiner Funkversuche spielte Thomas Edison im Labor zur eigenen Unterhaltung eine Schallplatte mit Country-Musik. Die Musik wurde natürlich durch das Mikrofon, das Edison zur Sprachübertragung verwendete, mit aufgenommen und auch mit ausgestrahlt. Einer der Funkpartner Edisons hörte die Musik und funkte zurück: „Bitte spiele die Schallplatte noch einmal." Da funkte es bei Edison und die Idee des Rundfunks, bei dem derselbe Inhalt an eine große Zahl anonymer Empfänger ausgesendet wird, war geboren.
Das Geschäft sämtlicher Medienunternehmen funktioniert nach diesem Prinzip, egal ob Rundfunk- oder Fernsehanstalt, Zeitungs- oder Buchverlag: Derselbe Inhalt wird möglichst oft vervielfältigt und verkauft.
Die Erfindung des Pagings war im Grunde eine neue Anwendung des Rundfunks, nämlich die Aussendung einer Nachricht, die nur für eine Person bestimmt ist, im Ein-Weg-Verfahren, ohne die Möglichkeit, dass der Empfänger sofort und direkt antworten kann wie beim Zwei-Weg-Funken. Die Polizei von Detroit war

1921 Pionier beim Paging. In den Dreißigerjahren wurde diese Technik in den USA von Regierungsbehörden, Polizei und Armee breit angewendet. Am Anfang war es eine reine Sprachübertragung, bei der ein „Fräulein vom Amt" die Nummer oder den Decknamen der gerufenen Person ausrief und dann ihre Nachricht übermittelte. Jeder andere Empfänger, der dieselbe Frequenz eingeschaltet hatte, konnte die Nachricht empfangen. Der nächste Entwicklungsschritt war die individuelle Nachrichtenübermittlung an eine bestimmte Adresse. Dank digitaler Codierung konnte die Nachricht nur mehr von einem bestimmten Adressaten empfangen werden. Diese neue digitale Technik bedingte zunächst eine radikale Verkürzung der Nachricht auf einige Zahlen – die Telefonnummer, die zurückgerufen werden sollte –, später ging es auch mit Namen, Worten und ganzen Sätzen. Motorola war auf ihrem Heimatmarkt in den USA auf diesem Gebiet führend und trieb mit eigenen Standards die Entwicklung voran. Motorola gelang es auch, den Pager von einem Spezial-Kommunikationswerkzeug für Sicherheitskräfte und Professionisten zum Konsum- und Modeartikel zu machen.

Mitte der Achtzigerjahre war ein privates Telefon in China noch ein Luxusgut, das nur der Parteielite und den privilegierten Privatpersonen, deren Verwandte im Ausland dafür bezahlten, vorbehalten war. Da kam der chinesischen Post eine brillante Idee: Könnte man nicht den Mangel an Privattelefonen kurzfristig dadurch beheben, für jedermann erschwingliche Pager auf den Markt zu bringen? Jeder, der sich einen Pager anschaffte, wurde dadurch augenblicklich telefonisch erreichbar, ohne dass es notwendig war seine Wohnung an das Telefonnetz anzuschließen. Es genügte, ein Netz öffentlicher Fernsprechstellen zu schaffen, von denen die Pagerbesitzer ihre Anrufe tätigen konnten. Wollten sie zu Hause Telefongespräche entgegennehmen, so konnten sie dies beim Portier ihres Wohnblocks tun, der den Angerufenen lautstark zu seiner Portierloge rief.
1984 wurden die ersten Paging-Netze in Guangzhou, Shenzhen und Shanghai gebaut. Motorolas Marktforschern entging die

neue Gelegenheit nicht. Rasch wurde das Terrain sondiert und für reif befunden. 1986 besuchte der große Vorsitzende Motorolas, Bob Galvin, China und war von der wirtschaftlichen Öffnungspolitik so begeistert, dass er verkündete, Motorola werde 100 Millionen US$ investieren. Es sollte sich erweisen, dass seine Entscheidung, die Erschließung des chinesischen Marktes zur Chefsache zu erklären, richtig war. Vor allem gelang es damit Motorola zum Liebkind der chinesischen Führung zu machen. Diese wollte ein amerikanisches Paradeunternehmen haben, das kräftig in China investierte und den anderen amerikanischen Industriegiganten Mut machen sollte, in seine Fußstapfen zu treten. Das Paging wurde zum Einstieg Motorolas in die Telekommunikation in China und brachte den Mobilkommunikationsmarkt ins Rollen.

Die ersten Netze wurden von der Post betrieben, aber bald lockten die Geschäftschancen in diesem unregulierten Teil der Telekommunikation auch andere Betreiber auf den Plan. Die Geldgeber waren lokale Elektrizitätswerke, Kabel-TV-Anstalten, Taxiunternehmen, Armee und Polizei. Die meisten Netze decken nur eine Stadt ab, wenn der Pagerbesitzer diese verlässt, ist er nicht mehr erreichbar. 1998 bezahlten mehr als 60 Millionen Teilnehmer für das Privileg, immer abrufbar zu sein. Jährlich werden über 10 Millionen Pager verkauft. Die ungeheure Popularität und weite Verbreitung des Pagers brachte nicht nur Geld in die Kassen, sondern machte Motorola auch zum Inbegriff für Mobilkommunikation in China. Damit sicherten sich die Amerikaner einen unschätzbaren Startvorteil bei der nächsten Runde im Kampf um den chinesischen Telekommunikationsmarkt – die analoge Mobiltelefonie.

Der Auf- und Ausbau des chinesischen Pagermarktes durch Motorola wirkt wie eine Lektion aus dem Managementhandbuch. Die geringe Anzahl von privaten Telefonanschlüssen bot die Chance für die Massenverbreitung eines Produktes, das bis dahin ein Nischendasein geführt hatte. Anschaffungspreis und Teilnehmergebühren für einen Pager konnten so niedrig gehalten werden, dass er für jeden Lohnempfänger erschwinglich war. So fanden schnell Millionen von Geräten Absatz und Motorola ging daran, den neuen, riesigen Markt nach den Regeln der Marketingkunst zu filetieren bzw. zu „segmentieren", wie es im M.B.A.-Deutsch heißt. Die ersten Pager konnten nur eine Nummer anzeigen – die Telefonnummer, die zurückgerufen werden sollte. Dann erhielten die Pager einen Speicher, der 10 oder 50 oder 100 Nummern speichern konnte. Die nächste Verbesserung war die Anzeige kurzer Nachrichten in Englisch. Da dies aber für die Mehrheit der Benützer nicht verständlich war, ging die Entwicklung zu Anzeigen mit chinesischen Schriftzeichen, eine beachtliche Leistung für ein zentimeterkleines Miniaturgerät wie einen Pager. Das „upgrading" fand aber nicht nur bei den Geräten selbst statt, sondern auch bei den Paging-Netzen. Die Betreiber wetteifern mit neuen Diensten: Wetterbericht, Börsenkurse, Fußballergebnisse werden ständig aktualisiert und jede Änderung auf Wunsch mit Biepton angezeigt. Die Entwicklung machte auch beim Ton, den der Pager ausstößt, nicht Halt. Luxusgeräte bieten verschiedene Melodien zur Auswahl an. Modefarben und flippige Formen sollen schließlich neue Generationen von Pagerbenützern locken. Eine eigene Marketingabteilung für Pager bei Motorola-China sorgt dafür, dass kein Konkurrent den Amerikanern die Stellung als Platzhirsch streitig machen kann.

Die geringe Zahl von Haushalten mit Telefonanschlüssen, Anfang der Neunzigerjahre nicht mehr als 3 Prozent, die sich schon als so fördernd für den Pager-Absatz erwiesen hatte, wurde auch zur Triebkraft für den raschen Aufbau der Mobiltelefonnetze in China. Motorola war international eine der ersten Firmen, die die neue, von den traditionsreichen Bell Laboratories in Harvard entwickelte Technik des Mobiltelefons zur Serienreife brachte. Dabei waren zwei Hauptschwierigkeiten zu lösen: Das Management des Netzes, das stets wissen muss, von welcher Basisstation ein bestimmtes Mobiltelefon gerade erreichbar ist, sowie der unterbrechungslose Übergang von einer Zelle zur anderen, wenn der Telefonbenützer sich zum Beispiel in einem fahrenden Auto befindet, das den Sendebereich einer Basisstation verlässt und in den Bereich der nächsten gerät.

Auch bei den analogen Mobiltelefonen und ihren Netzen eroberte Motorola die Marktführerschaft in China und brachte es auf 70 Prozent Marktanteil. Damit war der Zenit überschritten und Motorola wurde ein Opfer des eigenen Erfolges. Das Management verschlief die Entscheidung, auf digitale Mobiltelefonie nach GSM-Standard umzusteigen. Das Versäumnis war die Folge interner Fehden zwischen den Firmenbereichen, im Firmenjargon „kämpfende Stämme" genannt. Als Ergebnis fiel Motorola 1997 in allen Bereichen der Mobilkommunikation – außer auf dem gesättigten Pagermarkt – hinter die europäischen Konkurrenten Ericsson, Nokia und Alcatel zurück.
Motorola ist fest zum Comeback entschlossen, mit 1,2 Milliarden US$ Investment in China bleibt nichts anderes übrig. „China ist für uns der zweitgrößte Markt auf der Welt außerhalb der Vereinigten Staaten," sagt Motorolas Vice President für Asien-Pazifik, der forsche Texaner Rick Younts. „Es wird einen immer größeren Anteil an unserem Gesamtumsatz haben." Motorola ist in China nicht allein vom Markt der Telekommunikation abhängig, es produziert auch Halbleiter, Automobilelektronik und elektronische Wertkarten. Trotz der zeitweiligen Schwierigkeiten ist die Vision des legendären ersten Vorsitzenden von Motorola, Bob Galvin, Wirklichkeit geworden.
Trotz eines internationalen Sparprogramms wird Motorola weiter kräftig in China investieren, 1,3 Milliarden US$ sind für die nächsten Jahre geplant. Immerhin erzielte Motorola 1997 einen Umsatz von 3,7 Milliarden US$ in China – 11 Prozent seines Weltumsatzes. Auch der neue Vorstandsvorsitzende Gary Tooker bleibt optimistisch: „Die Veränderungen erfordern einen gewissen Grad an Mut, denn viele Menschen sind so von der Natur der Veränderungen gefangen, dass sie Opfer von Kritik und negativen Reaktionen werden, die mit kurzfristiger Unsicherheit und Unruhe einhergehen. Motorola wird reinvestieren und neue Technologie nach China bringen."
Eine der neuen Technologien ist ein neuer digitaler Standard für Mobiltelefonie, CDMA. Dieser Standard wird international nur in den Vereinigten Staaten und Südkorea kommerziell eingesetzt. Motorola tut sich bisher mit der Einführung in China schwer,

denn der größte Netzbetreiber, China Telecom, setzt auf den international viel weiter verbreiteten europäischen GSM-Standard. Während Motorola seit Jahren erklärt, mit CDMA in China „kurz vor dem Durchbruch" zu stehen, hat die Konkurrenz sich schon auf den nächsten digitalen Standard geeinigt, der nicht nur Telefonieren, sondern auch Datenübertragung per Mobiltelefon erlauben wird. Motorola könnte in die Situation geraten, hunderte Millionen Dollar für CDMA in den Sand gesetzt zu haben und beim nächsten technologischen Sprung nach vorne wieder nicht mit dabei zu sein. Geld und technische Kompetenz alleine können den Erfolg gegen die Konkurrenz nicht sichern. Wichtiger ist es, den richtigen Zeitpunkt für eine Entscheidung zu wählen. Wie im 10. Kapitel über den Motorola-Konkurrenten Ericsson beschrieben, führt der Erfolg sehr leicht zu seinem Gegenteil, wenn er blind für neue, Erfolg versprechende Gelegenheiten macht.
China wird auch eine der fünf Erdstationen für das Mobilkommunikationsnetz Iridium beherbergen. Iridium, dessen Hauptlieferant Motorola ist, besteht aus 66 Satelliten in niedrigen Umlaufbahnen, von denen eine direkte Verbindung zu Mobiltelefonen möglich ist. Die Erdstationen dienen dazu, die Daten der Mobiltelefonbenützer zu speichern und die Verbindung zum erdgebundenen festen und mobilen Telefonnetz herzustellen. Auf diese Weise garantiert Iridium sichere Kommunikation an jedem Punkt der Erde, im Einzugsgebiet der normalen Mobilnetze über diese und außerhalb durch die direkte Verbindung zwischen Satellit und Mobiltelefon, dessen Antenne nicht größer als die eines herkömmlichen Mobiltelefons ist. Für China mit seinen weiten, unerschlossenen Gebirgsregionen und Wüsten, die wertvolle Bodenschätze bergen, wird Iridium ein wichtiges Kommunikationsmittel. Für Motorola wird es ein willkommenes Vehikel, das angekratzte Image des technologischen Marktführers aufzufrischen. Wenn es dann auch wieder gelingen sollte, ein erschwingliches Massenprodukt, wie etwa ein neues digitales Mobiltelefon, zu lancieren, könnte Motorola wieder an die glorreichen alten Zeiten anschließen.

Ein anderes Investment hingegen dürfte bei Motorola auf jeden Fall positiv zu Buche schlagen, das neue 18-stöckige Hochhaus im Osten von Beijing, das als Sitz der Firmenleitung für China und auch als North Asia Center dienen wird. Motorola hatte gehofft, Präsident Clinton im Juni 1998 zur Eröffnung des neuen Gebäudes begrüßen zu können. Dieser hatte aber beschlossen, während seiner Chinareise keinerlei Termine mit amerikanischen Firmen zu absolvieren, um nicht neuen Untersuchungen in der Parteispendenaffäre Vortrieb zu leisten. „China zu unserem zweiten Heim zu machen, ist seit langem als unsere Verpflichtung uns in diesem Land zu entwickeln hochgehalten worden", erklärte der quirlige P. Y. Lai, Präsident von Motorola China anlässlich der Vollendung des neuen Hauptquartiers.

Die amerikanischen Häusle-Bauer errichteten nicht nur Bürotürme und Fabrikhallen, sondern taten als eine der ersten ausländischen Firmen in China den Schritt, Wohnungen für ihre Angestellten zu bauen. In Tianjin, der nordchinesischen Stadt, in der sich Motorolas größte Fabrik in China befindet, entsteht ein Wohnpark mit Eigentumswohnungen, die von den Angestellten mit Hilfe von Firmenkrediten erworben werden können. Dadurch soll die Firmenloyalität der Angestellten erhöht werden, denn wer Motorola verlässt, verliert den Firmenkredit und muss diesen entweder sofort zurückzahlen oder seine Wohnung aufgeben.

Soziales Gewissen zeigt Motorola auch bei seinen Spenden für das Projekt „Hope". Diese Wohltätigkeitsinstitution wurde vom chinesischen Erziehungsministerium ins Leben gerufen, um mit Hilfe von Spenden, vorwiegend von Auslandschinesen und ausländischen Firmen in China, Schulen in entlegenen Gegenden und für Kinder, die sich den Besuch einer regulären Schule, die Schulgeld kostet, nicht leisten können, zu errichten und zu betreiben. Motorola ist der größte Sponsor für das Projekt „Hope" und hat bereits 20 Schulen vom tibetischen Hochland bis zu den Lösshügeln am Gelben Fluss und dem tropischen Urwald an der Grenze zu Vietnam finanziert.

Auch bei der Hochwasserkatastrophe im Sommer 1998 war Motorola mit 29 Millionen RMB Soforthilfe zur Stelle. Geld und Sachspenden von Computern und Kommunikationseinrichtungen waren für die Errichtung von 30 „Motorola Neues Leben im Kampf gegen das Hochwasser"-Grundschulen bestimmt. Der blumige Titel zeigt, wie weit Motorola schon in der Anpassung an die Landessitten gekommen ist. „Motorola pflegt die Tradition, die Lehrer zu achten und der Erziehung eine wichtige Rolle zuzumessen", erklärte P. K. Lai auf der feierlichen Abendveranstaltung zur Überreichung der Spende an das Erziehungsministerium. Eine Abordnung von Vertretern von Management und Belegschaft brachte die Sach- und Geldspenden persönlich in das Katastrophengebiet. Gutes tun und darüber so laut wie möglich sprechen ist die von konsequenter Öffentlichkeitsarbeit begleitete Politik Motorolas als „nützliches Mitglied der Gesellschaft".

In Anbetracht der anhaltenden profitablen Prognosen für den chinesischen Mobilkommunikationsmarkt werden die knallharten Manager lyrisch: „Aus den Tiefen der Weisheit, die in den alten Schriften enthalten ist, die Zeugnis über die Errungenschaften unserer durch Trommelschlagen kommunizierenden Vorfahren ablegen, hören die Motorolianer den Ruf der ewigen Geschichte. Angespornt durch den dadurch ausgedrückten Geist von Fortschritt und Harmonie hat Motorola in der fruchtbaren Erde Chinas tiefe Wurzeln geschlagen."

Qin Xianghui ist die Ernährerin einer Motorola-Familie. Die dreiunddreißigjährige Mutter einer Tochter arbeitet als Marktforscherin in der Marketingabteilung für Pager im Beijinger Büro von Motorola. Wenn Qin zur Arbeit geht, trägt sie schicke Kostüme und Hosenanzüge in dezenten Farben. Zu Hause zieht sie Jeans und T-Shirt vor, wie ihr Mann He Pu, der als selbstständiger Reiseführer tätig ist und mit seinem eigenen Chirokee-Jeep Gäste betreut und auch Gruppenreisen organisiert. Xiaohua, „Blümchen", die dreijährige Tochter, wird von Hes Mutter betreut, die bei der jungen Familie wohnt. Den Haushalt des Großvaters, der in einer anderen Stadt lebt, führt die jüngere, noch unverheiratete Schwester Hes. Heute sind sie zu Besuch bei uns, denn Qin hat zusammen mit meiner Frau Englisch studiert. Nach dem Studium nahm sie eine Stelle als Übersetzerin an ihrer Universität an. Ihre Aufgabe war es, die ausländischen Gastdozenten zu betreuen. Nach zwei Jahren gelang ihr die Aufnahmeprüfung zum Post-Graduate-Studium für Anglistik an der prestigereichen Universität Beijing. Hier lernte sie ihren künftigen Mann kennen, der Französisch studierte. Die beiden beschlossen, koste es was es wolle, in der Hauptstadt zu bleiben. Die nächste Chance, die sich Qin bot, war die Managementausbildung der EU in Beijing mit einem Semester in einem europäischen Unternehmen. Sie hatte Glück, denn sie wurde zu dem heiß begehrten Kurs aufgenommen. Das war 1989, dem Jahr der Studentenrevolte auf dem Platz des Himmlischen Friedens in Beijing. Die folgenden Boykottmaßnahmen der EU gegen China führten dazu, dass die Teilnehmer der Managementausbildung nicht mehr zu ihrem Praxissemester nach Europa fahren durften. Statt dessen hospitierten sie in den Niederlassungen europäischer Unternehmen in China. Qin kam zu Philips in die Finanzabteilung, deren holländischer Chef die junge, intelligente Praktikantin schätzen lernte. So kehrte sie auch nach dem Abschluss der Ausbildung zu Philips zurück. 1993 wurde ihre Tochter Xiaohua geboren. Nach dreimonatigem Mutterschaftsurlaub kehrte Qin nicht zu Philips zurück, denn auch ihr früherer Chef in der Finanzabteilung hatte inzwischen Philips China verlassen. Die Tochter wurde bei den Eltern des Mannes in Pflege gegeben. Das junge Ehepaar konnte weiter an seiner Karriere arbeiten. Qin hielt nach einer neuen Tätigkeit Ausschau, um zu besserer Bezahlung und größerer beruflicher Herausforderung als in der bürokratischen Finanzabteilung von Philips zu gelangen. 1994 bot sich eine neue Chance. Auf einer Talentmesse stieß Qin auf den Stand von Motorola, trug sich in die Kandidatenliste ein und gab ihren Lebenslauf ab. Kurze Zeit später biepte ihr Pager, Motorola bat um einen Rückruf und sie wurde zu einem Interview eingeladen. Das erste Interview diente der Vorauswahl durch die Personalabteilung. Hier ging es darum festzustellen, ob diese Kandidatin die formellen Erfordernisse für eine Anstellung erfüllte: Gesundheit, legaler Wohnsitz in Beijing. Qin erfüllte diese

Voraussetzungen, nicht jedoch die dritte für chinesische Mitarbeiter ausländischer Firmen übliche: Sie war nicht Angestellte einer offiziellen Personalvermittlungsfirma wie FESCO. Diese Firmen dienen dazu, den Arbeitsmarkt für ausländische Firmenniederlassungen zu kontrollieren und nebenbei den lokalen Behörden ein nicht unbeträchtliches Einkommen zu verschaffen, denn ein Teil des vom ausländischen Arbeitgeber bezahlten Gehaltes wird von FESCO & Co. einbehalten. Davon werden die Sozialversicherung der Mitarbeiter und die Verwaltungskosten bestritten. Gewinn bleibt auch übrig, denn FESCO expandierte seit ihrer Gründung 1982 in Immobilieninvestitionen und Servicegesellschaften wie z. B. ein Flugreisebüro. Für Motorola war dies jedoch kein Hindernis, denn die Amerikaner waren bereits so fest in China etabliert, dass sie einen gewissen Freiraum genossen, ihren eigenen Regeln zu folgen. Eine dieser Regeln ist, dass Leistungsbereitschaft das wichtigste Kriterium für die Mitarbeiterauswahl ist. Das zweite Interview fand mit dem Manager der Marketingabteilung für Pager statt. Man suchte jemanden mit guten Englischkenntnissen und Erfahrungen in einer ausländischen Firma für Konsumgüter. Die spezifischen Produkt- und Marketingkenntnisse erhalten neue Mitarbeiter durch interne Kurse im Motorola-Trainingszentrum, das den klingenden Namen „Motorola-Universität" trägt. Qin erhielt den neuen Job und machte dank ihrer raschen Auffassungsgabe und ausgezeichneter Englischkenntnisse schnell Karriere. Sie wurde Chefin der Marktforschungsgruppe für Pager für „Greater China", das neben dem chinesischen Festland auch Hongkong, Macao und Taiwan umfasst. Der neue Beruf macht Qin Spaß, sie kann ihre eigenen Ideen umsetzen und lernt auf Geschäftsreisen China und die Welt kennen. Denn die Marktforscher müssen in Kontakt mit ihren Märkten bleiben und Erfahrungen mit internationalen Kollegen austauschen. „Für meine Familie habe ich nicht mehr so viel Zeit. Gott sei Dank hilft die Schwiegermutter mit Blümchen, denn He Pu ist ja auch oft mit seinen Reisegruppen unterwegs."

Zur Zeit schwankt die Familie He-Qin zwischen den Karrieremöglichkeiten für Frau Qin bei Motorola und der Verlockung zu emigrieren, um die Zukunft für sich und ihre Tochter zu sichern. Wenn sie ins Ausland gehen, dann wohl nach Kanada, wo beider Sprachkenntnisse, Französisch und Englisch, von Nutzen sein können. „Aber es ist mir klar", sagt Qin, „dass ich in Kanada sicher nicht leicht eine so gute Arbeit wie bei Motorola finden werde."

10. Kapitel

Der Rote Eric – Ericsson

„Die multinationalen Unternehmen hofften, in China unermessliche Gewinne zu machen. Als Ergebnis stoßen sie nun in China auf Konkurrenz – und diese Konkurrenz kommt immer mehr von Chinesen."
Economist

„Könnt ihr mich hören?" Bo Nilsson schwenkt das Mikrofon vor seinem Mund hin und her. Seine Stimme hallt durch den Saal, der mit den bequemen blauen Plüschsesseln wie ein Kinosaal wirkt. Die rund 60 Anwesenden sind aber nicht gekommen, um einen Film zu sehen, sondern um die Ansprache ihres Chefs auf dem Betriebsausflug zu hören. „Auf drei Dinge kommt es mir an: 1. Sich bewusst sein, worum es geht. 2. Das Gefühl der Dringlichkeit. 3. Der Geist des ‚Can do'!" Bo fasst am Ende noch einmal seine Botschaft für alle zusammen. Er hebt die Stimme, dank der hervorragenden Bose-Lautsprecher bebt der Saal: „Alle mit mir: ‚Can do!'" – „Can do!" tönt es in einem ein wenig dünnen Chor zurück.
Hier steht der Nachfahre des gefürchteten Wikinger-Führers, des Roten Eric, wie ein bebrillter Teddybär im großen Saal des Sanatoriums der Lehrergewerkschaft 60 km nordöstlich von Beijing und versucht die Moral der Mannschaft seines Brückenkopfes in China mit Wikinger-Philosophie zu heben. Die „Mannschaft" besteht zur besseren Hälfte aus jungen Damen mit einheitlich glänzenden schwarzen Haaren, ebenso schwarzen, kräftigen Augenbrauen, gewachsen oder gemalt, und dunkelbraunen, überwiegend intelligenten Augen.
Liu Xia, 27, ist eine von ihnen. Sie ist verantwortlich für Marktkommunikation, ihr Spezialgebiet die Organisation von Ausstellungen. Sie sagt über Ericsson: „Ericsson ist die berühmteste Telekommunikationsfirma der Welt. Ich mag auch den Arbeitsstil,

die menschliche Note und die freundliche, nette Zusammenarbeit zwischen Kollegen und den Managern. In meinem Beruf muss man manchmal in sehr kurzer Zeit etwas erfinden, das in die Augen sticht. Da muss man wirklich kreativ sein und unternehmerisch denken, als Führer eines Teams handeln, Projekte im Zeitplan halten, es verschiedenen Leuten recht machen usw."
Liu Xia signalisiert hohes Harmoniebedürfnis und das Gefühl, damit bei Ericsson richtig zu liegen. „Das Boot nicht zum Schaukeln bringen", ist auch die Maxime vieler Ericsson-Manager im Ausland. Sie sind auf zwei bis vier Jahre entsandt und bestrebt, diese Zeit pflichtgetreu und persönlich Gewinn bringend hinter sich zu bringen. Ihr Werdegang bei Ericsson und ihre internationale Erfahrung haben sie gelehrt, dass es ausreicht sich auf die unmittelbaren Aufgaben in ihrer eigenen Position zu konzentrieren, ohne viel über Zweck und Alternativen nachzudenken. Die multikulturellen Ericsson-Manager behandeln ihre Kollegen aus anderen Kulturen mit viel Rücksicht und Feingefühl. Von dem beschworenen Wikinger-Kampfgeist ist in den klimatisierten Großraumbüros und Konferenzräumen nichts zu spüren. Eines bietet Ericsson seinen Mitarbeitern in viel stärkerem Maße als die meisten deutschen oder amerikanischen Firmen: Freiraum zur eigenen Entfaltung.
„Ich versuche ein Bindeglied zwischen den westlichen und den orientalischen Kulturen zu sein. Wenn man siegen möchte, muss man das Volk und Land verstehen." Zhao Juntao, einer der beiden lokalen Manager in Bo Nilssons Organisation, versprüht mehr Kampfgeist: „Das Telekommunikationswesen wächst sehr schnell in China. Ich sehe seinen Beitrag für die Zukunft Chinas, die ich mitgestalten möchte." Zhao ist oft frustriert über die Schwerfälligkeit der unübersichtlichen Ericsson-Organisation und den Mangel an Marktkenntnissen beim führenden Management. Gleichzeitig machen ihm die Gleichgültigkeit und Faulheit mancher seiner Mitarbeiter zu schaffen. Er kann sie nicht zur Rechenschaft ziehen, wie er möchte, da bei Ericsson große Freiheit herrscht, Leistung zu verweigern und sich im großen Kollegen-Verband mitziehen zu lassen.
Nach dem offiziellen Teil des Abends beginnt der gemütliche

mit Kegeln, Schwimmen, Tennis, Disco und Karaoke. Die Schweden gehen Kegeln, da schmeckt danach das Bier noch einmal so gut. Auch die anderen Vergnügungen finden ihre Anhänger, besonders Disco und Karaoke. Letzteres, Singen mit Halb-Playback, ist zur mit Inbrunst gepflegten Landplage in China geworden. Es geht dabei darum nach einer ausgiebigen Mahlzeit in möglichst betrunkenem Zustand – denn ohne die betäubende Wirkung des Alkohols hielte es niemand länger unter der Beschallung in Karaoke-Lounges aus – sich und seine Freunde durch die Interpretation beliebter Schlager und Oldies zu unterhalten. Zur Verschönerung der eigenen Darbietung stehen Mikrofon, Verstärker mit Halleffekt und Videoanlage zur Verfügung. Der Videoclip zeigt neben verführerischen Bildern von Models, Blumen, Sandstränden und anderen Landschaften auch den Text des gewählten Liedes. Die Wahl erfolgt aus Menükarten, die auf den Tischen der Karaoke-Bar oder im Karaoke-Separee aufliegen. Karaoke findet man vom Luxus-Nachtklub bis zum Straßenlokal, aus dem dann das Geheul hungriger Wölfe heraushallt. Karaoke stillt den Hunger nach persönlicher Anerkennung und es stillte den Appetit der japanischen Industrie auf den chinesischen Unterhaltungselektronikmarkt. Die Karaoke-Technik war ursprünglich eine Weiterentwicklung des Videorecorders und schuf eine neue Gerätefamilie für professionelle und private Konsumenten. Jeder, der schon einmal die Faszination gespürt hat, die eigene Stimme vom Tonband zu hören und kaum wieder zu erkennen, kann sich ausmalen, wie es einem gefühlsmäßig ergeht, wenn man den eigenen Gesang gleichzeitig vom Fernsehgerät oder Lautsprecher verfremdet hört. Nach dem Karaoke-Gerät mit Videoband folgten die Geräte mit Video-CD. Beide fanden in Japan und anderen ostasiatischen Ländern rasenden Absatz. In allen diesen Ländern liebt man kollektive Freizeitaktivitäten mit exhibitionistischem Einschlag, ob Schattenboxen und Gesellschaftstanz am Morgen oder eben Karaoke am Abend. Guten Abend, gut Nacht. Karaoke-Bars dienen auch als Umschlagplätze für Prostitution und Rauschgift. Aber natürlich nicht im Pädagogen-Freizeitheim auf dem Ericsson-Betriebsausflug. Hier findet der gemütliche Abend seinen Ausklang in tiefem Schlaf in der von Strohfeuern auf den umliegenden Feldern gewürzten Landluft und bei den begeisterten Kartenspielern in lautstarken Kartenklopfrunden in den Hotelzimmern. Am nächsten Morgen geht es zur Besichtigung einer nahe gelegenen Schlucht mit Stausee, die Bauerninitiative zu einer Touristenattraktion gemacht hat. Den Abschluss des Ausflugs bildet die Tombola nach dem Mittagessen, bei der eine blutjunge Sekretärin errötend den Hauptpreis, eine Reise nach Europa, gewinnt.

Der schwedische Telefonmulti, den die Mobiltelefonie zum Weltmarktführer gemacht hat, ist schon seit über hundert Jahren auf dem chinesischen Markt tätig. 1894 wurden 2000 Telefonapparate nach Shanghai geliefert. Hundert Jahre später schluckt der chinesische Markt über drei Millionen Mobiltelefone der innovativen Schweden im Jahr. Ericsson ist auf der ganzen Welt zum Haushaltsnamen für Mobiltelefone geworden. In Schweden ist Ericsson ein Allerweltsname. Der Gründer Lars Magnus Ericsson wurde 1846 als Sohn armer Bauern geboren. Er musste schon mit 14 seine Schulausbildung beenden und sich sein eigenes Brot verdienen. Doch seine schwache Konstitution war den Anstrengungen der Landarbeit nicht gewachsen. Auch Berg- und Eisenbahnbau erwiesen sich nicht als geeignete Betätigungsfelder. Endlich fand er eine körperlich weniger anstrengende Arbeit in einer Fabrik für Telegrafen. Hier zeigte sich seine technische Begabung, die ihm die späte Chance brachte, von der Firma zum technischen Studium nach Deutschland geschickt zu werden. Nach Schweden zurückgekehrt, gründete er 1876 seine eigene Firma, die zu einem Pionier der telefonischen Sprachübertragung in der Welt wurde.
Das Herzstück des schwedischen Welterfolges ist die Telefonvermittlungstechnik AXE. Der Name erinnert wohl nicht ganz zufällig an die Axt, die bevorzugte Waffe der Wikinger, wenn sie zu Raubzügen über das Meer ausschwärmten. Keiner schwang die Axt so kräftig wie der „Rote Eric“, der im zehnten Jahrhundert Grönland kolonisierte. Die Erfolgsstrategie der Wikinger war es, die Orte, an denen sie landeten, nicht zu besetzen, sondern alle

bewegliche Habe von Wert, inklusive Frauen, auf ihre Boote zu schaffen und binnen kürzester Zeit wieder in Sturm und Nebel auf hoher See zu verschwinden. Kampfgeist, Abenteuerlust, Erfindungsreichtum, Gleichberechtigung, flache Hierarchie sind das positive Erbe der Wikinger-Vergangenheit. Disziplinlosigkeit, Mangel an langfristiger Perspektive, Arroganz sind weniger nützliche Eigenschaften der schwedischen Vorfahren. Ericssons Erfolge und Misserfolge in China haben viel mit der nach wie vor lebendigen Wikinger-Vergangenheit zu tun.

Obwohl L.M. Ericsson seit 1900 immer wieder Telefonwählämter nach China lieferte, machten die Schweden bis 1992 keine Anstalten, sich in China mit einer eigenen Tochterfirma oder gar Produktionsstätte niederzulassen. So wurde die Gelegenheit versäumt, einen führenden Marktanteil beim Festnetz zu gewinnen. Alcatel und Siemens gewannen durch ihre frühen Joint Ventures für Telefonvermittlungen die Oberhand. Als sich Ericsson 1992 endlich dazu aufraffte, auch ein Joint Venture zu gründen, geschah dies weniger aus eigenem Antrieb als um den Vorschriften der chinesischen Regierung zu folgen, die lokale Wertschöpfung als Bedingung für die Marktzulassung forderte. Die Ericsson-Joint-Ventures wurden bewusst klein gehalten und so lange wie möglich vom lukrativen Geschäft mit der Mobilkommunikation ausgenommen. Dieses wurde von Schweden über Hongkong abgewickelt. Hier fanden sich die Mittelsmänner mit den richtigen Verbindungen hinter dem Bambusvorhang auf dem Festland, um raschen Gewinn aus dem Markt zu schlagen. Die an Hongkong grenzende Provinz Guangdong entwickelte sich zum bevorzugten Zielobjekt für die gemeinsamen Beutezüge der aggressiven Schweden und ihrer Hongkonger Konsulenten. Die Telefonverwaltung Guangdongs zog es vor, ihre Einkäufe selbst über Hongkong abzuwickeln, als sich von Beijing dreinreden zu lassen. „Die Jauche nicht abfließen lassen", lautet eine chinesische Bauernregel. Auf den Profit angewendet, der beim Import von Telefontechnologie gemacht werden kann, bedeutet dies, lieber im Ausland einzukaufen und über eigene Importfirmen in Hongkong einzuführen, als die Beijinger Ministerien und ihre Außenhandelsfirmen oder Joint Ventures zum Zuge kommen zu lassen. So registrierte die Provinztelefonverwaltung Tochterfirmen in Hongkong, die zu den lokalen Ericsson-Partnern in der britischen Kronkolonie wie die Hand in den Handschuh passen. Für Ericsson erwies sich diese kommerzielle Konstellation als eine Goldgrube. Da der Kunde durch seine eigenen Importfirmen an jeder Transaktion mitbeteiligt war, war es im Interesse aller Beteiligten, die Preise hoch zu halten und Konkurrenz auszuschalten. Die Rechnung bezahlte der Konsument in Form von exorbitanten Telefonanschlussgebühren. Da die Post ein Monopol besaß und der Markt durch jahrzehntelange Planmisswirtschaft ausgetrocknet war, blieb den Kunden keine Wahl. Durch die Nähe zu Hongkong und die liberale Wirtschaftspolitik floss auch genügend Geld in die Provinz, um eine Millionen Menschen starke neue Mittelklasse entstehen zu lassen, die sich Telefone leisten konnte.

In ganz China fallen über 200 Millionen Menschen in diese Kategorie, die den größten „Einzelmarkt" der Welt darstellt. Die gemeinsamen Nenner für diese Klasse sind: 1. Gut Essen; 2. Gut Kleiden; 3. Ein schönes Heim; 4. Bildung, Freizeit, Unterhaltung. Die Steigerung des Lebensstandards der Mittelklasse lässt sich an ihren Statussymbolen ablesen: 1970 waren es elektrischer Reiskocher, Ventilator und Fahrrad; 1980 Fernsehgerät, Kühlschrank und Waschmaschine; 1990 Videorecorder, Motorrad und Telefon. Im Jahr 2000 werden es Computer, Auto und Mobiltelefon sein.

Das Konzept der Mittelklasse als Hort der Stabilität des Landes geht auf den Fürsten von Zhou im 11. Jahrhundert vor Chr. zurück. Er nannte diese ideale Basiseinheit seines Staates „Xiao Kang" oder „klein und prosperierend" und meinte damit die „Kleinfamilie" (für chinesische Verhältnisse im Vergleich zur Sippe oder zum Klan) von drei oder vier Generationen unter einem Dach. Diese Menschen waren aus der Armut aufgestiegen und genossen die Früchte ihres Fleißes. Ihr ganzes Streben war darauf gerichtet, ihren Lebensstandard und den ihrer Kinder weiter zu verbessern und zu sichern. Sie würden keine politischen Ambitionen entwickeln oder sich auf andere Abenteuer einlassen, die ihre Existenz gefährdeten. Die von ihnen getriebene Wirtschaftsaktivität resultierte in ausreichenden Steuereinnahmen, um den Herrscherhof und die Armee zu finanzieren. In einer von der Mittelklasse dominierten, stabilen Gesellschaft würden keine Rivalen für die herrschende Familie hochkommen. In den Achtzigerjahren dieses Jahrhunderts erkannte die Kommunistische Partei Chinas wieder die Vorzüge der Mittelklasse, nachdem Mao Zedong in den Sechziger- und Siebzigerjahren der permanenten Revolution in China und der Welt dadurch zum Durchbruch verhelfen wollte, dass er den Standard aller auf einem gleichen, niedrigen Niveau hielt.

Guangdong war die Provinz Chinas, in der die Mittelklasse als erste wieder auferstehen konnte, nachdem Deng Xiaoping 1979 verkündete, „reich zu werden, ist ehrenvoll". Das ließen sich die Kantonesen und ihre Verwandten und Freunde in Hongkong nicht zweimal sagen. Die Provinz öffnete ihre Tore für Investitionen Hongkonger Unternehmer, für die der unerschöpfliche Arbeits- und Absatzmarkt der alten Heimat eine unwiderstehliche Verlockung darstellte. Im Delta des Perlflusses, besonders aber zwischen der Grenze der Hongkonger New Territories und der „Ziegenstadt" Kanton schossen die kleinen Fabriken für Plastikspielzeug, Schuhe, Textilien, Feuerwerkskörper aus dem Boden. Kanton wird die „Ziegenstadt" genannt, weil ihre Gründungslegende erzählt, dass fünf Feen auf Ziegenböcken angeritten kamen, um den ersten Bewohnern die fünf Getreidesorten Reis, Hirse, Weizen, Gerste und Bohnen zu bringen.

Die Wohltäter der Achtzigerjahre kamen im Toyota Crown und brachten Geld und Technologie als Investment und dicke Auftragsbücher, um den von der emsigen Mittelklasse geschaffenen Wohlstand abzuschöpfen. Die Provinzführung spielte freudig mit, denn der warme Regen von Provisionen und Dividenden ließ auch sie und ihre Familien aufblühen. Beijing sah das Treiben mit gemischten Gefühlen und suchte durch Rotation der Provinzgouverneure und Parteisekretäre ein Minimum an Kontrolle aufrechtzuerhalten. Ericssons Statthalter in Hongkong, John Gilbertson, Neuseeländer mit schwedischen Vorfahren, entwickelte sich zum virtuosen Drahtzieher der Geschäfte mit der drahtlosen Mobiltelefonie in Guangdong. Oder gab er nur die nützliche Fassade des „Gui Lao", des „Alten Teufels" ab, wie westliche Ausländer im Kantonesischen respektvoll genannt werden, während seine Partner Billy Lau und Stephen Yeung die eigentlichen Drahtzieher waren? Billy Lau begann als Mitarbeiter von Ericsson Hongkong, bevor er sich mit der Handelsfirma United First selbstständig machte, um Ericsson Mobiltelefone in China zu vertreiben. Die traditionsverbundenen Schweden hielten zunächst nicht viel von den kleinen Dingern, die abschätzig als Konsumprodukte bezeichnet wurden. Es war Billy Lau, der ihnen in China zeigte, dass mit Millionen kleiner Telefone ebensoviel zu verdienen ist wie mit den Telefonnetzen, die Ericsson als Kerngeschäft betrachtet. Die Firmenlegende berichtet, dass es nur der berüchtigten Entscheidungsschwäche des Topmanagements bei Ericsson zu verdanken war, dass die Produktion von Mobiltelefonen nicht verkauft wurde. Die Entscheidung wurde so lange von einem Schreibtisch auf den nächsten geschoben, bis das Geschäft so angezogen hatte, dass alle froh darüber waren, nicht entschieden zu haben. In einer radikalen Umorganisation des gesamten Konzerns schuf Ericsson 1998 eine eigene Division für Konsumprodukte. Der Erfolg der Mobiltelefone auf dem chinesischen Markt trug gewiss zu dieser Entscheidung bei.

„Wenn man heute einen Chinesen fragt, wie das Mobiltelefon heißt, wird er ‚Ai Li Xin' sagen", verkündet John Gilbertson stolz („Ai Li Xin" bedeutet „Liebe baut Vertrauen" und ist eine phonetische Annäherung an den Namen „Ericsson"). John Gilbertson hat die Führung der gesamten Ericsson Organisation in China übernommen. Sein Amtsantritt in Beijing im September 1997 stand unter keinem guten Stern. „Wütende Kunden demonstrieren vor Ericsson", war es CNN sogar eine Kurzmeldung wert. Was war geschehen, das die reservierten Schweden auf diese Weise ans Licht der Öffentlichkeit gezerrt hatte? Ericsson hatte eine Ausstellung im nicht weit von seinem Beijinger Büro gelegenen Great Wall Hotel organisiert. In einer lokalen Zeitung war eine Anzeige zur Ankündigung der Ausstellung erschienen, in der den Besuchern eine Tombola versprochen wurde. Die Veranstaltung entwickelte sich jedoch nicht entsprechend den Erwartungen der Organisatoren von Ericsson. Statt ein paar hundert Besuchern, mit denen man gerechnet hatte, blockierte eine Menschenmasse die Zufahrt zum Hotel und veranlasste den Sicherheitsdienst des Hotels, die Ausstellungshalle zu sperren. Offensichtlich hatte die Ankündigung einer Tombola durch Ericsson genügt, die Erwartung zu wecken, dass mindestens ein Mobiltelefon zu gewinnen sein werde. Die ausgesperrte Menge fühlte sich betrogen und jemand, der das Ericsson-Büro kannte, führte die Demonstranten vor das Bürohaus, wo sie mit der Geschäftsleitung zu sprechen verlangten. Ericsson musste am Ende die Polizei verständigen, die die Kundgebung auflöste. John Gilbertson hatte sich seinen Einstand in Beijing anders vorgestellt. Fortan fasste er eine Abneigung gegen das Ericsson-Telecom-Plaza und setzte durch, dass das gesamte Büro mit über 400 Mitarbeitern ein Jahr später in ein neues Großraumbüro zog. Der Zwischenfall zeigte neben der Notwendigkeit Massenveranstaltungen streng zu kontrollieren die ungeheure Beliebtheit des Mobiltelefons in China.

Die Chinesen haben ein besonderes Verhältnis zum Mobiltelefon, das sie, nicht ganz in Übereinstimmung mit John Gilbertsons Erklärung, immer noch liebevoll „Da Ge Da" oder „Der Große Bruder wird noch größer" nennen. Diese Bezeichnung gibt lautmalerisch das knackende Geräusch wieder, das man bei analogen Mobiltelefonen hört, während die Verbindung hergestellt wird. „Da Ge", „Großer Bruder" beschwört auch die Assoziation von Unterwelt und Geheimbünden. Das „Da Ge Da" ist ein Prestigeobjekt mit männlichem Sexappeal. Mobiltelefone werden zwar noch nicht als Aphrodisiaka wie Ginsengwurzel, Hirschhornsalz oder Tigerknochen gemahlen und als Tee getrunken, aber sie verstärken die Männlichkeit ihrer Träger, die diese mit Vorliebe ausspielen, wenn sie mit ihren Frauen im Restaurant sitzen, Zigarette in der Rechten und Mobiltelefon am Ohr, während ihre Partnerinnen gelangweilt die lackierten Fingernägel betrachten oder Sonnenblumenkerne knacken. Ericssons neueste, zigarettenschachtelkleine, zierliche Telefone

in Modefarben haben endlich auch den weiblichen Markt für Mobiltelefone erschlossen.
Das chinesische Kommunikationsverhalten hilft der Popularität der Mobiltelefone gewaltig. Chinesen lieben es unaufhörlich zu sprechen und jede einfache Mitteilung in einen Schwall von Worten zu kleiden. Dazu kommt die Vorliebe für Statussymbole. Nachdem 1978 die blauen und grünen Mao-Uniformen abgelegt werden durften, war die Sonnenbrille mit dem auf eines der Gläser geklebten Etikett „Made in Hongkong" einer der ersten zur Schau getragenen Luxusartikel. Es folgten westlich geschnittene Anzüge mit außen auf die Ärmel genähten westlichen Etiketten. Bunte Sportschuhe mit den Emblemen von Adidas, Nike oder Reebok waren das nächste Zubehör, das besonders in Kreisen älterer Parteikader Anklang fand und als „Reiseschuhe" bezeichnet wurde. In den reichen Hafen- und Handelsstädten Guangdongs hielten französischer Wein und Cognac als Tischgetränke zum Essen Einzug. „Greater China" mit Hongkong, Taiwan und dem Festland ist der weltgrößte Markt für französischen Cognac. Der Pager (siehe 9. Kapitel, Motorola) war das erste Telekommunikationszubehör, das geeignet war, das Ansehen seines Trägers zu steigern. Das Mobiltelefon aber ist seit seiner Einführung 1987 das Non-Plus-Ultra der Persönlichkeitsaufwertung geblieben. Die erste Gerätegeneration von Bierflaschengröße ($^1/_2$ Liter) in markanter Knochenform war wahrlich nicht zu übersehen. Darauf zielte die leicht ironische, populäre Bezeichnung „Da Ge Da" – „Macht den Großen Bruder noch größer" –, die um 1987 in Hongkong und Kanton aufkam, ab. Die Mobiltelefone werden immer kleiner – dafür der Werbeaufwand für die einzelnen Marken immer gewaltiger.
Kinson Loo ist als Vice President für Mobiltelefone bei Ericsson für das größte Werbebudget verantwortlich. Werbespots in Spielfilmart mit chinesischen Filmstars wie Gong Li, der Romy Schneider des chinesischen Films, werden im chinesischen Fernsehen zwischen Werbung für Schnaps und Magenpillen ausgestrahlt. Loo selbst ist Ralleypilot und nimmt an der jährlichen, von Ericsson gesponserten Autoralley Hongkong – Beijing teil. „Gute elektronische Kommunikation fördert die Menschlich-

keit", Loo, kaum 30 und ein Hongkonger Yuppie mit großen, intelligenten Augen in einem Pferdegesicht, bemüht sich, dem knallharten Wettbewerb auf dem Mobiltelefonmarkt eine menschliche Note abzugewinnen. Er tritt damit in die Fußstapfen seines berühmten Vorgängers Zhang Xingsheng, dem lokalen chinesischen Ericsson-Manager, der es in der Hierarchie von Ericsson China am weitesten gebracht hat und in ganz China bekannt wurde, als er in Magazinanzeigen mit der konfuzianischen Weisheit posierte: „Wer Erfolg haben will, muss zuerst ein guter Mensch werden."

In Kinson Loos Branche finden sich Erfolgreiche, die konfuzianischen Kriterien nicht ganz gerecht würden: die Schmuggler. „Wasserware" ist der geflügelte Ausdruck für ins Land geschmuggelte Konsumgüter, vom Mobiltelefon bis zum Straßenkreuzer. Die Ware wird wasserdicht in Plastikballen gehüllt und von kleinen Motordschunken unter der Wasseroberfläche von Taiwan oder Hongkong an die chinesische Küste geschleppt. Nähert sich die Zollwache und droht eine Kontrolle, wird das Kabel einfach gekappt und die Ware später durch Taucher geborgen. Audi benützte dieses Sujet sogar für einen Werbespot, der die weltweite Beliebtheit der Audi-Modelle drastisch illustrieren sollte (oder vielleicht ihre Schwimmfähigkeit mit dem Airbag als Schwimmreifen?). Die typischen Schmuggler an der chinesischen Küste sind nicht Unterweltfiguren, sondern angesehene Zollwachebeamte, Polizeioffiziere und Armeeangehörige, die ihre Posten zum Wohle ihrer Mitarbeiter für diesen Nebenerwerb, der weitaus einträglicher als ihr Hauptberuf ist, nützen. Was dem Bauern erlaubt ist, kann einem Offizier doch nur recht sein. Der Nebenerwerb von Bauern, die zum Beispiel Transportunternehmen oder Handwerksbetriebe neben ihrer Tätigkeit auf der Heimatscholle gründen, gilt als Rezept für den raschen wirtschaftlichen Aufstieg Chinas. In den Jahren fulminanten Wirtschaftswachstums mit Zuwachsraten weit über 10 Prozent geriet die Schmuggelei außer Kontrolle. 1998 erklärte der chinesische Staatspräsident Jiang Zemin in einem Rundumschlag gegen Korruption, Piraterie und Schmuggel den bisher geduldeten Grauzonen auf dem

Schwarzmarkt den Krieg. Nachdem einige schwarze Schafe auf frischer Tat ertappt und drakonisch, zum Teil mit dem Tode, bestraft wurden, ließen die Schmuggler die Finger von ihrem gefährlich gewordenen Spiel. Wetten, dass sie nur auf das Abflauen der Kampagne warten! Für Kinson Loo eine willkommene Atempause, die er dazu nützen kann, seine Distributions- und Servicekanäle in China zu optimieren. Denn es ist längst nicht mehr Billy Laus United First alleine, die Mobiltelefone an Händler in China verkauft, sondern auch die großen staatlichen Firmen für Telekom-Ausrüstung PTAC und PTIC sorgen dafür, dass Ericsson-Mobiltelefone in dem riesigen Land flächendeckend zu haben sind. Alles deutet darauf hin, dass Kinson Loos Umsätze weiter in den Himmel wachsen werden. Der Kuchen, den es zwischen den Marktführern Ericsson, Nokia, Motorola zu verteilen gilt, ist riesig. Im Jahr 2006 rechnet man mit 120 Millionen Mobiltelefonteilnehmern in China. Diese Telefone, zu einem Stoß aufgeschichtet, überragen den Mount Everest um ein Vielfaches. Wetten, dass in den nächsten Jahren auch chinesische Mitbewerber auf den Plan treten werden, um sich einen Anteil an diesem ungeheuren Markt, der einen Wert von 36 Milliarden US$ repräsentiert, zu sichern.

Die chinesische Regierung arbeitet darauf hin. Sie benützt dazu verschiedene Methoden:

1. Schutz der einheimischen Industrie durch Importzölle. Diese verteuern importierte Waren und helfen der einheimischen Industrie dadurch, das Preisniveau hoch zu halten. Sie tragen auch indirekt dazu bei, Technologie ins Land zu bringen, da sie einen Anreiz für ausländische Unternehmen bilden, Produktion nach China zu verlagern. Ericsson hat, wie seine Mitbewerber, bereits eine Joint-Venture-Fabrik für Mobiltelefone in Beijing gegründet.
2. Druck auf ausländische Unternehmen, den lokalen Wertschöpfungsanteil zu erhöhen, als Voraussetzung für Großaufträge. Die lokale Wertschöpfung findet vor allem in Joint Ventures statt und ist mit Technologietransfer verbunden. Solange die ausländischen Firmen allerdings nicht die Gewähr haben, die Kontrolle über das transferierte Know-how zu behal-

ten, werden sie den Joint Ventures nur Technologie für Produkte am Ende ihres Lebenszyklus zur Verfügung stellen. Das beste Beispiel für diese Taktik ist die Eroberung des chinesischen Automobilmarktes durch Volkswagen mit dem in Europa gefloppten Santana-Modell.

3. Der sicherste Weg zur Stärkung der chinesischen Marktposition führt über die Förderung wettbewerbsfähiger chinesischer Unternehmen. Die in Jahrzehnten planwirtschaftlicher Stagnation entstandenen Staatsunternehmen sind dafür wenig geeignet. Es ist der chinesischen Regierung jedoch gelungen ein Telekommunikationsunternehmen aufzubauen, das Ericsson und die anderen internationalen Firmen in China das Fürchten lehrt. John Gilbertson sieht die offiziellen Pläne aufgehen: „Die Gewinner in China in den letzten Jahren waren die lokalen Lieferanten – Firmen, die sehr gute Fähigkeiten erworben haben, Telekommunikationssysteme zu bauen und die mit ihren niedrigen Produktionskosten nun den Markt immer fester in den Griff bekommen."

Huawei Technologies heißt die in der Wirtschaftssonderzone Shenzhen angesiedelte Wunderfirma. Genau genommen war der Aufschwung dieses Unternehmens weniger Verdienst der offiziellen Industriepolitik als die Leistung eines privaten Entrepreneurs – Ren Zhengfei. Der ausgemusterte Offizier gründete Huawei 1988 mit einem Startkapital von 2100 US$. Zehn Jahre später erzielte sein Unternehmen einen Jahresumsatz von über einer Milliarde US$. Das Bemerkenswerteste ist aber, dass Huawei diesen Erfolg mit selbst entwickelten Produkten im Wettbewerb mit Schwergewichtlern wie Alcatel, Lucent (vormals ATT), Siemens, Nortel und Ericsson erzielt. Viele ausländische Unternehmen unterschätzten das Innovationsbedürfnis und -vermögen des chinesischen Marktes. Sie rechneten nicht damit, dass jede Provinz-Telefonverwaltung mit den anderen Provinzen darum wetteifern würde, wer das modernste Telefonnetz installiert. Die Ausrüstungslieferanten wurden dadurch gezwungen, immer rascher neue Technologie einzuführen, von der digitalen Vermittlungstechnik über synchrone digitale Übertragungstechnik bis zu asynchroner Breitband-Vermittlungstechnik. Huawei gelang es, auf allen diesen Gebieten eigene Produkte zu entwickeln und sich bei der digitalen Vermittlungstechnik mit 20 Prozent Marktanteil auf Platz zwei hinter Alcatel vorzuarbeiten. Ren Zhengfei vermochte seine Firma in solche Höhen zu stemmen, weil er geschickt auf Patriotismus und individuelle Leistung setzte. Die staatlichen Banken in Shenzhen eröffneten ihm großzügige Kreditlinien, nachdem klar geworden war, dass das chinesische Postministerium und die Regierung mit Huawei ein Paradeunternehmen schaffen wollten, das gleichzeitig beweisen sollte, dass ein chinesisches Unternehmen Anschluss an die technologische Weltspitze gewinnen kann, und den schwerfälligen Staatsbetrieben zeigen sollte, wo es zum Erfolg lang geht. Gleichzeitig organisierte Ren Huawei schlank und schlagkräftig – in „Hantelform", wie es die Beijinger *Volkszeitung* beschreibt: 40 Prozent der 8000 Mitarbeiter, deren Durchschnittsalter nur 27 Jahre beträgt, sind in Forschung und Entwicklung tätig. 35 Prozent arbeiten in Marketing und Verkauf. Dies sind die zwei Schwergewichte der „Hantel". Zusammengehalten werden sie durch Produktion mit 13 Prozent der Beschäftigten und Verwaltung mit 12 Prozent. Diese Organisationsform steht im Gegensatz zur herkömmlichen „Olivenform" vieler Unternehmen mit einer dicken, unproduktiven Mitte und unterbesetzten R & D- und Verkaufsabteilungen.

Eine Innovation von Huawei, die geeignet ist, das Vertrauen der Kunden zu gewinnen, ist die Kombination von Verkaufs- und Serviceniederlassungen. Jedes der 33 regionalen Huawei-Büros in China garantiert Service innerhalb von 24 Stunden. Ericsson und andere ausländische Anbieter kommen da auf Grund ihrer hohen Personalkosten schwer mit. Der Kostenfaktor hilft Huawei auch bei der Entwicklung. Das Monatsgehalt eines Huawei-Ingenieurs entspricht 500 US$, weniger als ein Zehntel der Lohnkosten eines Ingenieurs in einem westlichen Unternehmen. Ericsson gab 1997 für Forschung und Entwicklung 3,3 Milliarden US$ aus – Huawei 39,7 Millionen. Selbst wenn man die niedrigeren Lohnkosten berücksichtigt, liegen zwischen den beiden Firmen noch Welten. Vergleichbar werden sie nur beim

Anteil am Umsatz: 12 Prozent bei Ericsson und 13,4 Prozent bei Huawei. Wächst Huawei weiter im gleichen Tempo von 100 und mehr Prozent jährlich und behält den Anteil der R & D-Ausgaben bei, so dauert es nur noch wenige Jahre, bis Huaweis jährliches Forschungs- und Entwicklungsbudget mehrere hundert Millionen US$ erreicht. Damit könnte Huawei auf den Gebieten, auf die es sich konzentriert, mit den Weltmarktführern gleichziehen. Davon will John Gilbertson denn doch nichts wissen: „Wenn in der Technologie der nächste große Sprung vorwärts kommt, besonders in der Datenübermittlung, weiß ich nicht, ob Huawei genügend Dampf dahinter hat, mitzukommen." To von Motorola ist vorsichtiger: „Es wird einige Zeit dauern, bis lokale Firmen ernsthafte Konkurrenten werden. Aber es könnte früher als erwartet eintreten." Huawei zitiert genüsslich den Londoner *Economist* zur Einschätzung der künftigen Konkurrenzsituation: „Einige chinesische Firmen haben bereits fast die Hälfte des riesigen chinesischen Marktes für Telekommunikationstechnologie aus den Händen der ausländischen Firmen wie Ericsson, NEC und anderer, die über eine Milliarde US$ in China investiert haben, zurückgewonnen. Diese Firmen richten ihren Blick jetzt auf die sich rasch entwickelnden Märkte in Russland, Afrika und Südamerika. In einigen Jahren könnte in China ein Telekommunikationsunternehmen wie Nokia entstehen." Huawei wird alles daran setzen, zur chinesischen Nokia zu werden, die es in wenigen Jahrzehnten vom Gummistiefelhersteller zu einem der Weltführer bei Mobiltelefonen brachte.

In der digitalen Vermittlungstechnik ist es bereits soweit. Huawei und die anderen lokalen Hersteller von Vermittlungszentralen sind führend bei der Lieferung von Netzzugangstechnologie, die die Elektronik aus den Vermittlungszentralen heraus und näher zu den Telefonteilnehmern bringt. Dadurch ist es möglich, die Teilnehmer direkt an Glasfasernetze anzuschließen und ihnen mehr „Bandbreite" ins Haus zu liefern, das heißt höhere Übertragungskapazität für Internetzugang, Videokonferenzen oder Hochgeschwindigkeits-Datenübertragung. Selbst für den Anschluss herkömmlicher Telefone bietet der Einsatz von Glasfaserübertragung den Vorteil, dass die störungsanfälligen, teuren und wartungsintensiven Kupferkabel nur mehr für die letzten Meter vom Straßenrand in die Wohnung verwendet werden müssen. Ericsson hat die Chance versäumt, seine Netzzugangstechnologie durch entschlossenes Handeln und Investment in Vertrieb, Service und lokale Produktion auf dem chinesischen Markt zu etablieren. Angesichts des Milliardengeschäftes mit Mobilkommunikation tut es den Schweden heute nicht weh, auf die 10 oder 20 Millionen US$ zu verzichten, um die es hier geht. Wenn der Mobilboom allerdings zu Ende gehen bzw. auch auf diesem Gebiet die lokale Konkurrenz stärker werden sollte, könnte sich das Versäumnis schmerzhaft bemerkbar machen. Dann wird nämlich auch das Geschäft mit digitaler Vermittlungstechnik an die lokalen Lieferanten der billigeren und leistungsfähigeren Netzzugangstechnik verloren sein. Ericsson wird all seinen „Can do"-Geist benötigen, um die Nase vorne zu behalten.

11. Kapitel

Chips sprechen chinesisch – Intel

„Größe ist Erfolg. Könige schätzen ihn. Keine Sorge. Es ist gut für die Sonne, im Zenit zu stehen."
Yi Jing, ca. 1000 v. Chr.

Wer hat den Computer erfunden? War es der unbekannte chinesische Erfinder des Abacus vor etwa 4000 Jahren? Der Abacus hat mit dem Computer gemeinsam, dass er eine Rechenmaschine ist, die Zahlen speichern und Rechenoperationen in einzelne Schritte zerlegen und automatisch ausführen kann. Die Unterschiede liegen im Speichermedium, beim Abacus auf Stangen aufgefädelte bewegliche Kugeln, beim Computer elektrische Schaltkreise; in der Antriebsenergie, beim Abacus die menschlichen Finger, beim Computer elektrischer Strom; sowie im Code, das heißt der Sprache, in der die Zahlen dargestellt werden, beim Abacus der Dezimalcode, beim Computer der Binärcode. Oder war es der deutsche Mathematiker Gottfried Wilhelm von Leibniz (1646–1716), der mit seinem Stufenrechner die erste „Desktop"-Rechenmaschine, die sogar Quadratwurzeln ziehen konnte, erfand?
Die Ahnentafel des Computers ist lang und verzweigt und den „alten Chinesen" und Leibniz kommt darin tatsächlich ein Ehrenplatz zu. Nicht wegen der von ihnen erfundenen Hardware jedoch, denn die Geschichte ist übersät von Proto-Computern, sondern wegen einem zentralen Element jeder Computer-Software, der Sprache zur Darstellung von Zahlen. Leibniz war es, der in einem 3000 Jahre alten chinesischen Buch, dem *Yi Jing* („Buch der Wandlungen") die Anregung zur binären Darstellung von Zahlen fand. Leibniz erkannte, dass man durch Kombinationen von 0 und 1 sämtliche Zahlen darstellen kann. Im *Buch der Wandlungen* wird die 0 durch eine unterbrochene Linie, die 1 durch eine durchgehende Linie dargestellt. Ohne das *Buch der*

Wandlungen wäre Leibniz womöglich nicht auf die Idee gekommen, dass sich jede Zahl durch eine Kombination von 0 und 1 darstellen läßt. Und ohne Leibniz' Beschreibung des binären Codes hätte der Ire George Boole nicht sein Werk *Die mathematische Analyse der Logik* (1854) publizieren können. Darin schuf er die nach ihm benannte binäre Booleanische Algebra, die bis heute die Grundlage des Programmierens geblieben ist. 1939 entwickelten Atanasoff und Berry an der Iowa State University den ersten vollelektronischen Computer, der 0 und 1 durch geschlossene und geöffnete elektronische Schaltkreise darstellte. Nach diesem Prinzip arbeiten bis heute alle Computer, vom 30 Tonnen schweren ENIAC der US-Armee 1943, der Geschoßbahnen in zwei Sekunden berechnete, bis zum federleichten, 12 mm kleinen, quadratischen Chip, der sämtliche Bauteile und Schaltkreise eines kompletten PCs enthält – 1998 von Cyrix vorgestellt. Während Atanasoff und Berry 1949 ihr Projekt aus Geldmangel einstellen mussten, investierte Intel, der weltweit führende Computer-Chip-Hersteller, 1997 2,5 Milliarden US$ in Forschung und Entwicklung. Mit den kleinen, schlauen elektronischen Helfern wird heute das ganz große Geld bewegt.
Intels Erfolg ist auf Sand gebaut, genauer gesagt auf der Technologie, millimeterkleine Siliziumplättchen, die aus dem in Kalifornien überall herumliegenden Quarzsand hergestellt werden, mit Millionen elektronischer Bauteile zu bedrucken. Die Stärke der Linien, die dabei in die Chips geätzt werden, beträgt weniger als ein Millionstel Millimeter. Diese mikroskopisch kleinen Gebilde sind die Sprechwerkzeuge, die sich binär, das heißt nach dem chinesischen *Buch der Wandlungen*, unterhalten, wenn sie unter Strom gesetzt werden.
Intels Kerngeschäft ist die Entwicklung und Produktion der Chips, die das Herz jedes Computers bilden und Computerleistung in andere Geräte wie Automobile, Mobiltelefone und Maschinen aller Art bringen. Intel lebt und gedeiht in enger Symbiose mit den Herstellern der Software, die auf den Chips läuft – allen voran Microsoft –, und mit den Herstellern der Hardware, deren rechnendes Gehirn die Siliziumplättchen bilden. Zuwächse an Rechenleistung der Chips werden augenblicklich von neu-

en, immer leistungsfähigeren Programmen aufgebraucht. Ein, zwei Jahre alte Computer und ihre Programme sehen neben den neuen Modellen so alt wie die Mode der Vorsaison aus. Kaum eine andere Branche kennt einen so schnellen Modellwechsel. Intel setzt bei seinem Mikroprozessoren-Design auf den Personal Computer, der mit immer kleineren Massen immer höhere Leistung bringt. Die immensen Entwicklungskosten und Investitionssummen von zwei Milliarden US$ für ein neues Mikroprozessorenwerk stellen höchste Anforderungen an die richtigen Produktentscheidungen und das Projektmanagement. Das Schicksal von Intel beruht auf den richtigen und zeitgerechten Entscheidungen, die von der Computerindustrie benötigten Chips in ausreichender Menge herzustellen. Wenn Intel einen neuen Markt wie den chinesischen erschließt, geht es vor allem darum, die qualitative und quantitative Bedarfsentwicklung in Übereinstimmung mit den eigenen Geschäftsplänen zu bringen. Der Weg dazu führt über Lobbying und Marketing. Intel hat es darin zur Meisterschaft gebracht. Vom Kindergartenkind bis zum Staatspräsidenten, niemand entgeht der Intel-Dampfwalze, die allen einbläut: „intel inside."

Intel inside China! Andy Grove ist im Lande! Bei Intel China herrscht Hochspannung. Ihr CEO ist ein gefürchteter Präzisionsfanatiker und legendäres Arbeitstier. Der 1936 in Budapest geborene Andras Grove floh 1956 nach dem Ungarn-Aufstand nach New York – mit sehr wenig Geld und ohne Englischkenntnisse, aber mit Lernbegier und Erfolgswillen. Zehn Jahre später war er Assistant Director der R & D-Abteilung einer Halbleiterfirma und 1968 gründete er zusammen mit Gordon Moore und Robert Noyce Intel. Das Trio entpuppte sich als unschlagbares Erfolgsgespann: Gordon Moore als Finanzier und Geschäftsstratege, Rober Noyce als genialer Erfinder und Andy Grove als unaufhaltsamer Macher. Viele Jahre später verriet Andy Grove in seiner Autobiographie *Nur die Paranoiden überleben,* dass die ständige Angst vor dem Scheitern der Treibstoff ist, der ihn zu immer neuen Höchstleistungen beflügelt. Zur gleichen Zeit, als sein Buch erschien, war Andy Groves persönliches Überleben in Frage gestellt – er erkrankte an Prostatakrebs. Seine Reaktion war, selbst seine Therapie zu bestimmen, mit dem Erfolg, dass er die Krankheit unter Kontrolle bringen konnte. Mit 62 entschied er sich dennoch im Mai 1998 zum Rückzug von der operativen Konzernführung. Eine seiner letzten Taten war es, Intels Rad in China noch einmal kräftig anzuschieben.

Die Zirkuskapelle setzt zu einem Tusch mit Bambusflöten an. Der Tusch hebt an – und hört nicht mehr auf. Geht einem Flötenspieler der Atem aus, setzt ein anderer fort. Die Zirkusnummer, zu der diese Musikbegleitung gehört, ist das Teller-Kreiseln. Die Vorbereitungen sehen harmlos genug aus. Auf einen langen, schmalen Tisch werden in gleichmäßigen Abständen Porzellanteller gestellt. Der Artist tritt an ein Ende des Tisches und zückt ein Paar Essstäbchen. Mit diesen versetzt er den ersten Teller in kreiselnde, immer schneller werdende Bewegung, bis der Teller sich aufrichtet und sich auf dem Rand zu drehen beginnt. Da tritt der Artist zum nächsten Teller und wiederholt die Übung. Wenn er mit dem letzten Teller fertig ist, tanzen alle zehn Teller gleichzeitig um die eigene Achse. Doch die Geschwindigkeit des ersten Tellers hat sich bereits so verlangsamt, dass er umzufallen droht. Der Artist läuft zum Anfang des Tisches zurück und versetzt mit seinen Stäbchen den ersten Teller wieder in schnellere Drehung, bis sich das Kreiseln wieder stabilisiert hat. Dann wiederholt er dasselbe bei allen folgenden Tellern. Doch als er am Ende des Tisches angelangt ist und endlich verschnaufen will, steht dort ein neuer Tisch, wieder mit zehn Tellern, die zum Kreiseln gebracht werden wollen. Während der Artist die neuen Teller mit seinen Stäbchen, diesmal etwas schneller, zum Drehen bringt, verlangsamen sich die ersten Teller am ersten Tisch bedenklich und geraten in bedrohliche Schräglage. Die Bambusflöte jagt die Melodie unerbittlich und immer schneller voran. Der Artist sprintet zum Anfang zurück und bearbeitet mit seinen Stäbchen sämtliche Teller von neuem. Die Meister in dieser klassischen chinesischen Zirkusnummer bringen es auf 30 und mehr Teller, die sie in ununterbrochener Bewegung zu halten vermögen. Wie zu jeder gymnastischen Übung gehört auch zu dieser Jongliernummer ein kontrollierter Abgang. Der besteht darin, dass der

Artist die Teller nicht einfach umfallen lässt, sondern die Tellerreihe entlang hetzt und jeden Teller mit der Hand fängt und wieder in seine ursprüngliche Position auf den Tisch setzt. Die Bambusflöten quittieren es mit jubelndem Trillern. Unternehmensführung ist immer auch ein Hochseilakt. Manche kommen an, andere stürzen ab. Andy Grove ist angekommen.

Am ersten Tag seines letzten Besuches in China vor dem Ruhestand, dem Dienstag, den 5. Mai 1998, hat Andy Grove nichts von der alten Dynamik verloren. Vormittags Gespräche mit zwei Ministern und Empfang beim chinesischen Staatspräsidenten Jiang Zemin, dem er den Pentium-II-Prozessor und Anwendungen wie Spracherkennung und Sprachsteuerung vorführt. Es kam Andy Grove bei diesem Besuch in China besonders darauf an, Intel der chinesischen Führung ins Bewusstsein zu rufen, denn die Konkurrenz hatte die Nase vorne, Motorola und NEC hatten beide mit dem Bau von über einer Milliarde US$ teuren Halbleiterwerken in China begonnen. Andy Grove hatte eine frühere Gelegenheit, dem chinesischen Präsidenten Jiang Zemin näher zu kommen, versäumt. Dieser besuchte in Amerika, mit weißem Häubchen und Mundschutz angetan, ein Chip-Werk von Motorola. Auch beim Abendessen im Weißen Haus für den chinesischen Staatspräsidenten fehlte Andy Grove, während Chris Galvin von Motorola eingeladen war. Ein anderer, der bei diesem Abendessen auffällig fehlte, war Bill Gates, während auch dessen Erzrivale, Larry Ellison von Oracle, die Tafel zierte. Vielleicht Zufälle, aber für den Berufs-Paranoiden Grove ein Anlass mehr nach China zu reisen und bei Jiang Zemin vorzusprechen. Die Minister waren der Vorsitzende der Staatlichen Planungskommission und der Minister für Informationsindustrie. Das Gespräch mit letzterem war von besonderer strategischer Bedeutung. Denn Intel hatte bisher vor allem mit dem Ministerium für elektronische Industrie zu tun. Bei der Regierungsumbildung Anfang 1998 war dieses Ministerium mit dem Ministerium für Post und Telekommunikation zusammengelegt worden. Die Führung des neuen Superministeriums für Informationsindustrie übernahm der alte Minister für Post und Telekommunikation.

Dies barg für Intel zwei Risiken. Das erste war, dass die alten Verbindungen im neuen Ministerium nicht mehr über den gleichen Einfluss verfügen würden. Es galt neue Verbindungen aufzubauen und damit beginnt man immer am besten beim Chef. Das zweite Risiko war, dass der Information-Highway aus der Sicht der Telekommunikationsexperten in eine andere Richtung lief als für die Strategen der elektronischen Industrie. Die Telekommunikation setzt naturgemäß auf Vernetzung mit Endgeräten, während die elektronische Industrie die Zukunft in Computern mit Netzanschluss sieht. Beide Konzepte stehen nicht im völligen Gegensatz zueinander, doch haben sie Konsequenzen für Design und Funktion der Endgeräte. Der Computer mit Netzanschluss hat große Rechen- und Speicherleistung und entsprechend teure Chips, während das vernetzte Endgerät, auch NC (Netzcomputer) genannt, die Speicherleistung dem Netz überlässt, von wo es auch die jeweils erforderlichen Anwendungsprogramme bezieht. Zwischen den Industriegiganten wird der Kampf um die künftige Richtung der Datenverarbeitung mit dem Eifer eines Glaubenskrieges geführt. Die Proponenten des herkömmlichen PCs, die diesen zum universellen Konsumgut wie das Telefon und das Fernsehgerät machen wollen, sind Microsoft und Intel. Das gegnerische Lager wird von Oracle, dem führenden Anbieter von Datenbank-Software, und Sun, führend bei den Chips für Hochleistungsserver, die die Leistung ins Netz bringen, angeführt. Für welchen Weg sich China entscheidet, hängt von der Politik von Staatsplanungskommission und Informationsindustrieministerium ebenso wie von der Entwicklung auf dem Weltmarkt ab. China wird bald der zweitgrößte PC-Markt nach den USA sein. Intel setzt alles daran, das größte Stück dieses Kuchens an sich zu reißen.
Es folgt eine Pressekonferenz mit über 100 Journalisten, bei der Grove die Gründung des Intel China Research Centers in Beijing bekannt gibt. Das Zentrum wird von Dr. Robert Yung Chi-shing aus Hongkong geleitet. Intel warb den 39-jährigen Elektroingenieur von Sun ab, wo er am Design des *UltraSparc*-Mikroprozessors mitwirkte. Der *UltraSparc* soll dem schnellsten Intel-Chip überlegen sein und treibt die erfolgreichen Server von Sun. Robert

Yungs Aufgabe ist nicht mehr und nicht weniger als den Technologie-Boom in China zu formen und dadurch die Vorherrschaft für Intel zu gewinnen. „Wir hoffen, dass Intel durch seine Anwesenheit die Richtung der Forschung und Technologie bestimmen und Einfluss nehmen kann“, erklärt Yung mit entwaffnender Offenheit. Ein Forschungsschwerpunkt wird auf der chinesischen Spracherkennung durch Computer liegen. Denn Intel sieht einen Weg dem PC zum Massendurchbruch in China zu verhelfen darin, ihn bedienerfreundlicher für Menschen ohne Englischkenntnisse und womöglich sogar Analphabeten zu machen. Dieser Gedanke ist weniger weit hergeholt, als er klingt. Als „Alphabet“, das heißt jemand, der jeden Text lesen und verstehen kann (soferne dafür nicht spezifische Fachkenntnisse notwendig sind) gilt man in China, wenn man etwa 5000 Schriftzeichen passiv meistert, das heißt beim Lesen wieder erkennt. Der Computer ist jedoch gerade auch geeignet, weniger gebildeten Menschen, etwa Bauern auf dem Lande, wichtige Informationen zu liefern. Zum Beispiel aktuelle Marktpreise für ihre Produkte in verschiedenen umliegenden Städten. Wenn sie diese Informationen vom PC auf Zuruf erhalten könnten, täten sie sich wesentlich leichter. Um das zu verwirklichen müsste der Computer allerdings nicht nur Hochchinesisch verstehen, sondern auch jeden lokalen Dialekt erlernen können, von denen China so viele wie Regionen innerhalb von Provinzen, also mindestens 600 hat. Robert Yung wird all seinen Erfindungsreichtum benötigen, um Programme oder gar einen Chip von solcher Intelligenz auszubrüten.
Als nächstes steht bei Andy Grove in Beijing eine Sitzung mit dem Beratergremium von Intel China auf dem Programm. Der Abend klingt mit einer Videokonferenz mit US-Vizepräsident Al Gore zu den Themen Internet, elektronisches Geschäft, Gesundheitswesen, Notwendigkeit der Investition in die Internet-Infrastruktur sowie die Zukunft des Moore'schen Gesetzes aus.
Das Moore'sche Gesetz, benannt nach dem Mitbegründer von Intel, besagt, dass sich die Kapazität der Chips alle 18 Monate bei gleichzeitiger Halbierung ihres Preises verdoppelt. Dieses Gesetz galt ungebrochen von 1968, dem Gründungsjahr von Intel,

bis 1998. Man braucht allerdings keinen Superrechner, um herauszufinden, dass diese Entwicklung an eine Grenze stoßen muss.

Mittwoch, der 6. Mai 1998, beginnt mit einem Angestelltenforum mit den Beijinger Mitarbeitern. Es folgt ein Runder Tisch mit führenden Vertretern lokaler PC-Hersteller. Dr. Grove spricht über Geschäftschancen mit Servern und Workstations. Da die lokalen PC-Hersteller einen Marktanteil von über 70 Prozent haben, sind sie als Chipkunden von höchstem Interesse für Intel. Der CEO möchte das Interesse auf höherwertige Chips lenken, denn für Billigcomputer ist Intel mit AMD, Cyrix und Samsung längst Konkurrenz erwachsen, die besonders auf den aufstrebenden Märkten wie China, Indien, Russland und Brasilien aktiv sind. Intel hat 85 Prozent Marktanteil in den USA und Europa, hat aber andere Märkte darüber vernachlässigt. Nach Tisch folgen ein Fernsehinterview und Pressetermine. Der letzte Programmpunkt in Beijing ist eine Feierstunde mit dem lokalen Marktführer bei PCs, Legend. Gefeiert wird der Millionste PC, der bei Legend vom Band lief. Er wird einen Ehrenplatz im Intel-Museum in Santa Clara, Kalifornien, erhalten. Von Legend bricht Andy Groves Entourage direkt zum Flughafen auf, um weiter nach Shanghai zu reisen. Die Autokolonne mit schwarzen Limousinen braust über die Flughafenautobahn, vorbei an einer großen, beleuchteten Reklametafel „intel inside“.

Donnerstag, den 7. Mai 1998, eröffnet Andy Grove die erste Chip-Fabrik Intels in China. Das Werk wurde in eineinhalbjähriger Bauzeit in Pudong, dem neuen Shanghai östlich des Huangpu-Flusses, errichtet. Das sumpfige Land östlich des Flusses, der den Shanghaier Hafen bildet, wurde bis 1990 hauptsächlich als Hinterland für die Docks benützt. Der Märchenprinz, der die schlafende Schöne, Shanghai, wachküsste und die Erschließung des Brachlandes im Osten initiierte, war Deng Xiaoping. Nachdem das ab 1978 organisierte Experiment mit den Wirtschaftssonderzonen an den Grenzen zu Hongkong und Macao sowie in den Taiwan gegenüberliegenden Hafenstädten Shantou und Xiamen

positive Resultate gezeigt hatte, hielt Deng Xiaoping 1990 die Zeit für reif, ein kräftiges Signal für die unveränderliche wirtschaftliche Reformpolitik zu setzen. Die Reformen, die Maos Rotchina in zehn Jahren zum weltwirtschaftlichen Wachstumsmotor verwandelt hatten, waren 1989 durch ihre größte Krise gegangen. Die gewaltsam unterdrückten Studentenunruhen auf dem Platz des Himmlischen Friedens in Beijing hatten ein blutiges Fragezeichen hinter die Reformpolitik Deng Xiaopings gesetzt. Konservative Militärs und Parteiideologen suchten die Gelegenheit zu nützen unter dem Vorwand der politischen Stabilität die Rollläden herunterzulassen, um die destabilisierenden Einflüsse der Marktwirtschaft abzuwehren. 1990/91 sammelte der 87-jährige Deng Xiaoping seine letzten Kräfte und setzte die neue Richtung der wirtschaftlichen Entwicklungspolitik durch. Der Unterlauf des Yangtze-Flusses wurde zum neuen Schwerpunkt erklärt und Shanghai bildete den „Drachenkopf“ der gesamten Großregion mit 400 Millionen Einwohnern.
„Beim Malen eines Drachen das Auge einsetzen“, das chinesische Sprichwort veranschaulicht den kritischen, entscheidenden Moment, wenn eine Tat über Wohl und Wehe einer Unternehmung entscheidet. Die Ausrufung von Pudong als neuem Schwerpunkt-Entwicklungsgebiet Shanghais und ganz Chinas zu einem Zeitpunkt als sich das Vertrauen der Investoren auf einem Tiefpunkt befand, war eine solche Tat. Der Drache erwachte zu mächtigem Leben.
In den acht Jahren seit 1990 bis zur Einweihung der Intel-Fabrik in Pudong wuchs aus dem sumpfigen Ackerland ein Wald von Hochhäusern rund um das neue Wahrzeichen von Shanghai, den Fernsehturm „Perle des Orients“. Natürlich steht hier bereits das höchste Haus Chinas, das mehr als 400 Meter in den Himmel ragt, von den Architekten des Sears Tower in Chicago, Skidmore, Owings & Merrill, gebaut. Der Jingmao-Turm beherbergt das höchste Hotel der Welt, das vom 54. bis zum 87. Stockwerk reicht. Das 88. Stockwerk steht Besuchern zur Verfügung, die von hier eine großartige Aussicht auf das neue Shanghai in Pudong und das alte Shanghai auf der anderen Seite des Flusses haben. Schon ist neben dem Jingmao-Turm der Grundstein für den

nächsten Rekordbrecher gelegt, der im Jahr 2001 mit 460 Metern Höhe und 97 Stockwerken die Petronas-Doppeltürme in Kuala Lumpur als höchste Häuser der Welt übertrumpfen wird.
Die Wirtschaftsleistung Pudongs wuchs im gleichen Tempo wie seine Gebäude, von 6 Milliarden US$ 1990 auf 51 Milliarden 1996. Pro Kopf der 1,5 Millionen Einwohner gerechnet, sind das 34.000 US$, um die Hälfte mehr als die Einwohner Hongkongs oder Singapurs schaffen. „Die größte wirtschaftliche Entwicklungszone der Welt", rühmen sich die zuständigen Behörden. Ein steter Strom politischer und wirtschaftlicher Prominenz pilgert nach Pudong, um dem chinesischen Entwicklungsmodell Reverenz zu erweisen und der eigenen Wirtschaft einen neuen Markt zu erschließen. „Pudong ist einer der bewundernswertesten Orte, an denen ich je gewesen bin. Es ist ein unglaublicher Erfolg", erklärte Henry Kissinger, der sich wohl an das China erinnerte, das er in den Siebzigerjahren besucht hatte, als er von Beijing zur geheimen Audienz bei Mao in das nicht weit von Shanghai entfernte Hangzhou geflogen worden war.
Bevor er das rote Band seiner neuen Fabrik in Pudong durchschnitt, erklärte Andy Grove: „Dies ist ein wichtiger Meilenstein in der Geschichte Intels in China. Dieses Werk wird ein wesentlicher Hersteller von Flash Memory für den Weltmarkt sein. Wir streben danach, das Werk zu einem Industrieführer in Bezug auf Kosten, Liefertreue, Qualität, Umwelt, Gesundheit und Sicherheit zu machen. Wir stehen zu China und es freut uns ganz besonders, eine Rolle bei der Entwicklung der blühenden Produktionswirtschaft Shanghais zu spielen." Die Eröffnung des Werkes erfolgte ziemlich genau drei Jahre nach der Unterzeichnung eines Memorandums zwischen Intel und der Stadt Shanghai. Shanghai verpflichtete sich darin, Intel Pentium-Prozessoren für die Computerindustrie der Stadt zu empfehlen, während Intel sich erbot, die Computer- und Software-Industrie Shanghais zu beraten. Wesentlicher als die schönen Worte war aber für beide Seiten die Übereinkunft, dass Intel eine Produktionsstätte in Shanghai errichten würde. Bis dahin betrieb Intel bereits ein Software-Laboratorium in Shanghai. Das Memorandum war 1995 von Dr. Craig Barret, Intels Chief Operating Officer, unter-

zeichnet worden. Andy Grove übergab nach seiner Rückkehr aus China im Mai 1998 das Zepter bei Intel an Barret.
Es wird sich erweisen, ob dieser bei Investitionen in China großzügiger als sein Vorgänger agieren wird. Denn die Assemblierungs- und Teststätte in Shanghai ist wenig mehr als ein Pfand für das ernsthafte Interesse Intels am chinesischen Markt. Im Vergleich zu den Milliarden Dollar teuren Halbleiterfabriken von Motorola und NEC verblasst das Engagement des Branchenführers. Eine willkommene Ausrede für die Zurückhaltung könnten die noch immer bestehenden Restriktionen der amerikanischen Regierung gegen High-Tech-Export nach China sein. So untersagen die USA den Export von Technologie und Anlagen für die Herstellung von Chips mit einer Linienstärke von weniger als 0,5 Mycron. NEC und Motorola erhielten eine Ausnahmegenehmigung für ihre Werke, die 0,35 Mycron erreichen werden. Intel ist in seinen Werken in den USA schon bei 0,18 Mycron angelangt. Natürlich können sie argumentieren, dass es keinen Sinn macht, heute in China eine Fabrik für Produkte zu planen, die veraltet sein werden, wenn sie in frühestens zwei, unter den schwierigen Bedingungen in China wohl aber eher in drei bis vier Jahren vom Band laufen werden. Trotzdem wird Intel bei seinen Investitionen in China ein Schäufelchen zulegen müssen, wenn es auf diesem Markt ähnlich wie auf seinen Stammmärkten in den USA und Europa reüssieren möchte.
Der Eröffnungszeremonie folgte ein Angestelltenforum mit den rund 500 Mitarbeitern Intels in Shanghai. Am Nachmittag standen Fersehinterviews über die Rolle des PCs in der Gesellschaft und Andy Groves persönlichen Managementstil auf dem Programm. Der PC hat den chinesischen Büro- und Geschäftsalltag bereits erobert. Von den Angestellten wird er begeistert zum Kartenspielen und Verfolgen der Börsenkurse benützt. E-Mail und Internetzugang halten auch Einzug bei den chinesischen Firmen und Forschungsinstituten. 1998 waren bereits über 10 Millionen PCs in China im Einsatz, mehr als die Hälfte davon in Beijing, Shanghai und Guangzhou. Der gesamte chinesische Informations-Technologie-Markt war 1997 19 Milliarden US$ wert, im Jahr 2002 werden es 40 Milliarden sein. Ebenfalls 2002 rechnet

man mit über 10 Millionen verkauften Computern in einem Jahr.

Es ist allerdings noch keineswegs eine ausgemachte Sache, wieviele dieser Computer Intel-Chips enthalten werden. Denn Intels Computer-Architektur ist nicht unumstritten. Intel setzt beim Computer auf immer höhere Speicherkapazität und Rechengeschwindigkeit und entwickelt die dafür geeigneten immer dichter bestückten Chips. Die Konkurrenz wie Sun und Oracle setzt dagegen auf den NC (Netzcomputer), der sich die für eine Aufgabe benötigte Software automatisch vom Netz holt und dieses auch zum Speichern von Daten benützt. Der NC arbeitet mit anderen Chips und kommt mit weniger Speicher aus als der PC. Auch seine Software ist nicht mehr das jetzt bei den PCs dominierende Microsoft Windows. Intel wird natürlich alles dafür tun, seine Position auf dem Weltmarkt und in China zu behaupten. Die konkreten Massnahmen dafür sind:

- Angewandte Forschung
- Förderung der chinesischen Software-Industrie
- Produktion in China
- Marketingprogramme und Bedarfsschaffung
- Beratung der Hardware-Industrie über die optimale Nutzung von Intel-Chips
- Lokaler Einkauf
- Hochschulförderungsprogramme

Vom Kindergarten bis zum Altersheim, jeder soll mit „intel inside" Computern vertraut sein.

Freitag, der 8. Mai war noch ein voller Arbeitstag für Andy Grove in Shanghai. Am Vormittag sprach er vor einem Auditorium von 1000 Computerfachleuten, Regierungsbeamten und Industrievertretern. Seine Botschaft war, dass Intel die Produkte liefert, die die Computer und Anwendungen der Zukunft brauchen. Ein praktisches Beispiel sind die kleinen Geräte, mit denen chinesische Geschäfte die Mehrwertsteuer berechnen. Die Software stammt von Phoenix Technologies Ltd. in San José, Kalifornien, die Hardware wird von einer privaten chinesischen Firma hergestellt – und der Prozessor-Chip ist von Intel, das wiederum an

Phoenix beteiligt ist. Wenn Millionen chinesischer Geschäfte von den Finanzämtern gezwungen werden, die Boxen zu verwenden, tut sich eine lukrative neue Anwendung für Intel-Chips auf, abgesehen von dem Anteil an den Einnahmen für die Softwarelizenz – zwei US$ pro Box. Die Präsentation wurde live über das Internet in drei Sprachen übertragen: Chinesisch, Koreanisch und Englisch. Diese Sendung war eine große Auszeichnung für Dr. Grove, denn im politisch streng kontrollierten China gibt es normalerweise keine Live-Sendungen außer Fußballspiele. Nicht einmal die Abendnachrichten sind live, sondern werden eine Stunde vorher aufgezeichnet, um der Zensur Gelegenheit zum Eingreifen zu bieten. Natürlich lässt sich die Wirkung einer Sendung über das Internet mit einer Million Teilnehmern in ganz China nicht mit der Wirkung des Fernsehens vergleichen. Einen Monat nach Andy Grove schaffte es ein anderer prominenter Amerikaner sogar zu einem Live-Auftritt im chinesischen Fernsehen: Bill Clintons Diskurs mit dem chinesischen Präsidenten Jiang Zemin vor der internationalen Presse wurde live übertragen.

Dass Andy Grove China als eines seiner letzten Reiseziele als Intel-Chef wählte, zeigt die Bedeutung, die er diesem Markt zumisst. Schon 1995 sagte er voraus, dass Intel in zehn Jahren die größte Konkurrenz aus China erwachsen werde. Paranoia oder Voraussicht?

12. Kapitel

Bill und die Piraten – Microsoft

„Solange sie Software stehlen, sollen sie wenigstens unsere stehlen."
Bill Gates

1995 startete Microsoft in China durch. Im September traf Bill Gates in Beijing mit Staatspräsident Jiang Zemin zusammen und unterzeichnete ein Abkommen, das Windows 95 zum Standard für Betriebssysteme für PCs in China machte. Im selben Jahr wurde auch das 1992 gegründete Vertretungsbüro in Beijing in die Landesfirma Microsoft (China) Co. Ltd. umgewandelt. Nach der Begegnung von Jiang und Gates wurde kolportiert, dass der chinesische Präsident dem amerikanischen Wunderknaben und Milliardär zu bedenken gegeben habe, er verstehe China nicht. Bill nahm sich die Kritik zu Herzen – und buchte eine private Urlaubsreise nach China, um „mich zu erholen, zu lernen und zu verstehen versuchen, wie China der Zukunft entgegenblickt".

Was Bill Gates über seine China-Reise zu erzählen weiß, legt beredtes Zeugnis über die geistige Offenheit und Scharfsinnigkeit ab, mit der Gates durchs Leben geht und die seine Firma groß und ihn selbst zum reichsten Mann der Welt gemacht hat: „Ein Urlaub ist per definitionem eine Zeit, in der man in etwas aufgeht, das weiter und anders als seine normale Tätigkeit ist. Manchmal bedeutet das, sich in seinen Bau zurückzuziehen und zu lesen, aber diesmal ging es mir um unmittelbare Erfahrungen."

Bill und seine Freunde, die ihn auf der Reise begleiteten, folgten der üblichen Touristenroute in China: Verbotene Stadt, Tiananmen-Platz, Pandas im Beijinger Zoo, Große Mauer, buddhistische Höhlenfresken in Dunhuang, Terracotta-Armee in Xian, Yangtze-Schluchten, Karstkegel in Guilin und Hongkong zum Abschluss.

Bill Gates' Erkenntnisse von seiner Reise weisen jedoch über das hinaus, was der übliche China-Tourist nach Hause mitnimmt. Während einer Eisenbahnfahrt im Nordwesten Chinas gingen Gates die Augen darüber auf, dass Chinas Schicksal von der Mehrheit der Bevölkerung auf dem Land entschieden wird:

„China ist ein Land, dessen Hauptressource die Menschen sind. Die Fähigkeiten dieser Menschen werden eines Tages durch Computer effektiver genützt werden, aber während der nächsten Jahrzehnte wird die Mehrheit der Chinesen davon unberührt bleiben. Das Leben einiger hundert Millionen Chinesen wird sich ändern, aber die große Mehrheit wird sich anderen Herausforderungen zu stellen haben. Für sie ist in der nahen Zukunft Aufklärung über die bessere Bewirtschaftung von Farmen von hundertmal größerem Einfluss als der PC."

Zeugnisse von Unternehmertum beeindruckten den Selfmademan aus Redmond, Washington, auf seiner Reise durch China. In Xian war es ein findiger Agent, der bezahlte Autogrammstunden des Entdeckers der Terracotta-Krieger organisiert, eines alten Bauern, der noch viele Jahre nach seinem sensationellen Fund einfach weiter seiner Feldarbeit nachging.

Bill Gates suchte auf seiner Reise in Beobachtungen und Gesprächen auch Antworten auf die Fragen nach den offensichtlichen Problemen Chinas zu finden, Problemen der Infrastruktur, Verschmutzung, Entscheidungsfindung, der Rolle des Marktes bei der Zuteilung von Ressourcen, der Diskriminierung von Mädchen und der politischen Freiheit. Doch mit wem er auch über solche generellen Probleme zu sprechen versuchte, immer stellte er fest, dass die unmittelbaren, direkten Sorgen überwogen, etwa der Professoren wegen des fehlenden Geldes, um die akademischen Institutionen zu erhalten und gute Mitarbeiter beschäftigen zu können. Die Antworten zu diesem Thema mögen von Hintergedanken nach Stiftergeldern des Software-Krösus aus Amerika diktiert gewesen sein.

Nach der Reise zog Bill Gates Bilanz:

„Wieder zu Hause, wieder vereinigt mit meinem Laptop, bin ich so hardcore wie immer über die positiven Wirkungen der Informationstechnologie. Ich habe keine Zweifel.

Aber vielleicht habe ich eine etwas bessere Perspektive – was einer der größten Gewinne des Urlaubs ist."

Diese weitere Perspektive hilft Gates, seine China-Organisation unter langfristigen Gesichtspunkten zu steuern. Zum Beispiel in der Frage der Piraterie von Software. Es ist Microsoft sicher nicht entgangen, dass CD-Roms mit nicht-lizensierter Windows-Software in allen chinesischen Großstädten problemlos und billig bei Straßenhändlern erhältlich sind. An diesem Zustand haben auch spektakuläre Schließungen illegaler CD-Fabriken, die der Besänftigung der amerikanischen Regierung dienen, wenn diese mit Handelssanktionen wegen Verletzung amerikanischen geistigen Eigentums droht, nichts geändert. Das hält Microsoft nicht davon ab, in China zahlreiche Trainingszentren zu unterhalten und das Land als „massiven Gehirn-Dump für alles, was wir wissen" zu behandeln, wie es in der Computer-Lingo von Microsoft heißt.
Legt man den richtigen Maßstab an, handelt es sich bei den massiven Auftritten der amerikanischen Regierung gegen chinesische Piraterie um Spiegelfechterei, die von dem riesigen Handelsdefizit zwischen den beiden Ländern ablenken soll. 1995 schätzten die Amerikaner den durch Software-Piraterie in China angerichteten Schaden für amerikanische Firmen auf 444 Millionen US$. Die seltsame Zahl sollte wohl die abergläubischen Chinesen erschrecken: 4 ist auf Chinesisch gleichlautend mit „Tod", weshalb man in chinesischen Auto- und Telefonnummern die 4 vergeblich suchen wird. Wie steht es aber mit Software-Piraterie in den USA selbst? Allein die Schätzung für den Bundesstaat New York beläuft sich auf über 700 Millionen US$ Schaden jährlich. Es scheint, dass das illegale Kopieren von Software eine zwangsläufige Begleiterscheinung der Informationstechnologie ist. Mit der Verbreitung des Internets und des vernetzten Computers könnte Software-Piraterie irrelevant werden, wenn Software kostenlos aus dem Netz ladbar wird und die Hersteller von Software ihr Geld direkt oder indirekt durch Werbung oder Provisionen für Geschäfte machen, die dank dieser Software stattfinden können.

Von langfristiger Perspektive zeugt auch der Wille, über viele Jahre in China mehr zu investieren als zu verdienen. 1997 war Microsoft China nach eigener Aussage noch in der „Investment-Phase“. Das chinesische Microsoft-Shuttle ist noch im Aufsteigen in die angestrebte Umlaufbahn begriffen und verbrennt die Dollars im gleichen Tempo wie die Raketenmotoren den Treibstoff. Beim Höhenflug seiner Aktien kann sich der Software-Gigant sein China-Abenteuer aus der Portokasse leisten. Im September 1998 überflügelte der Wert der Microsoft-Aktien mit 261 Milliarden US$ den Wert der Aktien von General Electric und machte Microsoft zum größten Unternehmen der Welt, dem Buchwert nach. Bei Umsatz und Gewinn erreicht Microsoft mit 14 bzw. 4 Milliarden US$ (1998) nur einen Bruchteil vieler größerer Unternehmen, die es im Aktienwert überholt hat. Dieser hohe Wert stellt einen Vertrauensvorschuss des Aktienmarktes in die Zukunft von Microsoft dar.

Wie hat Microsoft sein Geld in China angelegt? Das Hauptquartier für „Greater China“, das Festlandchina, Hongkong und Taiwan umfasst, befindet sich in Beijing. Tochterfirmen gibt es in Beijing, Shanghai, Kanton, Hongkong und Taipeh (letztere völlig unabhängig von Microsoft China auf dem Festland). Die Hauptabteilungen sind Marketing, Technischer Support, Konsulentensupport, Recht, Operations, Personal und Verwaltung. Außerdem wurden in Beijing ein Entwicklungszentrum und in Shanghai ein regionales Support Center gegründet. Die Aufgaben von Microsoft China sind nach eigener Beschreibung „Marktforschung, Produkt-Promotion, Produkt-Lokalisierung und -Entwicklung sowie technischer Support und Training für legale Kunden und Kooperationspartner“. Die besondere Hervorhebung der „legalen“ Kunden bezieht sich natürlich auf die große Anzahl von „Kunden“, die piratisierte Microsoft-Software benützen. Microsoft China beschäftigt 250 Mitarbeiter, alle Techniker und Manager mit akademischer Ausbildung. Die Hauptaufgabe ist die Herausgabe der chinesischen Versionen der neuesten Microsoft-Software wie Windows, Word, Excel, Office, Windows NT und Internet Explorer und ihre Approbierung durch die chinesische technische Überwachungsbehörde, eine Art chinesischer TÜV. Microsoft hat

über 500 autorisierte Vertragshändler in China, 200 autorisierte Systemlieferanten, 180 Trainingszentren und über 20 Entwicklungsprojekte in Zusammenarbeit mit Forschungsinstitutionen und Firmen. Die wichtigsten Softwareentwickler, Ministerien und staatlichen Kommissionen sowie Banken werden direkt bei der Entwicklung ihrer Anwendungsprogramme unterstützt.
Microsoft unterstützt auch die Grundlagenforschung in dem Informationslabor für Chinesisch, das gemeinsam mit der staatlichen Kommission für Sprache und Schrift gegründet wurde. Zusammenarbeit besteht mit 20 akademischen Einrichtungen, allen voran dem Software-Institut der Chinesischen Akademie der Wissenschaften, der Qinghua-Universität in Beijing und der Jiaotong-Universität in Shanghai, um die Ausbildung von Software-Ingenieuren zu institutionalisieren. Auch der Microsoft-Verlag ist in China tätig und veröffentlicht ins Chinesische übersetzte Bücher und Multimediaprodukte in Lizenz bei chinesischen Verlagen, wie zum Beispiel die Serie *Windows At a Glance* im Verlag der Universität Beijing.
Michael Rawding, Microsoft Regional Director für Greater China, ist mit der Entwicklung des Geschäfts in China zufrieden: „Wir sind in sehr guter Form in China und haben Abkommen über die Bündelung [von Software] mit den führenden chinesischen PC-Lieferanten wie Legend, Founder, Tontru und Great Wall."
China ist eindeutig Microsoft-Territorium. Der Umsatz wächst um mehr als 50 Prozent jährlich bei einem Zuwachs von PC-Verkäufen in China von mehr als 30 Prozent im Jahr. Der Tag scheint nicht mehr fern, an dem Microsoft China damit beginnen kann, Geld zu verdienen.

Die Geschäftsentwicklung verlief nicht ohne Kinderkrankheiten, die bei einer neuen Landesfirma nicht ausbleiben können. 1996 sah sich Microsoft in China plötzlich einer unerwarteten Krise gegenüber. Die Polizei war in Beijing in Computergeschäften aufgetaucht und hatte begonnen, die seit einigen Monaten ausgelieferten chinesischen Exemplare von Windows 95 zu beschlagnahmen. Was war geschehen? Chinesische Benützer von Windows 95 in den USA hatten bemerkt, dass in dem in *Word* inkludierten Wörterbuch der taiwanesische Propagandaausdruck „kommunistische Banditen" enthalten war. Trotz eines Feldversuchs mit 100.000 Benützern in China hatte niemand diese Tretmine bemerkt, oder, was wahrscheinlicher ist, wenn jemand sie bemerkt hatte, sah er lieber schweigend darüber hinweg, denn in China möchte sich in der Regel niemand als Überbringer schlechter Nachrichten unnötigem Risiko (nach dem Motto: „shoot the messenger") aussetzen. Der Stein des Anstoßes war vermutlich durch taiwanesische Unterlieferanten der chinesischen Version in den Wortschatz von Windows 95 geraten, denn der inkriminierte Ausdruck war nur unter den sogenannten „Langzeichen" zu finden, den traditionellen chinesischen Schriftzeichen, die in Taiwan im Gegensatz zu den vereinfachten „Kurzzeichen" des chinesischen Festlandes verwendet werden. Das Problem wurde schließlich dadurch gelöst, dass Microsoft kostenlos Disketten verteilte, die die Langzeichen aus dem Zeichensatz des Programms entfernten.

Vielleicht als Reaktion auf dieses Missgeschick bereitete sich Microsoft mit besonderer Sensibilität auf die Rückgabe Hongkongs an China im Juli 1997 vor. Schon im März 1997 wurden die Tochterfirmen auf dem Festland und in Hongkong vereinigt und unter die Führung des Landesdirektors in Beijing gestellt. Beijing sollte fortan die Produktverantwortung haben, während Hongkong für das Marketing zuständig sein sollte. Diese Maßnahme schlug hohe Wellen in der Hongkonger Tochter und führte zu einem Managementwechsel. Der lang gediente Hongkonger Direktor Laurie Kan war nicht gewillt nun an seinen Kollegen vom Festland Du Jiabin zu berichten. Auch Bill Gates hatte 1995 nach seiner touristischen Chinareise noch angemerkt, dass ihm wohler dabei wäre, wenn nach der Übernahme Hongkong größeren Einfluss auf China nähme als umgekehrt.

Der Kunde ist jedoch König und Lenin ging mit seiner Annahme nicht fehl, dass die Kapitalisten auch noch den Strick verkaufen, an dem man sie hängen wird. So startete auch Bill Gates intensivste Werbebemühungen um den chinesischen Postminister Wu Jichuan, nachdem ihm klar geworden war, dass jener den Schlüssel dafür besaß dem Erzrivalen Netscape den Markteintritt in China zu vermasseln. Im Dezember '97 machte Gates dem Postminister seine Aufwartung in Beijing, eine Woche bevor jener zu einer Reise in die USA aufbrach. So konnte Wu Jichuan nicht umhin, die freundliche Einladung nach Redmond anzunehmen. Drei Monate später konnte Bill Gates die Früchte seiner Besuchsdiplomatie einheimsen: China Telecom unterzeichnete ein Memorandum mit Microsoft über eine chinesische „China Telecom"-Ausgabe des Internet-Explorer-Programms, das kostenlos vom Netz heruntergeladen werden kann und im Gegensatz zum *Netscape Navigator* ohne andere Software chinesische Schriftzeichen versteht. Die gute Zusammenarbeit setzte sich im September '98 damit fort, dass China Telecom beschloss, sein Abrechnungssystem für Internetdienste auf der Basis von Windows NT zu entwickeln. So gelang es Bill Gates, wichtige Positionen beim Kampf um den Einfluss auf das zukünftige Computernetz in China zu besetzen.

Überhaupt sieht es Bill Gates als seine wichtigste Aufgabe an, Visionen für die Zukunft des Unternehmens (und ganz nebenbei auch der ganzen Welt) zu entwickeln. Eine seiner jüngsten Erscheinungen ist das „digitale Nervensystem". Bei einem Vortrag in Beijing im Dezember 1997 führte er näher aus: „Ein anderer Weg diese Chancen [des PCs als Werkzeug des Informationszeitalters] zu betrachten ist, an die Kunden, die Benützer zu denken. Was möchten sie? Die Vision von Information, die immer zur Verfügung steht, bedeutet, eine Organisation zu definieren, die ein großartiges digitales Nervensystem hat. Unter Nervensystem verstehe ich alle Wege, auf denen sich Information in einem Unternehmen bewegt – in Meetings, auf dem Papier, in Diskussionen – und die wirkungsvollste Weise ist der Übergang zu digitalen Werkzeugen." Information ist im kommunistischen China immer eine explosive Substanz gewesen, ob in den politischen Kampagnen der Mao-Zeit oder in der Verfolgung von Dissidenten unter Deng Xiaoping. Die Vision, alle Informationen und ihre Verteilung durch die Digitalisierung fest in den Griff zu bekommen, muss für die heutige Parteiführung von höchster Faszination sein. Deshalb hat sie sich auch ganz der Informationstechnologie verschrieben und jüngeren Technokraten wie dem neuen, mächtigen Minister für Informationsindustrie Wu Jichuan grünes Licht gegeben, China an die Informationsautobahn anzuschließen.

Microsoft belohnt die Marktöffnung mit neuen, zukunftsweisenden Investitionen. 1998 gründete Microsoft in Beijing sein zweites internationales Forschungslabor nach dem in Cambridge, England, mit einem Investitionsbudget von 80 Millionen US$ bis 2004. Dies ist ein klares Signal, dass Microsoft hohe Erwartungen in die Ressourcen an Software-Spezialisten setzt, die China zu bieten hat. Die niedrigen Lohnkosten für Ingenieure im Vergleich zu den USA oder Europa dürften eine wesentliche Rolle bei der Wahl des Standortes gespielt haben.

„China ist das bevölkerungsreichste Land der Welt und der Einsatz von Computern nimmt rasch zu. Um den Umgang mit Computern zu verbessern, haben wir es mit vielen Herausforderungen zu tun, Computer und Software dem chinesischen Markt anzupassen. Wir glauben, dass es wichtig ist, dass die Industrie darin investiert Lösungen zu finden, die diesen Herausforderungen gerecht werden", erklärte Rick Rashid, Vice President von Microsoft Research aus den USA auf der Pressekonferenz zur Ankündigung des neuen Beijinger Forschungslabors.

Der chinesische Minister für Informationsindustrie, Wu Jichuan, begrüßte die neue Initiative: „Menschliches Talent und Vision bilden häufig das Rückgrat von Entwicklung und Fortschritt in der Informationstechnologie, besonders der Software-Technologie. Wir freuen uns, weltbekannten Firmen wie Microsoft die Zulassung zu erteilen Forschungszentren in China zu gründen, deren Forschung auf dem letzten Stand der Technik nicht nur die Entwicklung der Informationstechnologie in China beschleunigen, sondern auch dabei helfen wird, den weltweiten wissenschaftlichen Talentpool besser zu nützen."

Der Direktor von Microsoft Research in Beijing ist Dr. Kai-Fu Lee, Auslandschinese aus den USA, der sich einen Namen in Spracherkennung, künstlicher Intelligenz, 3-D-Grafik und Internet Multimedia gemacht hat. Er erläutert die Ziele des neuen Instituts näher: „Eines der Hauptziele von Microsoft bei der Finanzierung von Forschung ist die Erfindung von Lösungen, die den Umgang mit Computern verbessern. Langfristig möchten wir es möglich machen, dass Computer sehen, hören, sprechen und lernen. Dadurch, dass wir unsere Forschungsbemühungen in Beijing auf Gebiete wie Sprache, Sehen, Grafik, natürliche Sprache und Multimedia-Technologien konzentrieren, hoffen wir, dass wir diese Verbesserungen dem chinesischen Umgang mit Computern zugute kommen lassen können." Werden Computer weltweit schon bald neue, in Beijing entwickelte Fähigkeiten haben? Rein rechnerisch schlummern in 1,2 Milliarden und mehr Menschen in China gewaltige Begabungen. Bisher mussten viele sich erst mühsam nach Amerika durchschlagen, um ihre Talente zur Entfaltung zu bringen. Microsoft und andere Hi-Tech-Unternehmen ermöglichen es den ungezählten begabten Menschen in China ihr Talent in der Heimat zu entfalten. Bisher hat der Brain Drain für eine starke Abwanderung von Akademikern gesorgt: Von 300.000 seit 1978 zum Studium ins Ausland gegangenen Studenten ist nur ein Drittel nach Beendigung ihres Studiums nach China zurückgekehrt. Die Mehrzahl ist in den USA, Kanada und Australien geblieben, nicht nur wegen Arbeitschancen und Verdienst, sondern auch um sich und ihren Familien eine neue Heimat in einer gesünderen und sichereren Umgebung zu schaffen.

Dieser Geist, sein Schicksal in die eigenen Hände zu nehmen und das Beste aus seinen Talenten zu machen, ist auch der Geist, der Microsoft antreibt, niemals auf seinen Erfolgen auszuruhen, denn hinter jedem Erfolg lauert die nächste Krise. So könnte Microsofts Dominanz des Marktes für Benutzeranwendungen für PCs zu einer Sackgasse werden, wenn der vernetzte Computer seine Anwendungen kostenlos aus dem Netz erhalten wird. Microsoft versuchte mit seinem MSN (Microsoft Network) die Initiative an sich zu reißen und eine kommerzielle Alternative zum Internet zu etablieren. Dies ist nicht gelungen und nun muss Microsoft seine Programme an die Erfordernisse des Internets anpassen. Bill Gates ist fest entschlossen, mit Microsoft auch im anbrechenden Zeitalter der Vernetzung an der Spitze zu bleiben.

China ist in diesem Kampf nur ein Nebenschauplatz, die Entscheidung darüber, ob Microsoft seine Dominanz behält, wird in den USA fallen. Unter den Konkurrenten setzt vor allem Oracle unter seinem Gründer Larry Ellison alles daran Bill Gates einen Strich durch die Rechnung zu machen: „Bill und seine Jungs haben in unserer Branche die gleiche Rolle, die früher in Russland das Zentralkomitee der Partei hatte: Sie allein entscheiden, wie es weitergeht." Das Internet ist jedoch keine digitale Diktatur, sondern folgt höchst demokratischen Prinzipien von Gleichberechtigung und Transparenz. Der Ausgang des Kampfes ums Netz im Netz wird sowohl in Bezug auf die Marktführerschaft von Microsoft als auch in Bezug auf das Informationsmonopol der chinesischen Kommunisten höchst spannend.

13. Kapitel

Coca-Cola „ku"

„Wenn es schlauere Leute gibt – stärkere und bessere Pferde im Rennen – warum setzt du dann nicht einen Teil deines Geldes auf sie, statt alles auf dich selbst zu setzen?"
Robert Kuok, Tycoon

Jeans, dicksolige Sneakers, T-Shirt mit Nike-Haken, Stoppelfrisur mit vorstehendem Haarbüschel vorne und Schwänzchen im Nacken, in der Hand die rote Cola-Dose. Die Uniform des chinesischen Teenagers im Jahre 1998. Die Metamorphose im Vergleich zur Mao-Zeit könnte nicht größer sein. Rot war bis 1976 vor allem der rote Stern, der nach dem Muster der Kreml-Türme Gebäude, Brücken, Lastkraftwagen, Thermosflaschen, Emailgeschirr, Seifenschalen und Mützen zierte – oder das kleine rote Büchlein, die Mao-Bibel. Diese in der Hand versprach den chinesischen Teenagern der Sechzigerjahre nicht weniger Freiheit als die Cola-Dose deren Sprösslingen in den Neunzigern. 1966 konnten die Jugendlichen in ihren armeegrünen Baumwoll-Hosen und -Jacken mit der Mao-Bibel in der Hand kostenlos durchs ganze Land fahren – kulturrevolutionäres Interrail. Grenzenlose Freiheit, gegen die Eltern und Älteren aufzubegehren und die Welt nach der Vorlage des Großen Steuermanns Mao zu verändern. Das rote Cola-Emblem steht für eine andere Art von Freiheit: Ich folge nicht dem Muster meiner Eltern, die nichts anderes verstehen als hart zu arbeiten und einen Renminbi auf den anderen zu legen. Ich bin smart und cool. „Ku", ein neues Fremdwort im Chinesischen, von Teenagern mit Inbrunst in jedem möglichen Zusammenhang gebraucht. „Ku" ist es Taschengeld zu haben (von Oma und Opa), in Kleidung und Auftreten den Popstars nachzueifern, mit seinen Freunden die neuesten Hollywood-Filme als VCD-Raubkopien anzusehen, eine amerikanische Marke zu rauchen, Computerspiele zu sammeln, Fastfood

zu genießen und dabei immer die rote Cola-Dose bei der Hand zu haben.
Coca-Cola hat seine dominierende Stellung auf dem chinesischen Softdrink-Markt seit 1979 konsequent aufgebaut. Die Manager aus Atlanta sahen sich bei ihrem Markteintritt nach dreißig Jahren Pause zunächst recht unsanft mit den neuen Umständen in China konfrontiert. Nicht weniger als sieben staatliche Organe regulieren die chinesische Limonadenindustrie:

1. Staatliche Planungskommission
2. Staatliche Kommission für Wirtschaft und Handel
3. Chinesischer Nationaler Rat für Leichtindustrie
4. Staatliche Verwaltung für Industrie und Handel
5. Gesundheitsministerium
6. Chinesisches Nationales Institut für die Prüfung von Lebensmitteln
7. Allgemeine Gesellschaft für Landwirtschaft, Industrie und Handel

Das chinesische Gesetz erlaubt keine Franchise-Unternehmen mit ausländischen Partnern ohne deren Kapitalbeteiligung in Form eines Joint Ventures. In der üblichen Verwertungskette von Coca-Cola kommt der „Corporation" nur die Rolle zu, den Geldsack für die Lizenzzahlungen aufzuhalten, während das gesamte wirtschaftliche Risiko von den Lizenznehmern, die die Abfüllwerke betreiben, und den Vertriebsunternehmen, die für den Verkauf sorgen, getragen wird.
Dazu kamen hoffnungslose logistische Probleme: Es gab keine landesweiten Großhandels-Distributionskanäle. Eisenbahnfracht musste sechs Wochen im Voraus gebucht werden. So begannen die Geschäfte bescheiden. 1979 mit einigen hundert Kisten Coca-Cola-Flaschen, die von einer staatlichen, chinesischen Importfirma zur Labung durstiger ausländischer Touristen eingeführt wurden. Im Laufe von knapp zwanzig Jahren schwoll das Geschäft mit dem karamelfarbenen Sprudel zu einem Strom von den Ausmaßen des Yangtze-Flusses an. 1998 erhält man Coca-Cola an jeder Straßenecke, vom privaten Erfrischungsverkäufer über Restaurants aller Niveaus bis zum Fünf-Sterne-Hotel, und das vom Shanghaier Bund bis zum tibetischen Kloster.

Trotz der schwierigen Ausgangslage war Coca-Cola überzeugt auch für den chinesischen Markt über ein Erfolgsrezept zu verfügen. Die berühmte Coca-Cola Wertschöpfungskette vom Namen über Sirup und Abfüllfabriken bis zu Distribution und Einzelhandel musste sich auch nach China verpflanzen lassen.

Der Name: Seit vielen Jahren ist Coca-Cola die bekannteste Marke der Welt und der Konzern lässt sich die Pflege seines Markennamens jährlich viele hundert Millionen Dollar kosten. Sponsoring für Sportveranstaltungen und Popstars, eine stete weltweite Berieselung der Konsumenten mit Werbung auf allen Kanälen. So wie das Getränk selbst in allen Ländern aus dem gleichen Sirup gemischt wird, basiert auch der Werbeauftritt auf der gleichen Linie, die in Atlanta immer weiter entwickelt wird. In Märkten mit nicht lateinischen Schriften erhält Coca-Cola ein Logo in der ortsüblichen Schrift. Wie schreibt man Coca-Cola auf Chinesisch? 樂可口可 ,ausgesprochen „ke kou kele". Fremdwörter können im Chinesischen nur mit Schriftzeichen wiedergegeben werden, die eine ähnliche Aussprache haben. Denn die Schriftzeichen sind keine Buchstaben, die für einen Konsonanten oder Vokal stehen, sondern Zeichen, die eine ganze Silbe wiedergeben. Der Schatz an Schriftzeichen und damit auch Silben ist beschränkt, neue können nicht hinzugefügt werden. Daher sind chinesische Wiedergaben fremdsprachiger Namen immer nur Annäherungen an ihre Aussprache und beinhalten auch weiter die Bedeutung der ursprünglichen Silben. Im Falle von Coca-Cola wurde bei der Übertragung zunächst das chinesische Wort für die Cola-Pflanze gewählt: „kele". Dieses Wort ist nicht nur eine phonetische Wiedergabe des Pflanzennamens, sondern vermittelt darüber hinaus auch noch die Bedeutung „macht froh", eine zutreffende Beschreibung für die aufputschende Wirkung der Cola-Pflanze. Der nächste Schritt war, eine Wiedergabe für „Coca"zu finden. Auch diese lag nahe, „ke kou" ist eine Bezeichnung für schmackhaft, die seit dem Philosophen Zhuang Zi (4. Jhdt. v. Chr.) schriftlich belegt ist und im Wörterbuch zu finden ist. „Ke kou kele" – „schmackhaft und macht froh", eine bessere Übertragung des Markennamens Coca-Cola ins Chinesische ist nicht

möglich und hat sicher dazu beigetragen, dass Coca-Cola als „ke kou kele" auch in China nach einer Erhebung von Gallup der bekannteste Markennamen ist.
Pepsi Cola, deren Marktanteil in China 1997 21 Prozent, im Vergleich zu Coca-Colas 58 Prozent, war, schlug die gleiche Strategie bei der Namensfindung ein. „Bai shi kele" für Pepsi Cola mit der Bedeutung „Alles macht froh". 1998 kam das erste original chinesische Cola-Getränk, das sich an den berühmten Namen anlehnt: „Weilai kele", zu Deutsch „Zukunfts-Cola", das mit einer Werbekampagne in Verbindung mit dem Fußball-Weltcup unter dem Slogan: „Chinas eigenes Cola" lanciert wurde. Die importierten Produktionslinien sind auf zwei Milliarden Flaschen jährlich ausgelegt.

Das nächste und größere Problem war, wie der braune Sprudel in gleich bleibender Qualität in einem Land gemixt werden konnte, in dem keine zwei Elektrostecker in einem Zimmer gleich sind. Schließlich musste es noch effektiv zum Verkauf gebracht werden, mit satten Gewinnen für Lizenzgeber, Siruplieferanten und Abfüller natürlich.
Nach einigen Runden Klinkenputzens bei Behörden in Beijing herrschte unter den Teilnehmern der Erkundungsmission aus Atlanta zunächst Ratlosigkeit. Wem von all den Funktionären der einander in den Haaren liegenden Behörden konnte man trauen? Coca-Cola war es nicht gewohnt, mit einer eigenen Investition dafür zu bezahlen, dass eine andere Firma so gnädig war, mit dem sakrosankten Namen Geld zu verdienen. Im Gegenteil, der Lizenznehmer war normalerweise derjenige, der bereitwillig die Anfangsinvestition auf den Tisch blätterte, um an die Quelle kohlensäuregetriebenen Reichtums zu gelangen. „Wenn Sie einen Marktanteil gewinnen wollen, müssen Sie in Technologietransfer investieren!" Wie bei einer tibetischen Gebetsmühle stießen die Amerikaner immer wieder auf diesen Satz, der sich ihnen aufs Gemüt zu schlagen begann. Jeder Gesprächspartner war auf harte Dollars aus, konnte aber nur weiche Zusagen bieten, über die die Anwälte daheim in der Firmenzentrale die Hände über dem Kopf zusammenschlagen würden.

„Bourbon on the rocks", ächzend ließ sich Jack in den rotsamtenen Barsessel fallen, der seine Leibesfülle gerade aufnehmen konnte. Der weiß bejackte Kellner, ein magerer junger Mann, dessen Uniform wie das Fell an einem jungen Hund lose herunterhing, verstand sofort und gab die Bestellung an den Barmixer hinter der Theke weiter. 1979 war dies der einzige Ort in ganz Beijing und vermutlich sogar in ganz China, an dem eine soche Bestellung in Englisch aufgegeben werden konnte. „Charlie's Bar" im Hotel Jianguo ist die Mutter aller Hotelbars in Beijing. Mein bevorzugtes Getränk war „Marc de Champagne", der süß nach Rosinen duftende Weinbrand aus der Champagner-Traube. Der Platz gegenüber von Jack blieb nicht lange leer, ein rundlicher Chinese in weißem Hemd mit breiten Hosenträgern, kurzer Stoppelfrisur über dem Mondgesicht mit den goldgefassten Brillen ließ sich an seinem Tisch nieder und orderte San Miguel-Bier, die Hausmarke aus Hongkong. „Jack, hier kommen Sie nicht weiter, lassen Sie uns die Sache von Hongkong aus in die Hand nehmen!"

Coca-Cola wählte schließlich den klassischen Weg auf den Festland-Markt – über das Hongkonger Handelshaus Swire. Swire ist wie Jardine eine englische Firma mit einhundertfünfzigjähriger Geschichte in Hongkong. Das bekannteste von Swire betriebene Unternehmen ist Hongkongs Fluglinie Cathay Pacific. Swire ist kapitalkräftig und verfügt über hervorragende Beziehungen zu einflussreichen Persönlichkeiten in den südchinesischen Küstenprovinzen, allen voran Guangdong. In der ersten Hälfte des zwanzigsten Jahrhunderts war Swire einer der größten Zuckerimporteure in China gewesen und hatte mit chinesischen Geschäftspartnern ein Distributionsnetz in ganz China aufgebaut. Nun galt es, für das Zuckerwasser mit dem klingenden Namen aus den USA an die glor- und profitreiche Tradition anzuschließen. Das erste Abfüllwerk von Swire Coca-Cola wurde in Shatin, Hongkong, nahe der chinesischen Grenze bei der Wirtschaftssonderzone Shenzhen errichtet. Von diesem Brückenkopf wurde der Hongkonger Markt beliefert und damit sichergestellt, dass die Rendite von Anfang an stimmte. Gleichzeitig wurden von hier die ersten Großhändler, staatliche Handelsfirmen in der benachbarten Provinz Guangdong, bedient. Um sich auch das Wohlwollen Beijings zu sichern, ging dort 1981 das erste Abfüllwerk für Coca-Cola auf dem Festland in Betrieb. Danach ging es Schlag auf Schlag. Swire Coca-Cola errichtete zehn Abfüllwerke in den Küstenprovinzen Südchinas. Ende der Achtzigerjahre hatte der Coca-Cola-Konsum auf dem Festland stolze drei Dosen (oder Flaschen à 250 ccm) pro Kopf und Nase erreicht. Das sind über drei Milliarden Dosen pro Jahr. Für Coca-Cola schien der alte kapitalistische Traum „Wenn jeder Chinese ..." aufzugehen. Das Management in Atlanta war mit der Entwicklung des chinesischen Marktes unzufrieden. Es war zwar gelungen, Coca-Cola in China zum Haushaltsartikel und Softdrink Nummer eins zu machen, doch der Konsum hinkte dem der Nachbarländer weit hinterher, die Taiwanesen schlürften im Schnitt zehnmal soviel und die Spitzenreiter in Asien, die Philippinos, gar fünfzigmal soviel. Swire hatte zwar solide Aufbauarbeit in Produktion, Marketing, Verkauf und Logistik geleistet, aber nun schienen sie an eine Grenze zu stoßen und nicht mehr bereit beim von Atlanta geforderten Investitionstempo mitzuhalten. 1993 identifizierte Coca-Cola einen neuen Wunschpartner in Hongkong: Robert Kuok, den siebzigjährigen malayischen Tycoon chinesischer Abstammung.

„Es gibt ein chinesisches Sprichwort: Große Bäume sind sturmanfällig." Mit diesem Satz erklärt Robert Kuok seine Öffentlichkeitsscheu, die er mit den meisten erfolgreichen Auslandschinesen teilt. Unauffälligkeit ist für chinesische Kaufleute seit jeher, nicht nur im Ausland, das beste Überlebensrezept. Denn auch zu Hause in China war die Zurschaustellung von Reichtum nur dazu geeignet, die Begehrlichkeit korrupter Beamter oder gar die Eifersucht des Kaisers zu wecken. Diese waren nicht zimperlich, einen ständigen Strom an Geldern und Geschenken in ihre eigenen Truhen zu leiten. Als Emigranten oder ethnische Minderheiten erging es den Chinesen in Südostasien nicht anders. Sie sahen sich stets der Willkür lokaler Machthaber und dem Neid der weniger tüchtigen Bevölkerungsmehrheit ausgesetzt. Pogrome

gegen Chinesen forderten in Indonesien, Malaysia, Philippinen, Vietnam Hunderttausende von Opfern.
Robert Kuok wurde 1923 in Johore Bahru, einer Stadt auf dem malaysischen Festland gegenüber von Singapur geboren. Sein Vater war aus der chinesischen Provinz Fujian eingewandert. Er betrieb eine Gemischtwarenhandlung, Großhandel und Kühlhäuser. Robert und seine zwei Brüder besuchten die englische Schule in der damaligen Kolonie Britisch-Malaysia. Ein Mitschüler Roberts war Lee Kwan-yew, der erste Premierminister Singapurs. Rober Kuok setzte seine Ausbildung am Raffles College in Singapur fort. Er musste sein Studium abbrechen, als die Japaner 1941 Singapur bombardierten und den Krieg erklärten. Robert kehrte nach Johore Bahru zurück und begann im lokalen Büro der japanischen Handelsfirma Mitsubishi Corp. zu arbeiten. Der 18-Jährige rückte bald zum Leiter der Reisabteilung auf.
Nach der Kapitulation der Japaner gewann Kuok einen Auftrag des britischen Militärs zur Lieferung von frischem Gemüse für 50.000 auf einer Gummiplantage internierte japanische Kriegsgefangene. Dies führte zur Bestellung der Firma der Kuoks als Grundnahrungsmittel-Lieferanten für ganz Süd-Johore durch die britische Kolonialbehörde.
1948 starb Kuoks Vater plötzlich. Die Witwe führte das Geschäft mit zwei ihrer Söhne und zwei Cousins weiter. Robert erwies sich bald als treibende Kraft, stieg von Reis auf den gewinnträchtigeren Zuckerhandel um und verlegte den Firmensitz 1953 nach Singapur. Die malaysische Unabhängigkeit 1957 bot Kuok die Chance, die erste Zuckerraffinerie des Landes zu bauen und seine bis heute dauernde führende Stellung auf dem malaysischen Zuckermarkt auszubauen. Die Kolonialmacht England hatte das Monopol des Zuckerimports aufrechterhalten, um raffinierten Zucker nach Malaysia verkaufen zu können.
1960 begann Kuok Zucker und Reis nach China zu verkaufen. Auf diese Zeit gehen seine Geschäftsbeziehungen mit der staatlichen Importfirma für Grundnahrungsmittel CEROILS zurück. CEROILS ist heute Partner in Kuoks Coca-Cola-Abfüllwerken in China. Ölpalmen-Plantagen in Malaysia rundeten Kuoks Lebensmittel-Portfolio ab.

Ende der Sechzigerjahre war Kuok nach geglückten Zuckerspekulationen in London reich genug, um sich auf Neuland zu begeben. Er gründete die Luxus-Hotelkette Shangri-La, heute mit 17.000 Zimmern die größte Fünfstern-Hotelkette Asiens. Der Name stammt aus James Hiltons Roman *Lost Horizons* und bedeutet „Paradies" auf Tibetisch. Das wirkliche Vorbild Shangri-Las liegt in der Nähe der kleinen Stadt Zhongdian in der chinesischen Provinz Yunnan. Der Name ist Programm, jedes der rund 40 Shangri-La-Hotels, ob eingebettet in Bananenstauden, Palmen und Orchideen in Singapur, ob Teil der von Chrom, Glas und Marmor glänzenden Pacific Place Mall in Hongkong oder sich an einen bewaldeten Hügel über dem Westsee in Hangzhou schmiegend, bietet nicht nur alle für ein Fünfstern-Hotel üblichen Einrichtungen, sondern ist bis ins kleinste Detail mit makellosem Geschmack und kostbar ausgestattet. Ein gutes Beispiel dafür ist das Shangri-La Hangzhou, das von einem heruntergekommenen staatlichen Gästehaus in ein perfektes Grand Hotel zeitlosen Charmes verwandelt wurde. Warme Ziegelsteine und poliertes altes Holz bringen die alte Bausubstanz zu neuem Glanz. Verglaste, klimatisierte Terrassen und ein gedeckter, gläserner Verbindungsgang durch den Garten zwischen den zwei Flügeln des Hotels öffnen die Anlage zur einmaligen Umgebung des seidenweichen, von mattem Bambusgrün umkränzten Westsees, über den sich ein tagsüber hellblauer, in der Nacht von Sternen funkelnder mitternachtsblauer Himmel wölbt, wenn nicht Nebelschleier ihn einhüllen. „Ich habe eine Menge Zeit in hervorragenden Hotels in Europa verbracht. Ich weiß, was ich von einem guten Hotel erwarte." Kuok gelang in seiner Shangri-La-Kette eine unübertroffene Kombination von asiatischer Ästhetik, europäischem, traditionellem Charme und amerikanischer Effektivität.
1974 verlegte Kuok sein Hauptquartier nach Hongkong. Der Grund war die geringere Besteuerung im Vergleich zu Singapur. In Hinblick auf die Öffnung des chinesischen Marktes seit 1978 erwies sich der neue Standort als glückliche Wahl. „Der wichtigste Markt (für Nahrungsmittel) ist immer China. Aber er steht erst am Anfang", sagt Kuok. Bevor er 1993 bei Coca-Cola einstieg, leg-

te er sich in Hongkong noch die *South China Morning Post* zu, die profitabelste und auch eine der informativsten Tageszeitungen der Welt. Befürchtungen, dass sich der neue Eigentümer in Hinblick auf seine Geschäftsinteressen auf dem Festland in redaktionelle Belange einmischen würde, erwiesen sich als grundlos. Die SCMP ist immer noch eine hervorragende Quelle für ungeschminkte Berichte über das Festland.

„Ich dachte ‚mein Gott, das ist ein Geschenk des Himmels'", erinnert sich Kuok daran, als er das Angebot von Coca-Cola erhielt, gemeinsame Abfüllwerke und den Vertrieb in Nord- und Südwest-China aufzubauen. Ohne zu zögern übernahm Kuoks Kerry-Group 87,5 Prozent der Investitionen und stampfte innerhalb von vier Jahren elf Abfüllwerke aus dem Boden, genauso viele, wie Swire in 14 Jahren zuvor gebaut hatte. „Wofür wir 18 bis 24 Monate brauchen würden, das schaffen sie in zwei Monaten. Sein ganzes Leben drehte sich darum, Beziehungsgeflechte mit Überseechinesen und in China aufzubauen. [Kerrys] Fähigkeit, Dinge schnell zu erledigen, ist unglaublich", schwärmt John Farrell, Präsident von Coca-Cola Ltd. Kein Wunder, dass der Vormarsch der amerikanischen Jugenddroge auf die Ablehnung konservativer Politiker in China stieß. 1995 wurde sogar ein Antrag beim Nationalen Volkskongress eingebracht, die Expansion von Coca-Cola (und Pepsi Cola) in China gesetzlich einzuschränken. Der Vorschlag fand allerdings keine Mehrheit.
Die Gesamtinvestitionen von Coca-Cola und Partner (Swire und Kerry sowie lokale Partner) in China haben 800 Millionen US$ erreicht und sollen bis zum Jahr 2000 weiter gesteigert werden, bis die „abgeschlossene Investitionsstufe" erreicht ist. Dann sollen 50 Prozent der Verkäufe an Einzelhändler durch die Fabriken selbst im Umkreis von 50 Kilometer von ihrem Standort getätigt und der Rest über Großhändler in weiter entfernte Gebiete vertrieben werden. Die 22 Abfüllwerke auf dem Festland beschäftigen heute schon 15.000 Mitarbeiter.
Coca-Cola China Ltd. führt die Geschäfte in China mit einer kleinen, schlagkräftigen Organisation von Hongkong aus. So allgegenwärtig die Produkte in der chinesischen Öffentlichkeit sind,

so unsichtbar bleibt die dahinter stehende Firma. Sie trägt dazu bei, dass die Geschäftspartner von Coca-Cola erfolgreich arbeiten können, indem sie sie mit technischem, logistischem und Marketing-Know-how versorgt. Sie sichert auch die Kontrolle über die finanziellen Ergebnisse, die auf den zugelieferten Sirupmengen basieren.

„Die Firma ist stolz darauf, eine weltweite Gesellschaft zu sein, die immer einheimisch ist. Abfüllwerke sind, mit einigen Ausnahmen, in lokalem Besitz und werden von unabhängigen Geschäftsleuten geführt, die Angehörige der Nationen sind, in denen sie arbeiten."

Der Weg zur Verwirklichung dieses bewährten Erfolgsrezepts aus Atlanta führte in China über Hongkong und die seit über 100 Jahren aufgebauten Geschäftsverbindungen des kolonialen Handelshauses Swire sowie die Beziehungen und die Schlagkraft des Auslandschinesen Robert Kuok. Coca-Cola hat damit gezeigt, dass der Konsumgütermarkt in China mit einem westlichen Luxusartikel erobert werden kann. Andere, etwa Unilever mit Eiscreme, folgen bereits diesem Beispiel. Manche, etwa der österreichische Kaffeeröster Zumtobel, sind dabei auf die Nase gefallen. Zumtobel wollte von Shanghai aus den chinesischen Markt mit Milchkaffee in Dosen erobern. Er übersah jedoch, dass es nicht genügt, ein Produkt in China zum richtigen Preis herzustellen. Da es ihm nicht gelang, die geeigneten Partner zu finden, konnte er nicht einmal in Shanghai die nötigen Vertriebskanäle finden, um die Produktion am Laufen zu halten. Die im Stadtzentrum affichierte Werbung mit dem bärtigen Ahnen passte zwar zum kollektiven Gedächtnis Shanghais an westliche Patriarchen aus der Kolonialzeit, reichte aber nicht aus, einen wirklichen Run auf das flaue Gebräu in der Dose auszulösen.

Und die Konkurrenz? Die Zersplitterung der chinesischen Lebensmittelindustrie auf lokale Märkte in einer Stadt oder einem Kreis sorgt dafür, dass keine nationale Marke entsteht. Eine Ausnahme ist Jianlibao, ein elektrolytisches Orangengetränk für Sportler, das es dank starken Sponsorings für chinesische Sportler zu einem gewissen nationalen Bekanntheitsgrad gebracht

hat. Doch natürlich fehlt ihm das Flair der großen Welt und es wird noch lange dauern, bevor es zu einer ernsthaften Konkurrenz wird. Eher ist damit zu rechnen, dass Coca-Cola, wie auch auf anderen Märkten, einige starke einheimische Marken kaufen wird, um politischen Auflagen und Kritik am Kulturimperialismus Rechnung zu tragen.
Doug Ivester, Vorsitzender der Coca-Cola Corporation ist optimistisch für den chinesischen Markt: „Von unseren Gesprächen mit den chinesischen Beamten schließen wir darauf, dass China entschlossen ist, die ökonomischen Reformen durchzuführen. Das ist Musik für unsere Ohren."

14. Kapitel

Der Krieg der Klöpse – McDonalds

„Dem Koch, der nur im Großen arbeiten kann, muss es an Delikatesse mangeln. Genauso wie jemand, der nur mit gewöhnlichen Zutaten umgehen kann, an seltenen und teuren aber scheitert, nur als schwacher Vertreter seiner Zunft bezeichnet werden kann.“
Yuan Mei (1716–1798), Maler und Gourmet der Qing-Dynastie

„Obwohl die Vorstellung, den Chinesen täglich einen Apfel zu verkaufen, nach wie vor ein statistischer Wachtraum ist, haben doch viele ausländische Erzeuger dank einer hartnäckigen Reklame für gewisse ausländische Lebensmittel einen ganz guten Markt geschaffen“, schrieb Carl Crow 1937 in seinem Buch über seine Erlebnisse als Besitzer eines Reklamebüros in Shanghai. Er nannte Kondensmilch für Kinder als Beispiel. Das war 17 Jahre vor der Gründung McDonalds' 1954 in den USA. Es bedurfte eines halben Jahrhunderts weltweiter Belagerung und Werbesperrfeuers, bis die Große Mauer mürbe geschossen war und Ronnie, der Clown der Klöpse, durch die Bresche auf den chinesischen Markt springen konnte. Nach jahrelangen Vorbereitungen und Erfahrungen mit dem chinesischen Geschmack in Taiwan und Hongkong marschierte das Buletten-Imperium 1991 auf dem Festland ein. Das erste Restaurant wurde in Beijing eröffnet. McDonalds war nicht die erste amerikanische Fastfood-Kette, die den Schritt nach China wagte, Hühnerbrater KFC aus dem Hause Pepsi Cola war BigMac 1987 mit einem Lokal direkt am Platz des Himmlischen Friedens zuvorgekommen. KFC ist mit über 300 Hühnerbratereien Marktführer beim Fastfood in China.

Die lange Vorbereitungszeit für den Markteintritt McDonalds war notwendig, da die schlichten Speisen, die in wenigen Minuten gewärmt werden, nur die Spitze des Eisbergs darstellen. Als erstes muss die Finanzierung gesichert sein, bevor ein neuer Markt in Angriff genommen werden kann. Einer der Geldgeber für die Restaurantkette in China war die Finanzholding GITIC (Guangdong International Trust and Investment Corporation). Das GITIC Hotel in Kanton beherbergt eines der ersten McDonalds-Lokale in Südchina. 1998 machte GITIC Pleite. Das Engagement bei McDonalds war daran nicht schuld, denn die Geschäfte in der Fastfood-Kette in China, die 1997 bereits auf 184 Restaurants angewachsen war, laufen bestens. Gewinne werden regelmäßig an das Stammhaus überwiesen.

Als nächstes kommt die Logistik der Versorgung der Restaurants mit Produkten, die dem strengen Qualitätsstandard von McDonalds entsprechen.

Für China stand von vornherein fest, dass soviel wie möglich im Lande eingekauft werden musste, um Devisen-, Import- und Transportprobleme zu vermeiden. Das war nicht immer einfach. So stellte sich heraus, dass die chinesischen Kartoffeln zu kurz und rund sind, um daraus die länglichen McDonalds-Fritten herzustellen. Es dauerte an die zehn Jahre, bis chinesische Bauern die rechte Kartoffel ernteten. Sie werden mit Traktoren und Eselskarren von den Feldern im Westen Beijings zu Sammelstellen transportiert, von wo LKWs die Knollen in ein eigenes Verarbeitungswerk bringen, in dem sie geschnitten werden und Salz, Konservierungsmittel und Fett hinzugefügt wird. Robert Ma ist Vice President für Einkauf in der McDonalds China Development Co. in Hongkong. Er gibt zu, dass es schwierig ist, „die richtigen Rohmaterialien zu finden, sie bei der richtigen Temperatur zu transportieren, damit sie zur rechten Zeit und zum richtigen Preis für die weniger bemittelten chinesischen Konsumenten ankommen".

Die nächste Hürde, die beim Markteintritt zu nehmen war, betraf die Standortwahl. „Standort, Standort, Standort" lautet das Mantra der Marketingjünger.

Eine Regel besagt, dass immer ein Standort in der Nähe anderer Fastfood-Restaurants zu suchen sei. Daher ist es vom McDonalds-Restaurant gewöhnlich nicht weit zum KFC-Etablissement. Die brachliegenden Outlets der alten staatlichen Läden und Restaurants sind die Objekte der geheimen Begierde der Standortjäger von McDonalds, die die chinesischen Großstädte durchstreifen.

1992 landete McDonalds bei der Suche nach einem Standort in Beijing einen Coup, der krimireife Folgen haben sollte. Es gelang den Amerikanern, mit der Stadt Beijing einen Mietvertrag über 20 Jahre für ein Grundstück an Beijings belebtester Einkaufsstraße, der Wangfu Jing, direkt gegenüber dem Beijing-Hotel abzuschließen. McDonalds errichtete hier sein weltweit größtes Restaurant mit 700 Sitzplätzen. Originalton eines amerikanischen Touristen, der das Lokal als heimatlichen Hafen anlief: „Das muss der größte McDonalds gewesen sein, den ich jemals sah. Das Innere war riesig. Es gab zwei Stockwerke und alles war wirklich sauber. Die Preise waren auch erstaunlich günstig im Vergleich zu McDonalds in den USA." Ein BigMac kostet in einem chinesischen McDonalds 9,90 RMB, direkt in US$ umgerechnet sind das 1,2 US$, der Kaufkraft nach jedoch 4 US$. Fastfood ist in China keine billige Mahlzeit – die findet man an der Garküche auf der Straße für ein Zehntel des Preises –, sondern ein Luxus für besondere Anlässe wie Kindergeburtstag oder das Rendezvous mit der Freundin. Der Zauber der großen Welt, die sich hinter den Pforten eines amerikanischen Kettenrestaurants auftut, genügte, um die 700 Plätze nicht kalt werden zu lassen. Allein das moderne Ambiente und die Hygiene, von der sauberen Kleidung des Personals bis zu den Toiletten, versetzte die Gäste ins Staunen. Das war das bessere Leben, das uns Deng Xiaoping versprochen hat! Sauber, schmackhaft, fröhlich.

Ernährungswissenschaftliche Untersuchungen aber haben ergeben, dass der Biss in die Bulette einem Anschlag auf den Cholesterinspiegel gleichkommt. China dient den Wissenschaftlern als Modellfall, denn hier veränderten sich die Lebens- und Ernährungsgewohnheiten während der letzten 20 Jahre so rasch, dass direkte Folgen für die Gesundheit nachweisbar wurden. Der Konsum von tierischem Protein in Form von Eiern, Schweinefleisch und Hühnern nahm in den Städten stark zu, während der Anteil von frischem Gemüse und Getreide sank. In der Folge konnten die Wissenschaftler das Ansteigen der westlichen Wohlstandsleiden beobachten. Professor Colin Campbell, leidenschaftlicher Kritiker der Fastfood-Ernährung, über die negativen Folgen der veränderten Ernährungsgewohnheiten der Menschen in den Entwicklungsländern: „Die traditionelle Ernährung in diesen Ländern ist gewöhnlich arm an Salz und raffiniertem Zucker, mit einem niedrigen Anteil an tierischen Nahrungsmitteln und daher niedrig an Gesamtfett. Sie hat offensichtlich einen niedrigen Anteil tierischen Proteins, dagegen einen sehr hohen Anteil an Ballaststoffen, Anti-Oxidantien und all den guten Dingen. Sobald sie mehr Ressourcen zur Verfügung haben und ihre Ernährung ändern können, erhöhen sie den Anteil an tierischen Nahrungsmitteln, raffiniertem Zucker und Salz. Die westlichen Fastfood-Ketten, die nun Einzug halten, verkaufen offensichtlich gerade dieses Zeug. Und eben weil diese Firmen aus dem Westen kommen, haben sie vom Marketing her eine gewisse Anziehungskraft. Die Menschen beginnen diese Art von Nahrung zu sich zu nehmen und das ist das Letzte, was sie tun sollten." Jeden, der öffentlich behauptet, seine Burger seien ungesund, versucht der Klops-König durch gerichtliche Verfügungen zum Schweigen zu bringen. McDonalds präsentiert sich als altruistisches Musterunternehmen für Vollwertnahrung und umweltschonende Verfahren. Wer jemals nach einer Hamburger-Mahlzeit vor einem Berg von Pappe, Papier und Plastik, die zur Camouflage der glamourösen Doppeldecker gedient hatten, saß, kann nicht anders, als der Unverfrorenheit der Amerikaner Bewunderung zu zollen.

Zurück zur Wangfu Jing Nr. 1. Der größte McDonalds der Welt, der an dieser Adresse stand, gehört inzwischen schon der Geschichte an, denn 1996 wurde das Gemäuer abgerissen. Nur ein Jahr nach Abschluss des Pachtvertrages auf 20 Jahre kündigte die Stadt Beijing den Vertrag, denn Li Ka-hsing, der reichste Immobilienspekulant Hongkongs, hatte die halbe Straße gekauft, um eine ungeheure Shopping Mall zu errichten. Die Immobilienspekulanten kauften nicht nur die Grundstücke auf, sondern die Stadtverwaltung gleich mit dazu. Dabei sind Grund und Boden in China Eigentum des Volkes und unveräußerlich. Verkauft wird nur das Nutzungsrecht. Dafür aber umso teurer. Allein die Bestechungsgelder für Chen Xitong, den Parteichef Beijings, und

seinen Vizebürgermeister Wang Baosen betrugen zwei Milliarden US$ – auf Auslandskonten.
McDonalds schrie 1994 laut „Faul“, als es enteignet werden sollte. Der Fall wurde von den Amerikanern an die große Glocke gehängt, um die Chinesen als vertragsbrüchige Geschäftspartner anzuprangern und investitionswilligen amerikanischen Unternehmen ein warnendes Beispiel vor Augen zu führen. Das Handelsbilanzdefizit mit China hatte die USA schon lange reizbar gemacht. Der Streit zog sich hin und alle Häuser rund um die Burger-Burg waren schon abgerissen. Die Putzbrigaden im Lokal mussten Sonderschichten fahren, um den Baustaub zu beseitigen, der für eine neue Geschmacksnote im Milkshake zu sorgen drohte.
Im April 1995 suchten ungewöhnlich starke Sandstürme Beijing heim. Frühlingsstürme bringen immer Sand aus der Wüste Gobi nach Beijing und können die Sonne zu einem unheimlichen Gelb verdunkeln. Ohne Mundschutz beginnt jedem, der sich ins Freie wagt, der Sand zwischen den Zähnen zu knirschen. Vize-Bürgermeister Wang knirschte in diesem April noch aus anderen Gründen mit den Zähnen. Die Immobilienspekulationen der Stadt Beijing waren zum Gegenstand einer Korruptionsuntersuchung von höchster Stelle geworden. Die Schlinge begann sich um Wangs Hals zuzuziehen. Als ihm Anfang April zugetragen wurde, seine Verhaftung stünde unmittelbar bevor, entschloss er sich zur Verzweiflungstat. Er ließ sich in die Berge nördlich von Beijing fahren und machte einen Spaziergang, von dem er nicht mehr zurückkehrte. Sein Fahrer fand später die Leiche, daneben die Pistole, mit der sich Wang Baosen offenbar selbst erschossen hatte. Chen Xitong, der Parteichef, trat noch im selben Monat zurück, konnte jedoch seine eigene Verhaftung wegen derselben Anschuldigungen von Korruption nicht verhindern. Die Untersuchungen dauerten drei Jahre, die Chen Xitong in Hausarrest verbrachte. Während dieser Zeit wurde auch sein Sohn wegen Korruption verurteilt. 1997 enthüllte der Tatsachenroman *Rache des Himmels: Das schwere Verbrechen des Bürgermeisters* von Chen Fang brisante und pikante Details der Affäre. Das Buch wurde verboten. Endlich, im Juli 1998, wurde Chen selbst der Prozess

gemacht, die Urteilsverkündung sogar im Fernsehen gezeigt. Die Zuschauer konnten dabei auch die Luxusuhren und den Schmuck bewundern, die Chen für sich und seine Geliebte gekauft hatte. Die Öffentlichkeit erfuhr auch von feuchtfröhlichen Parties, die Chen und Wang mit ihrer Clique in zwei mit öffentlichen Geldern gebauten Villen feierten. Chen erhielt 16 Jahre Gefängnis, ein strenges Urteil für ein ehemaliges Politbüromitglied, jedoch milde im Vergleich zu den Todesurteilen, die an weniger hohen Funktionären wegen geringerer Beträge vollzogen werden.
Li Ka-hsings Mall, die den Stein ins Rollen brachte, sieht ihrer Fertigstellung, jedoch ungewissen Aussichten auf dem übersättigten Immobilienmarkt entgegen. McDonalds stieg aus dem Schutt seines geschleiften Lokals wie ein Phönix aus der Asche empor und bezog das von der Stadt Beijing bereitgestellte Ausweichquartier, bis es an den angestammten Platz zurückkehren kann.

Es scheint, dass nichts McDonalds Entwicklung in China aufhalten kann. Wie in anderen Märkten auch ist der Krieg der Klöpse in China in erster Linie ein Kinderfeldzug, bei dem der Clown Ronnie die Jüngsten ins Schlaraffenland führt, das sie erst wieder verlassen, wenn sie sich durch einen Berg von BigMacs gefressen und, was zu befürchten ist, ihre Ernährungsgewohnheiten fürs Leben verdorben haben. Lokale Unternehmen machen immer wieder plumpe Versuche, den amerikanischen Fastfood-Erfolg mit gedämpften Fleischtaschen, Ravioli-Suppe, gebratenen Mehlfladen und knusprig gebackener Entenhaut in Pfannkuchen zu kopieren. Diese Speisen können es in Geschmack und Frische allemal mit den synthetischen Produkten des Herrn der goldenen Bögen aufnehmen, doch lassen sich 45 Jahre Marketingerfahrung kaum einholen. Das Konzept, sich seine Kunden selbst heranzuziehen, indem man zuerst die Kinder anspricht, geht auch in China auf. Die chinesischen Kinder sind für alles, was McDonalds an Sammelspaß und Esserlebnis anbietet, empfänglich. Der *König der Löwen* und andere Disney-Hits wirken in China ebenso wie in Fidschi oder Island als Magneten für die jüngsten Gäste. Die McDonalds-Werbung geht denn auch, wann immer möglich, eine Symbiose mit dem letzten Straßenfeger aus dem Hause der Maus ein. Beim Hit des Jahres 1998, *Mulan*, einer Heldengeschichte aus dem alten China, trat der Clown Ronald McDonald mit Kopfbinde in der Fernsehwerbung als Mulan auf und zertrümmerte mit Karateschlägen ein großes McDonalds-„M".

Eltern und Großeltern sind bereit, sich den großen Tag, an dem ihr Sprössling zu McDonalds darf, vom Munde abzusparen. Wenn er oder sie ein Teenager ist, trägt er sein Taschengeld mit lässiger Selbstverständlichkeit in die bunten Hallen an den Schalter, hinter dem nur wenig ältere, in Firmenuniform gekleidete Wesen den Frondienst leisten, der Sprungbrett für jenen Reichtum sein soll, der sie selbst einmal in die Lage versetzen wird, ihren Kindern den Luxus eines klopsgefüllten, duftend-zarten Brötchens zu bieten. Die einzige Konkurrenz, die McDonalds droht, ist die ewig gleiche, amerikanische, ob KFC, Subway oder Wendy. Mit Ausnahme von KFC, die von der chinesischen Vorliebe für knusprig-salziges Geflügel profitieren, ist das Feld der Konkurrenz jedoch hoffnungslos abgeschlagen.

Das Entwicklungspotential in China ist gigantisch. Mit den bestehenden knapp 200 Restaurants hat McDonalds gerade eben in den Provinzhauptstädten Fuß gefasst. Was sind 10 bis 20 Restaurants in einer Stadt von fünf und mehr Millionen? Jahrelanges, kräftiges Wachstum ist vorprogrammiert, das nur von Wirtschaftskrise und sozialen Unruhen bedroht werden könnte. Ist es den Missionaren des Fastfoods gelungen, die Essgewohnheiten ihres Gastlandes zu ändern? Im großen Stil wohl kaum. Die Beobachtung des gewitzten Carl Crow von 1936 hat immer noch ihre Gültigkeit: „Aber ich glaube nicht, dass auch die größte Reklame der Welt irgendeine nennenswerte Änderung in der chinesischen Kost herbeiführen wird. Ich könnte eigentlich auch nicht verstehen, warum ein Chinese den Wunsch haben sollte, die Kost zu ändern, an die er gewöhnt ist, denn die Chinesen erfreuen sich, mit Ausnahme der ganz Armen, einer größeren Auswahl von Speisen und einer besseren Kochkunst als der durchschnittliche Brite oder Amerikaner." Hier dürften natürliche Grenzen des Wachstums für McDonalds und Konsorten in China liegen. Ihr kulinarisches Angebot dient eher als Eintrittskarte in die Welt amerikanischen Glamours denn als Mittel zum Stillen des Hungers oder gar als Gaumenfreude. Daher dürfte die Kundenfrequenz zwar hoch bleiben, der Verkauf pro Kopf und Kurznase aber eher stagnieren. In diesem Trend liegt auch eine Herausforderung an die fremden Köche. Wird es ihnen gelingen, chinesische McDonalds-Gerichte zu kreieren, die Kunden auch des Essens wegen in die Restaurants locken, nachdem sie diese einmal besichtigt haben? Könnte eines Tages ein Sojaklops mit würziger Bohnenpaste und frischem Gemüse den Teufel der Fettleibigkeit aus den zehntausenden McDonalds-Läden auf der ganzen Welt vertreiben? Guten Appetit!

15. Kapitel

Die gelbe Gefahr – Kodak

„Es ist unmöglich, im 21. Jahrhundert führend zu sein, wenn man nicht Nummer eins in China ist."
Mary K. O'Brien, Kodak Asia

„Tschje-tz!" Die Hose spannt sich über dem Gesäß, während der Fotograf in die Knie geht und den Fotoapparat zum Auge hebt. Er richtet das Objektiv auf seine Begleiter, die sich vor der Pagode in Pose geworfen haben. Sie folgen der Empfehlung und blecken die Zähne: „Tschje-tz". Die Aubergine („Tschje-tz") ist beim Fotografieren in aller Munde, denn auf einem Foto lächelt man, auch wenn man „Cheese" nicht in den Mund nimmt. Schon der alte George Eastman, Gründer des Filmimperiums aus Rochester, New York, wusste, warum er die Zahnmedizin zu einem Vorzugsobjekt seiner philanthropischen Gaben machte – mit geraden, blitzend weißen Zähnen ist doppelt gut in die Kamera lachen.

Fotografieren erfreut sich in China ungeheurer Beliebtheit. Auf Reisen ist es Beschäftigung Nummer eins, ja der eigentliche Zweck der Reise. „Ich und ...", im Hintergrund Tempel, Föhre, See und Denkmal, oder auch zur Seite eine bemerkenswerte Figur wie die steinerne Schildkröte, Ronnie McDonald oder ein blondes Kind, mit freundlicher Geste oder aber auch brutaler Gewalt seinen verdatterten Eltern entrissen. Mit dem Zuwachs an Freizeit und Geld wächst die Nachfrage nach Kameras und Filmen ins Unermessliche. Gleichzeitig steigt auch der Bedarf an Leistungen professioneller Fotografen wie die Hochzeitsfotografie, die sich zu einem Handwerk mit goldenem Boden gemausert hat. Das Hochzeitsfoto erfordert gewöhnlich einen ganzen Tag und kostet ein Vermögen. Die Fotosalons für Hochzeitsfotos sind prächtige Etablissements, die in ihren Schaufenstern Kleider, Accessoires und Ambiente für die Fotos ausstellen. Zum Programm einer Hochzeit zählt ein Album mit Fotos in verschiede-

ner Kleidung und vor verschiedenen Kulissen. Frisur und Make-up werden auch gleich im Fotosalon hergestellt.
Ob Schnappschuss im Freien oder gestelltes Kunstfoto, das Fotografieren hat mehr rituelle als praktische Bedeutung. Das Foto ist Zeugnis und Beweis der Existenz in der Menge und der verfliegenden Zeit, die den Einzelnen zu verschlucken droht. Die Porträtfotografie in China ist so alt wie das 20. Jahrhundert. Cixi, die letzte Kaiserin von China, erfreute sich an ihr vor dem prächtigen Hintergrund ihres Sommerpalastes. Auch das Pressefoto ist Teil des kollektiven Gedächtnisses geworden: der japanische Soldat, der chinesische Zivilisten in Nanjing erschießt; Mao Zedong und seine Frau Jiang Qing in wattierten Baumwollanzügen vor der Lösshöhle im Guerillastützpunkt Yanan; Mao Zedong mit zum Gruß erhobener Hand im offenen Jeep stehend, eine Parade auf dem Platz zum Tor des Himmlischen Friedens abnehmend.
Das persönliche Albumfoto gehört seit den Fünfzigerjahren zum Besitz vieler Chinesen. Es entwickelte sich vom kaum vergrößerten Schwarzweiß-Abzug über die handkolorierte Vergrößerung, die noch bis Anfang der Achtzigerjahre populär war, zum Farbabzug. Während das Fotografieren bis etwa 1980 noch vorwiegend die Domäne der Berufsfotografen war, die in Fotostudios, aber auch in Parks und vor beliebten Sehenswürdigkeiten ihre Dienste anboten, begann in den Städten mit steigendem Lebensstandard die Amateurfotografie. Ein Foto überall und jederzeit war ein großer Fortschritt. Beim Fotografen vor dem Himmelstempel musste man zuerst für das Foto bezahlen und seine Adresse hinterlassen. Nach der Entwicklung würde man den Abzug zugeschickt bekommen. Dafür hatte der Fotograf seinen Standort mit idealem Blickwinkel auf das blauglänzende Zeltdach der Tempelhalle eingezäunt und garantierte damit einen qualitativen Vorsprung vor dem Amateurfotografen.
Dieser war es, der die Nachfrage nach Fotoapparaten und Farbfilmen sprunghaft steigen ließ. Die chinesische Industrie, die etwa die unter Sammlern geschätzte Seagull-Spiegelreflexkamera herstellte, war den Anforderungen nicht gewachsen. Die japanischen Kamera- und Filmhersteller standen bereit, nach Nord-

amerika und Europa auch den riesigen Markt vor ihrer Haustüre zu bedienen. 1992/93 überschwemmten sie den chinesischen Markt mit billigen Fotoapparaten. Das Feld schien bestellt, um reiche Ernte einzufahren. Und dann kam Kodak.

China ist eine „fotoaktive Nation", wie es in Kodak-Sprache heißt. Der gelbe Riese aus Amerika liefert dem grünen Sumo-Ringer Fuji in China ein heißes Gefecht. Überall, wo Produkte des einen erhältlich sind, kann man auch die des anderen kaufen. Kodak-Filme kosten in China nicht mehr als die des Konkurrenten. Kodak ist entschlossen, seine starke Position in China weiter auszubauen, denn die „aufstrebenden" Märkte in Asien und Südamerika versprechen für die Vertreibung des traditionellen Films mit der Silber-Emulsion die größten Chancen. Außerdem ist es Kodak eine Genugtuung, den Japanern vor deren Haustüre in China zu zeigen, wo der Bartel den Most holt. Die WTO (World Trade Organisation) hat gerade eine von Kodak angestrengte Klage der US-Regierung wegen unfairer Handelspraktiken abgeschmettert. George M. C. Fisher, Kodaks genialischer CEO, der dem maroden gelben Riesen neues Leben einhauchte, 1998 über die Zukunftsaussichten auf dem chinesischen Markt: „China zum Beispiel stellt eine monumentale Gelegenheit dar. Vor vier Jahren stand China beim Umsatz an 17. Stelle; letztes Jahr war es Nummer 3; zu meinen Lebzeiten wird es der größte Markt der Welt werden."
Kodak verdankt es George Fisher, wenn es innerhalb von drei Jahren zur Nummer eins auf dem chinesischen Markt aufrückte. Der ehemalige Spitzenmanager von Motorola wusste, welche Chancen China bot und wie sie am besten zu nützen waren. Fisher vergatterte die einzelnen Kodak-Geschäftsbereiche zu einer einheitlichen Vorgangsweise in China, denn ihm war klar, dass Kodak die Unterstützung der chinesischen Regierung brauchte, wenn es zu einem Hauptspieler auf dem chinesischen Markt werden wollte. Das chinesische Ministerium für Leichtindustrie hatte in den Achtzigerjahren versucht zwei Filmfabriken mit schlüsselfertigen Anlagen von Kodak und Fuji zu etablieren. Die Firmen Fuda in Xiamen und Era in Shantou waren jedoch

nicht in der Lage eine konkurrenzfähige Filmproduktion zu entwickeln. Kodak war ohne eigene Produktion im Lande gezwungen, seine Filme über Hongkonger Handelsfirmen nach China zu verkaufen, und stieß dabei auf über 60 Prozent Zollbelastung. George Fisher ersann einen genialen Schachzug, Kodak würde sich in großem Maßstab an der einheimischen Filmindustrie beteiligen und sie so gegen die Übermacht von Fuji konkurrenzfähig machen. Die alten Beziehungen aus Motorola-Zeiten zum neuen chinesischen Premierminister Zhu Rongji halfen, die Verhandlungen 1998 zügig zu Ende zu bringen.
Mit einer Investition von 1,1 Milliarden US$ wurde mit einem Schlag genügend Produktionskapazität in China geschaffen, um das Ziel, im Jahr 2000 die Mehrzahl der in China verkauften Produkte im Lande herzustellen, zu erreichen. Die Investition in vier Joint Ventures, Shanghai Photographic Film, Wuxi Photographic Film, Fuda in Xiamen, Era in Shantou, half Kodak gleich drei Ziele auf einmal zu erreichen: Sicherung ausreichender Produktionskapazität, Ausschaltung der einheimischen Konkurrenz durch Aufkauf sowie Absicherung des Vorsprungs vor Fuji.
„Dies ist ein historischer Augenblick für Kodak und seine Kunden in China", bestätigte George Fisher. „China ist einer der stärksten Wachstumsmärkte in der Fotografie, sein außerordentliches Wachstum garantiert, dass er im nächsten Jahrhundert von der dritten Stelle an die zweite oder sogar erste Position gelangen und Japan und vielleicht sogar die USA überholen wird."

Kodak hat sich darauf gut vorbereitet. Unter David L. Swift, der als dessen ehemaliger Assistent über einen direkten Draht zum CEO Fisher verfügt, wurde eine schlagkräftige Organisation in China aufgebaut.
Eine einzige chinesische Marke, Lucky, gibt sich noch nicht geschlagen. Kodak hatte 1997 mit 39 Prozent Marktanteil und 250 Millionen US$ Umsatz in China erstmals Fuji überholt. China Lucky Film Co. aus dem Provinzkaff Baoding in Henan brachte es mit 103 Millionen US$ auf weniger als die Hälfte, obwohl der chinesische Betrieb den Preisvorteil voll auf seiner Seite hatte. Kodak musste 1997 noch alle Filme importieren und dafür Zoll

bezahlen. Daher hatte Kodak auch versucht, sich bei Lucky einzukaufen, war jedoch abgeblitzt. Das Staatsunternehmen fühlte sich mit der Rückendeckung des damaligen Premierministers Li Peng stark genug, im Wettbewerb zu bestehen. Es plante mit einer Geldspritze aus Beijing sein Vertriebsnetz auszubauen und auch wie seine internationalen Konkurrenten mit ihren Schnelllabors Entwicklungsdienste anzubieten. Kodak kaufte sich in der Folge anderweitig ein und produziert heute in China. So konnte der Preisabstand zu den lokalen Mitbewerbern wesentlich verringert werden und deren Zukunftsaussichten trübten sich weiter.
Mit der Milliardeninvestition ist Kodak in der Pole Position für das Rennen um die Gunst der chinesischen Konsumenten im 21. Jahrhundert. Die Mehrzahl von ihnen hat noch nie im Leben einen Film gekauft. Im Gesamtschnitt verbraucht China pro Kopf und Jahr nur 0,4 Filmrollen im Jahr. In den USA und Japan sind es sieben Rollen. Wenn Chinas Filmkonsum den Wert Taiwans erreichte, würde der weltweite Filmmarkt um 50 Prozent wachsen. „Die Idee, dass die chinesische Bevölkerung so viele Filme verwenden wird, ist kein Luftschloss. Sie wird noch in meiner Laufbahn Wirklichkeit werden", gibt sich CEO Fisher optimistisch.
Die chinesischen Großstädte sind von einem dichten Netz von Kodak- und Fuji-Schnelllabors überzogen. Die Entwicklungsmaschinen werden von Privatunternehmern gekauft und betrieben. Für den Betrieb schließen manche von ihnen Verträge mit einer Filmfirma wie Kodak oder Fuji ab, von der sie dann Chemikalien, Fotopapier und Werbematerial inklusive eines Firmenschildes in den jeweiligen Firmenfarben beziehen. Kodak und Fuji haben tausende von Vertragslabors in den chinesischen Großstädten. Der steigende Lebensstandard mit mehr Freizeit sichert starke Zuwachsraten bei der Filmentwicklung. Die Minilabors werden von unabhängigen, lokalen Herstellern erzeugt oder importiert. Kodak hat soeben einen lokalen Hersteller von Minilabors in Shanghai gekauft, um auch dieses Glied der Wertschöpfungskette und die Qualitätskontrolle in die Hand zu bekommen. Das unendliche chinesische Hinterland bietet Entwicklungsraum für Jahre.

Familie Yang betreibt ein Kodak-Express-Schnelllabor direkt neben dem Sanlitun-Gemüsemarkt in Beijing. Diese Lage ist ausgezeichnet, denn was ist für die Kunden bequemer als den Film vor dem Marktbummel zur Entwicklung zu geben und nach einer Stunde die Fotos abzuholen? Bevor Familie Yang sich dazu entschloss ein Kodak-Minilab aufzustellen, betrieb sie ein Fotostudio mit dem klingenden Namen „Zur Schönen Kunst". Heute ist es ihr zweites Standbein. Die Kunden kamen in das Fotostudio, um Familienereignisse festzuhalten und Porträtaufnahmen sowie Fotos für Ausweise machen zu lassen. Die Ausrüstung des alten Fotostudios war bescheiden: einige gemalte Kulissen mit verschiedenen Hintergründen für die Fotos, wie der Brücke über den Yangtze bei Nanjing, einem Spalier mit Rosen und einem roten Sportwagen, einige Stühle, zwei auf Stativen montierte Scheinwerfer und zwei Canon-Spiegelreflexkameras für Schwarzweiß- und Farbfotos. 1996 beschloss Familie Yang ein Schnelllabor einzurichten, denn das traditionelle Geschäft des Fotostudios ging immer mehr zurück. Kodak war ihre erste Wahl, denn sie hielten den amerikanischen Namen für klingender im Vergleich zu Fuji. Der neue Zweig ihres Familienbetriebs sollte natürlich unter den besten Vorzeichen starten. Das Geschäftslokal wurde renoviert und das Schnelllabor installiert. Das benötigte Kapital von 200.000 RMB stammte aus eigenen Ersparnissen und von Freunden. Die Eröffnung wurde an einem Glück bringenden Datum angesetzt und mit vor dem Eingang aufgestellten Blumengestecken gefeiert. Das Geschäft lief gut an. Frau Yang nimmt hinter der Theke die Aufträge entgegen, kassiert die Vorauszahlung von 20 RMB für eine normale Filmentwicklung und übergibt den Kunden die fertig entwickelten Filme und Abzüge. Das Schnelllabor wird von einer Angestellten, einer entfernten Verwandten, bedient. Herr Yang erledigt die notwendigen Gänge zu Behörden, Lieferanten und Großkunden und sieht ab und zu nach dem Rechten im Geschäft. Manchmal fragt sich Frau Yang, was ihr Mann soviel außer Haus zu tun hat. Wenn er wieder mit einer guten Idee zurückkommt, bewundert sie ihn heimlich. Die Yangs führen inzwischen eine Kollektion von Rahmen und bieten Vergrößerungen mit speziell behan-

delten Oberflächen an, natürlich auch Filme, Batterien und Fotoalben. Es gibt genügend Möglichkeiten das Geschäft auszuweiten. Sie könnten in Geschäften und bei Verkaufsständen der Umgebung Abgabestellen für Filme zur Entwicklung einrichten. Sie könnten auch beginnen Fotoapparate zu verkaufen. Das würde allerdings mehr gebundenes Kapital und Risiko bedeuten.

Tausende von Fotolabors in ganz China sind der Garant für die Präsenz einer Filmmarke auf dem Markt. Jedes Labor entwickelt zwar Filme jeden Fabrikats, ist aber gleichzeitig ein erstklassiger Werbeträger für die Marke, unter der es läuft. Jeder Kunde, der mit einem anderen als einem Kodak-Film zur Entwicklung kommt, ist sogar noch wichtiger als ein Kodak-Kunde, denn er kann als neuer Käufer für Kodak-Filme gewonnen werden.
Eine wichtige Aufgabe für Kodak in China ist Management und Versorgung der Schnelllabors. Das Personal wird in Trainingskursen weitergebildet. Denn die Zufriedenheit der Kunden mit den entwickelten Ergebnissen ihrer fotografischen Abenteuer entscheidet über ihren Filmverbrauch.
Während Kodak in China den Markt für konventionelle Filme erschließt, sucht das Stammhaus in den USA den Übergang zur digitalen Bildverarbeitung. Jeder weiß inzwischen, dass die Bildaufzeichnung, gleichgültig ob Urlaubsschnappschüsse oder die abendliche Fernsehsendung, eines Tages nur mehr digital erfolgen wird. Nur die kniffeligen Detailfragen nach dem Wann und Wie sind noch offen. Seit Kodak 1992 den Foto-CD-Player auf den Markt brachte, wurden Milliarden Dollar in neue Technologien investiert. Bisher ohne kommerziellen Erfolg. Das 1995 vorgestellte neue hybride Filmsystem Advantix wird es auch 1999 erst auf höchstens 5 Prozent aller Filmverkäufe bringen. Bei Advantix ist ein herkömmlicher Film mit einem Magnetstreifen ausgestattet, der beim Belichten Daten speichert. Diese Daten dienen dazu die Entwicklung des Films zu steuern und die Rückseite des Fotos mit Datum und Negativnummer zu bedrucken.
Die Mehrzahl der chinesischen Familien muss jedoch erst noch ihr erstes Foto machen und der konventionelle, billige Massenfilm scheint die besten Aussichten zu haben, jeden Winkel des

Landes zu erobern. Wenn es Kodak gelingt, seine Joint Ventures zu stabilisieren und auf den Weg zum Ertrag zu führen, dann wird die „Gelbe Gefahr" aus den USA noch letaler für ihre Konkurrenten werden.

16. Kapitel

Baguettes für das Volk – Carrefour

„Firmen sollen nach China gehen, nicht um schnelles Geld oder hohe Gewinne zu machen, sondern um sich gute Zukunftschancen zu sichern."
P. K. Lau, Hongkong Polytechnic University

„Das Essen ist mein Himmelreich", könnte man die Erkenntnis des konfuzianischen Philosophen Menzius (372–289 v. Chr.) frei übersetzen. Mit diesem Satz beschrieb Menzius weniger sich selbst als das wichtigste Anliegen und die liebste Beschäftigung seiner Landsleute: Gaumen und Zunge zu befriedigen. Die starke orale Orientierung wird dem chinesischen Kleinkind durch unablässiges Füttern beigebracht und bleibt sein wichtigster Lebensinhalt, für den ihm keine Ausgabe und kein Zeitaufwand zu schade sind. Der Chinese bringt es zu höchster Meisterschaft, mit Lippen, Zähnen und Zunge Sonnenblumenkerne mit der Geschwindigkeit eines Vogels zu schälen und zu verzehren und die exotischesten Zutaten wie Skorpione, Seidenkokone, Kamelhöcker, Schafaugen auf seinen Speisezettel zu setzen. Ob Staatsbankett oder Marktstand, bei der Zubereitung der Speisen herrscht höchste Professionalität, die sich der chinesische Bürger in seinem übrigen Alltag nur vergeblich wünschen kann.

Ein Gang über den Markt in der „Straße des Langen Geradeaus" in Chengdu, der Provinzhauptstadt von Sichuan, lässt einem die Augen übergehen und das Wasser im Munde zusammenlaufen. Diese Provinz hat den Beinamen „Himmelreich" und wir wissen schon, dass sich dies nur auf das Essen beziehen kann (siehe oben). Betrachten wir die an Ort und Stelle zubereiteten frischen Imbisse genauer:

Die „Sichuan“-Frühlingsrolle: auf eine über einen Holzkohlenofen gelegte runde, schwarze Eisenplatte wird flüssiger Teig gegossen, der sich ganz dünn verteilt. Nach circa einer Minute ist die hauchdünne Crêpe fertig gebacken und wird mit einer Spachtel von der Platte abgezogen und auf ein quadratisches Blatt Papier gelegt. Auf dem Tisch steht eine Schüssel mit in feine Streifen geschnittenen Karotten, Gurken und Glasnudeln, die pikant angerichtet sind. Diese Fülle kommt auf die Crêpe, die gerollt und deren Enden eingeschlagen werden – die Sichuan-Frühlingsrolle ist bereit zum Hineinbeißen.
„Bohnenblüte“: das ist nicht die Blume der Sojabohnenstaude, sondern der frischeste und zarteste Teil vom Tofu, der „Sojabohnenmasse“. Sojabohnenmilch wird aus den Bohnen gepresst und gekocht. Durch ein wenig hinzugefügten Kalk erstarrt die Flüssigkeit zu einem zarten Pudding, der in kleinen Schalen mit einem Löffel Chilisauce mit gebratenen Sojabohnen darin serviert wird.
Nebenan steigt der Dampf durch übereinander gesetzte Bambuskörbchen, in denen gefüllte Teigtaschen oder in pikantem Reismehl gewälzte Schweinefleischstückchen garen, die mit frischem, leuchtend grünem Korianderkraut bestreut direkt aus dem Bambuskörbchen gegessen werden.
Auch Suppe mit kleinen, aus papierdünnem Teig gefalteten Fleischtäschchen brodelt in einem großen, schwarzen Eisen-Wok auf offenem Feuer. Nebenan formen flinke Mädchenfinger die Teigtäschchen zu kleinen „Silberschuhen“, der Form des traditionellen Geldes.

Carrefour, der größte französische Super- bzw. „Hyper-“markt-Betreiber hat erkannt, wie aus der chinesischen Tradition und Obsession mit dem Essen Geld zu machen ist.
Carrefour aus Paris ist die internationalste Lebensmittel-Handelskette der Welt mit „Hypermärkten“, wie die riesigen, fabrikhallengroßen Konsumtempel genannt werden. Rund 325 Carrefour-Märkte in Europa, Südamerika, Mexiko und Asien erzielten 1997 einen Umsatz von 30 Milliarden US$ und, was noch wichtiger ist, einen Profit vor Steuern und Zinsen von 1,8 Milliarden

US$. 43 Prozent des Umsatzes wurden im Ausland erzielt und zwei Drittel aller Hypermärkte befinden sich schon außerhalb Frankreichs. In China stehen schon 14 Märkte, in den größten Städten Chongqing und Shanghai jeweils sogar zwei. Carrefour ist bereits seit über 25 Jahren international tätig und hat reiche Erfahrung in der Lokalisierung seines Geschäftskonzeptes.
Diese konnten die Franzosen bei ihrem Markteintritt in China 1996 gut gebrauchen. Behördliche Genehmigungen, Standort- und Partnerwahl, Personalrekrutierung, Warenbeschaffung und Transportlogistik sind die Disziplinen, in denen der erfolgreiche Wettbewerber brillieren muss. Was in einem Markt richtig ist, muss im anderen nicht funktionieren. So ist die Carrefour-Taktik in den meisten Ländern, Kunden durch üppiges Parkplatzangebot zum Markt am Rand der Stadt zu locken. Der Name „Carrefour" bedeutet „Kreuzung" und signalisiert günstige Verkehrslage. Auch in China hat man den autofahrenden Kunden im Visier, denn der Erfolg des Hypermarktes steht und fällt mit dem Wert und damit auch Volumen und Gewicht des einzelnen Einkaufs. Ein Kunde, der mit öffentlichen Verkehrsmitteln zum Einkaufen kommt, hat schlicht und ergreifend nicht genügend Ladekapazität, um so viel Geld an der Kasse abzuliefern, dass dem Betreiber nach Abzug seiner Kosten etwas übrig bleibt. „Wir werden testen, wieviel Prozent der Kunden zu Fuß, mit dem Fahrrad, dem Auto oder mit anderen Verkehrsmitteln kommen", erklärt die Projektmanagerin des ersten Carrefour-Marktes in Beijing, Harriet Chong. Ausreichend Fläche für Parkplätze steht im Internationalen Ausstellungszentrum, in dem der Markt liegt, zur Verfügung.
Wir wohnten damals im SAS-Hotel in Beijing direkt neben der Carrefour-Baustelle. Carrefour hatte eine alte Ausstellungshalle gemietet und baute sie zum Hypermarkt um. Die Halle war mir gut bekannt, denn 1987 hatte ich dort in eisiger Winterkälte und ohne Heizung meinen Messestand. Nun behelligte uns das Klopfen der Arbeiter Tag und Nacht. Carrefour baute eine leistungsfähige Klimaanlage ein und richtete die 4000 m^2 große Halle auf zwei Stockwerken völlig neu her. Der Markt eröffnete Anfang 1996 und erfreute sich binnen kürzester Zeit größter Beliebtheit.

Das Erfolgsrezept in China sind Einkaufsvergnügen und Preis. Das Vergnügen ist Ergebnis des reichlichen Platzangebotes, moderner Einrichtung, Sauberkeit und Wohltemperierung. Besonders im glühend heißen Sommer mit häufigen Regengüssen ist der Carrefour-Markt ein beliebtes Ziel für den sonntäglichen Familienausflug. So kann man das Angenehme mit dem Nützlichen verbinden und dazu noch Geld sparen. Denn wie Harriet Chong betont: „Wir verkaufen Alltagsprodukte mit niedriger Gewinnspanne." Die Preise bei Carrefour vergleichen sich trotz des internationalen Flairs vorteilhaft mit denen in einheimischen Lebensmittelgeschäften. Sogar das frische Gemüse- und Obstangebot kann sich mit den Straßenmärkten messen.

Die Backstationen im Markt laufen zwölf Stunden täglich auf Hochtouren, können aber dennoch nicht so viele Baguettes backen, wie die sich an den Verkaufstischen drängenden Kunden in ihre Einkaufswagen packen möchten. Und das zu einem Preis von 0,35 US$ pro Baguette, etwa dem gleichen Preis wie in Frankreich. Dabei ist das Durchschnittseinkommen in Beijing, wo dieser Carrefour-Markt steht, mindestens fünfmal niedriger als dasjenige in Frankreich. Am Einkommen gemessen geben chinesische Haushalte viel Geld für Lebensmittel aus. Sie tun es bewusst und mit Freude, denn die harten Tage sind zumindest den über 35-jährigen noch in Erinnerung. Wohlstandsbäuche werden mit Befriedigung unter den schwarzen Lederjacken zur Schau gestellt und viele Einzelkinder (seit 1979 sind theoretisch alle Einzelkinder) sind eindeutig überfüttert, was nicht verwundert, wenn man sich vorstellt, dass nun die Zuwendung von in der Regel vier Erwachsenen sich auf ein einzelnes „Opfer" konzentriert, dessen „Gunst" mit essbaren Tributen erkauft wird.

Die harten Zeiten dauerten von 1961 bis 1978, die Jahre der radikalen Kollektivierung und „Kulturrevolution", während denen Privatinitiative unerwünscht und private Wirtschaftstätigkeit verboten war.

Das führte zu wirtschaftlicher Stagnation und Verödung des Waren- und Dienstleistungsangebots. Die Versorgung der Städter erfolgte durch Genossenschaftsläden, die Lieferverträge mit den „Volkskommunen", den chinesischen Kolchosen nach sowjetischem Vorbild, abschlossen. Die Landbewohner ernährten sich weitgehend autark und konnten Artikel des täglichen Bedarfs wie Seife und Zündhölzer in kommuneeigenen Läden sowie wertvollere Investitionsgüter wie Kleidung, Schuhe, Fahrräder, Radioempfänger und Armbanduhren in den staatlichen Kaufhäusern der Kreisstadt einkaufen. Viele Produkte waren rationiert und nur gegen Marken erhältlich: Reis, Mehl, Öl, Fleisch, Baumwollstoff, Fahrräder.

All dies und tausende Artikel mehr sind heute bei Carrefour und anderen internationalen und einheimischen Ladenketten frei erhältlich, die den eingesessenen staatlichen Läden das Wasser abgraben. Überangebot und Konkurrenz sorgen für sinkende Preise. Carrefour importiert sein Sortiment in der Regel nicht selbst, sondern kauft über 90 Prozent lokal ein. Dadurch kann es leichter auf die nationalen Bedürfnisse eingehen und reduziert Risiko und Kosten. Damit diese Strategie aufgeht, bedarf es einer möglichst großen Anzahl von Märkten in einem Land. Nur so können beim Einkauf die niedrigsten Preise erzielt werden. Carrefour plant insgesamt mindestens 30 Hypermärkte in China.
Bei den Ess- und damit Einkaufsgewohnheiten für Lebensmittel müssen sich dagegen die ausländischen Ketten dem Gastland anpassen. Lokaler Einkauf ist notwendig, um das Warenangebot an den chinesischen Speisezettel anzugleichen: Reis, Mehl für hausgemachte Teigwaren, viele Gemüsesorten wie Chinakohl, Paprika, Tomaten, Stangensellerie, Auberginen, Spinat, Erbsenkraut, Gurken, Kürbis, Sojabohnensprossen, Pilze, Champignons, Schlangenbohnen, Schweine-, Rind- und Lammfleisch, Fische und Meeresfrüchte, Eier und das unverzichtbare Glutamat in der Großpackung sind die täglichen Bestandteile der Kost. Dazu kommen eingelegte Gemüse und Gewürzsaucen in Gläsern und der Tofu-Sojabohnenkäse aus der Kühlvitrine. Milchprodukte spielen eine geringere Rolle, obwohl süßes Fruchtjoghurt immer beliebter wird. Auch Brot ist nicht tägliche Zuspeise, sondern eher ein Imbiss für unterwegs – etwa für den Spaziergang von Carrefour nach Hause. Auch Tiefkühlprodukte sind noch nicht der große Renner, da man in China großen Wert auf die Frische

der Zutaten legt und zu Hause zwar einen Kühlschrank besitzt, nicht aber eine Kühltruhe. Auch die Naschereien sehen anders aus als im Westen. An erster Stelle kommen die Sonnenblumenkerne, die in der Schale gekauft werden, um genussvolles Knacken im Kreise Gleichgesinnter und -beschäftigter zu ermöglichen. Bei Carrefour wird das Vergnügen geboten, Kerne selbst handverlesen zu können. Im Shanghaier Carrefour kann man das ältere Paar im geblümten oder gestreiften Pyjama, der in Shanghai als Freizeitkleidung auf der Straße getragen wird, mit triefender Nase im Sonnenblumenkern-Berg graben sehen, um die schönsten Exemplare herauszupicken. Eine Preisklasse höher liegen die industriell hergestellten Leckereien, etwa das süße Algengelee, das mit seinem Reichtum an Kalzium gut für Kinder ist, oder das hauchdünne, getrocknete Fleisch.
Die Zulassung ausländischer Handelsketten auf dem chinesischen Markt ist noch relativ neu, sie erfolgte 1995 versuchsweise, um der Reform des einheimischen Einzelhandels Impulse zu geben. Die chinesische Regierung hat 20 ausländische Firmen zum Einzelhandel zugelassen, darüber hinaus wurden 250 lokale Joint Ventures im Einzelhandel eingegangen. Die größten vertretenen internationalen Ketten sind Walmart aus den USA, Makro aus Holland und Carrefour. Die kontrollierte Öffnung des Einzelhandels erfolgte in der Erkenntnis, dass nur ausländisches Know-how zu einer Modernisierung der chinesischen Geschäfte führen würde. „Einheimische Einzelhändler müssen von den effizienten Betriebssystemen der ausländischen Firmen lernen, aber es ist die Frage, ob sie überleben können, wenn Joint Ventures Einzug halten", analysiert Zhang Changzheng die Krise, der sich der chinesische Handel trotz des größten Einkaufspublikums der Welt gegenübersieht.
Die Genehmigung ist Joint Ventures vorbehalten. Das kommt der Philosophie von Carrefour entgegen, das etwa in Taiwan mit seinem Joint-Venture-Partner President Enterprises sehr gut gefahren ist und auf der Insel von der Größe Österreichs mit 20 Millionen Einwohnern 21 Hypermärkte führt. Auch President Enterprises, das bereits Lebensmittelfabriken auf dem Festland betreibt, plant eine Expansion in den chinesischen Lebensmittelhandel.

Carrefour hat jedoch auch schon lokale Partner gefunden, in Shanghai etwa die Supermarktkette Hualian.
Eine liebenswerte Einrichtung ist der Modernisierung schon zum Opfer gefallen: die „Belegseilbahn". In manchen chinesischen Kaufhäusern wurden Rechnungen und sogar Geld mit einer Klammer an eine durch das Lokal gespannte Schnur gehängt, auf der die Klammer dann mit kräftigem Stoß zur Kasse und wieder zurück geschossen werden konnte. So ersparten sich Kunden und Verkäufer den Weg zur Kasse.
Lange galt die Faustregel, dass der chinesische Konsumgütermarkt ausländischen Unternehmen verschlossen sei. Der Erfolg Carrefours, chinesische Waren an chinesische Kunden nach seinem erprobten Konzept zu verkaufen, hat dieses Vorurteil Lügen gestraft. Mit einem Umsatz von 240 Millionen US$ hat Carrefour 1997 bereits mit der größten Supermarktkette Chinas (und Joint-Venture-Partnerin von Carrefour) Hualian in Shanghai gleichgezogen. Der Erfolg war nur möglich, weil die Franzosen China als Markt wie jeden anderen behandelten, das heißt die Hypermärkte an den Bedürfnissen der chinesischen Kunden orientierten und die Kosten durch lokale Partnerschaften unter strenger Kontrolle hielten. Harriet Chong zeigte mit ihrem Beijinger Markt auch, dass Hartnäckigkeit zum Ziel führt. Zwei Jahre lang durfte Carrefour Beijing sein Namensschild nicht auf dem Gebäude zeigen und musste den französisch-chinesischen Schriftzug verhüllen. So lange dauerte es, bis Einigung über die Bezahlung mit dem Vermieter der Halle und der Messegesellschaft, die das Ausstellungsgelände verwaltet, auf dem die Halle steht, erzielt wurde.
Es scheint, dass Carrefour am Kreuzweg nach China die richtige Abzweigung genommen hat und auch seinem chinesischen Namen volle Ehre machen wird: „Eine frohe und glückliche Familie".

17. Kapitel

Ein Königreich für den Dalai Lama – Walt Disney

„Man kann die Spannung dort fühlen. Man kann die Steifheit des Fahrenlassens fühlen, wie schwer es für sie ist auszulassen, und letzten Endes geht es, wie wir alle wissen, dabei um Unsicherheit.“
Richard Gere

Der geläuterte American Gigolo beschrieb mit diesen Worten nicht seine Erlebnisse mit Pretty Woman in der Badewanne, sondern bewies sein durch buddhistische Meditation gesteigertes Einfühlungsvermögen in die Psyche der Beijinger kommunistischen Eisenfresser, die wegen Hollywoods antichinesischem Trend Gift und Galle spuckten. Es ging um eine Troika von Filmen, die in Beijing als feindliche Propaganda eingestuft wurden: *Sieben Jahre in Tibet,* die Verfilmung von Heinrich Harrers Klassiker, *Kundun,* Martin Scorseses von Disney finanzierter Film über den Dalai Lama, und *The Red Corner,* in dem Richard Gere einen amerikanischen Anwalt spielt, der in Beijing einer Intrige des chinesischen Geheimdienstes zum Opfer fällt. Auch abgesehen von eindeutig politischen Filmen beobachtet Beijing mit Sorge, mit welcher Hingabe die Chinesen zur Unterhaltung nach Hollywood blicken und sich damit der Infektion durch gefährliche freiheitlich-demokratische Keime aussetzen. Die schwarze Industrie mit piratisierten Video-CDs tut das ihre dazu, den Stoff, aus dem die Träume sind, allen Süchtigen zugänglich zu machen.

Diese ideologischen Barrieren verhindern bisher, dass Disney es den amerikanischen Fastfood-Ketten gleichtut und den chinesischen Markt besetzt. Das erfolgsgewohnte Imperium der Maus muss sich bisher im Reich des chinesischen Drachen damit begnügen, dass alle paar Jahre ein Film und der eine oder andere Soundtrack offiziell eingekauft werden. Von der offiziellen Musik-CD zum *Lion King* wurden 1,4 Millionen Exemplare verkauft – von der piratisierten Video-CD wahrscheinlich einige 10 Millionen. Chinesische Franchise-Unternehmer aus Taiwan und Hongkong betreiben in Kaufhäusern Disney-Boutiquen mit Kinderkleidung und Plüschfiguren aus Entenhausen. Die Kinderzeitschrift *Mickey Mouse* erscheint in chinesischer Übersetzung in Lizenz vom dänischen Egmont-Verlag. Das saftige, verlockend duftende Stück Speck, das Mickey jedoch wirklich interessiert, ist ein Disneyland im Reich der Mitte. Doch in diese Richtung erwies sich die chinesische Mauer bisher als unüberwindbar.

Wie alle Medienkonzerne tut sich Disney auf dem chinesischen Markt schwer. Die Schwierigkeiten haben einen ideologischen und einen ökonomischen Grund. Das ideologische Hindernis ist, dass die Kommunistische Partei Chinas nach wie vor die Gedanken ihrer Untertanen unter Kontrolle halten will. Sie erhebt daher den Anspruch, alle Inhalte, die aus dem Ausland nach China gelangen, von der Webpage über das Printmedium bis zum Privatbrief, zu zensurieren. Das ist zwar praktisch nicht mehr durchführbar, beim Privatbrief, der nach der Öffnung durch die Zensurbehörde einfach mit einem Klebestreifen wieder zugeklebt wird, geht es noch leichter. Auch die offizielle Verbreitung eines Films lässt sich kontrollieren. Piratisierte Video-CDs und elektronische Medien lassen sich weniger leicht ausblenden.

Die ökonomische Hürde, die Disney vor einer Übertragung seines Geschäftsmodells auf China zu nehmen hat, ist die Armut der Medienanstalten, gleichgültig ob Fernsehsender, Filmverleihe oder Verlage. Diese aus der Planwirtschaft überkommenen Institutionen haben nicht die Mittel, bei Disney nach internationalen Tarifen einzukaufen. Selbst wenn sie, wie heute die Fernsehsender, reichlich Werbeeinnahmen kassieren, sind sie es nicht gewohnt diese in Programme zu investieren, sondern eher in Immobilienspekulationen und die Wohlfahrt ihrer Mitarbeiter. Es wird daher für Disney nicht genügen politischen Goodwill zu erzeugen, sondern das Unterhaltungsimperium aus dem Wilden Westen muss auf eine Strukturreform der Medienlandschaft warten. Das Verlagswesen ist für ausländische Unternehmen noch tabu, aber der Handel mit Buchrechten kommt langsam in Schwung, auf der Beijinger Internationalen Buchmesse im Herbst 1998 wurden bereits knapp 3000 Verträge für den Import und Export von Copyrights abgeschlossen.

Disney bemüht sich die lädierten Beziehungen zur Beijinger Führung wiederherzustellen. *Kundun* war eher ein Betriebsunfall. Der ehemalige Agent von Regisseur Scorsese, Michael Ovitz, war von seinem Namensvetter und Disney-Zampano Michael Eisner als Vize-Präsident in den Konzern geholt worden, um das Filmgeschäft in Schwung zu bringen. Natürlich band Ovitz Scorsese an sein neues Haus, der sich gerne aus Onkel Dagoberts Geldspeicher bediente, um sein Lieblingsprojekt über den Dalai Lama zu verwirklichen. Ovitz selbst erlebte die Fertigstellung des Films nicht mehr bei Disney, denn er überwarf sich mit dem selbstherrlichen Michael Nr. 1. Dieser verteidigte zwar verbal die künstlerische Freiheit gegen die Angriffe aus Beijing, gab jedoch den verstimmten Herren der Verbotenen Stadt zu verstehen, dass Disney diese Episode rasch im Filmarchiv verschwinden lassen wolle: „Wir verleihen ihn und die Chinesen werden hoffentlich verstehen. In diesem Land bringt man einen Film heraus, er findet für sechs Sekunden eine Menge Beachtung und drei Wochen später kräht kein Hahn mehr danach." Scorsese wird die Bemerkung weniger geschätzt haben und auch in Beijing erzielte sie nicht das gewünschte Ergebnis. Der chinesische Staatspräsident Jiang Zemin nahm sich höchstpersönlich der Hollywood-Politik seines Landes an, als er 1998 zum Jahr der *Titanic* erklärte und seine Landsleute zum Besuch der Salzwasserschnulze der Disney-Konkurrenz aufrief.
Das ließ bei Disney die Alarmglocken für den chinesischen Markt läuten. Denn viel wichtiger als *Kundun* war für die Kasse die Premiere von *Mulan*, des nächsten großen Familien-Zeichentrickfilms nach *Lion King*. Dieses Projekt hatte das Zeug, den Durchbruch für Disney in China zu schaffen. Denn *Mulan* ist der erste Disney-Zeichentrickfilm nach einem chinesischen Stoff. Die gleichnamige Heldin hat als Mädchen Kampfsport ge-

lernt und nützt diese Fähigkeiten, als sie heldenhaft an Stelle ihres Vaters in den Krieg gegen die Hunnen zieht. Sie bringt es, als Mann verkleidet, zum General und wird vom Kaiser ausgezeichnet, bevor sie am Ende wieder als Frau bescheiden nach Hause zurückkehrt. Die 1500 Jahre alte Geschichte mit ihren prickelnd erotischen und komischen Komponenten hat in China Dichter, Maler und Musiker inspiriert. In Hollywood waren Transvestiten immer unwiderstehlich und sorgten vom *Käfig voller Narren* über *Manche mögen's heiß* bis zu *Mrs. Doubtfire* für volle Kinosäle. Nach dem Erfolg des *Lion King* in China setzte Disney große Erwartungen in seine entzückende chinesische Jeanne d'Arc und ihren possierlichen Drachen, die getreu nach dem bewährten Muster von Simba und seinem Ratgeber, der winzigen Zibetkatze, gestrickt sind. Das dumpfe Grollen, das hinter der Großen Mauer erscholl, als Scorseses Filmpläne ruchbar wurden, war ein böses Vorzeichen für *Mulan*.
Also heuerte Eisner 1997 niemand geringeren als Henry Kissinger als Berater an, um die Wogen zu glätten. Dieser erfreut sich in Beijing seit Maos Zeiten der Ping-Pong-Diplomatie als Elder Statesman bester Beziehungen und stellt diese auch im Ruhestand gerne, gegen Honorar versteht sich, industrieller Klientel zur Verfügung. Beijing blieb verstimmt. Der nächste Lobbyist, der bei den roten Mandarinen vorsprach, war Jack Valenti, Präsident der Vereinigung der Filmschaffenden Amerikas, der zur Besänftigung seiner Gastgeber Investitionen amerikanischer Filmstudios in chinesische Kinos in Aussicht stellte.
Der Sommer zog ins Land, die Kinder in die Ferien. Das Sommerkino-Fieber erreichte mit dem Kinostart von *Mulan* in Amerika seinen Höhepunkt. Kritik und Publikum reagierten überschwänglich, Eislauf-Jungdiva Michelle Kwan ließ sich zu einem Kürprogramm als *Mulan* inspirieren. Doch das Beijinger Büro für Rundfunk, Film und Fernsehen, die Behörde, die über den Import ausländischer Filme entscheidet, blieb ungerührt. Bei Disney in Burbank, Kalifornien, wurde man immer nervöser, während sich die Video-CD-Piraten in China die Hände rieben. So machte sich denn der Präsident und CEO, Michael Eisner, persönlich nach Beijing auf, um durch einen Kotau bei Hofe die

Dinge wieder ins Lot zu bringen. Der Besuch konnte nur teilweise als Erfolg verbucht werden. Ein Empfang bei Präsident Jiang Zemin, der ein Filmfreund ist und nicht scheu im Umgang mit amerikanischen Industriekapitänen, blieb aus. Michael Eisner musste mit dem Propagandachef der KPCh, Ding Guangen, vorlieb nehmen. Ding Guangen ist in China weniger für seine politische Durchschlagskraft als dafür bekannt, dass er Bridgepartner des verstorbenen Deng Xiaoping war.
Ding belehrte Eisner bei ihrer Begegnung in der Halle des Volkes, dass Disney sich bemühen solle, China besser zu verstehen und mehr zum Wachstum der Freundschaft zwischen den Völkern der beiden Länder beizutragen. Diese Bemerkung kam einer Abkanzelung gleich und zeigt, dass die *Kundun*-Affäre noch nicht vergessen ist.

Mickey und Konsorten werden ihren ganzen Erfindungsreichtum brauchen, um in der Heimat ihrer neuen Heroine Boden unter den Füßen zu gewinnen. Zunächst einmal unterstützen sie den staatlichen China Travel Service beim Betrieb eines Stücks China auf amerikanischem Boden. Der Vergnügungspark „Splendid China" wurde direkt neben Disneys „Magic Kingdom" in Orlando, Florida, errichtet. In diesem Park sind die berühmtesten Sehenswürdigkeiten Chinas in Miniatur zu bewundern, von der Großen Mauer bis zu den Karstkegeln von Guilin. Der Park ist eine Kopie des gleichnamigen Parks in Shenzhen bei Hongkong. Michael Eisner persönlich ließ es sich nicht nehmen, ihn kurz nach der Eröffnung zu besuchen, und Disney wirbt für „Splendid China" im Internet. Es braucht keinen Dagobert Duck, um sich auszurechnen, dass der Konzern auf diese Weise seinem strategischen Ziel, einen ersten Themenpark in China zu errichten, näher kommen möchte. Gespräche mit der Stadt Shanghai wurden bereits aufgenommen. Das „Paris des Ostens" wäre gewiss ein geeigneter städtischer Ballungsraum für ein „China-Disneyland" nach dem Muster des „Euro-Disneyland". Disney wird sich vermutlich bemühen, aus dem anfänglichen Finanzdebakel in Frankreich zu lernen und so weit wie möglich Fremdkapital einsetzen.

Shanghai bietet noch einen zweiten Anknüpfungspunkt für Disney, seine Tradition als Filmstadt – Maos notorische Frau Jiang Qing hatte es hier als Filmschauspielerin unter dem Künstlernamen „Blauer Apfel“ zu bescheidenem Ruhm gebracht, bevor sie auf Männerfang in die Guerillahochburg Yanan aufbrach, wo sie bekanntlich fündig wurde. Außerdem verfügt Shanghai über ein traditionsreiches Trickfilmstudio, das in den Vierzigerjahren gegründet wurde. Warum nicht billige Künstlerhände in China einsetzen, um die hunderttausenden von Bildern zu gestalten, aus denen ein Zeichentrickfilm besteht? Disney konnte sich mit diesem Gedanken bisher aus Management- und Qualitätsgründen nicht anfreunden, doch kleinere, ausländische Produktionsfirmen betrauen das Shanghaier Studio in der von Platanen beschatteten Hengshan Road regelmäßig mit Aufträgen und wissen sogar die Kreativität der chinesischen Trickfilmkünstler zu schätzen: „Sino-mation benützt diesen minimalistischen Ansatz, der auf der traditionellen chinesischen Malerei beruht, in der Leerraum benützt wird, um Substanz darzustellen, und heftige Pinselstriche, um Bewegung wiederzugeben. Wie der Name sagt, wird Animation durch die Benützung von Figuren erzielt – manche mit beweglichen Gelenken aus Papier geschnitten.“ Kenneth Hutman aus San Francisco ist einer der internationalen Kunden des Shanghaier Trickfilmstudios und vielleicht Vorbote des Engagements eines Megakonzerns wie Disney.

„Disneyland in China?“ Ich rieb mir erstaunt die Augen. Ich war auf der dreistündigen Autofahrt von Shanghai ein wenig eingenickt. Vor mir am Straßenrand tauchten die nagelneuen Zinnen eines Neuschwanstein-Schlosses mit Türmchen und roten Dächern auf. „Zhang Jia Gang, wir sind in Zhang Jia Gang“, verkündete mein Fahrer. Ich war neugierig, was mich am Ziel meiner Fahrt erwartete. Ich hatte über diese Stadt am Unterlauf des Yangtze gelesen. Sie gilt als „zivilisierte Musterstadt“ in China. Unter zivilisiert wird verstanden, dass die Verkehrsregeln eingehalten werden, niemand spuckt und kein Müll auf die Straße gekippt wird. Der chinesische Präsident Jiang Zemin, dessen Heimat Yangzhou nicht weit entfernt liegt, bemüht sich, Zhang

Jia Gang als Vorbild für die „geistige Zivilisation" zu propagieren, die ihm für ganz China vorschwebt. Dem Taxifahrer aus Shanghai entlockt das nur ein bitteres Lachen: „Von wegen ‚geistige Zivilisation'. Was glauben Sie, woher die in Zhang Jia Gang das Geld haben ihre Stadt so sauber zu halten? Das sind alles Schmuggler, über den Yangtze ..." Sein harsches Urteil war vielleicht einseitig, er hatte schlechte Erfahrungen mit den Verkehrspolizisten in der Stadt gemacht, denen die Strafzettel locker saßen. Das hinderte meinen Fahrer nicht, das Fahrtziel gegen die Einbahnstraße anzusteuern, nachdem er sich vergewissert hatte, dass kein Polizist zu sehen war. Disneyland-Neuschwanstein ist, wie ich später erfuhr, das Verwaltungsgebäude einer Chemiefabrik, deren Direktor die Aufforderung Jiang Zemins allzu wörtlich verstanden hatte.

Der Wille zu Maus und Ente, Mickey und Donald ist da. Mein mittäglicher Spaziergang in der Nähe des Büros in Shanghai führt mich täglich in einen kleinen Park. Am Eingang begrüßen mich fünf Gestalten aus bunt bemaltem Gips, für die sicher keine Lizenzgebühren entrichtet wurden. Die Ähnlichkeit mit Mickey, Minnie, Dagobert, Donald und Goofy ist auch nur zufällig, so als wäre die Vorlage des Bildhauers die Skizze einer Skizze einer Skizze eines verwackelten Bildes gewesen.
Disneys Schwierigkeiten in China Fuß zu fassen sind nur zum Teil hausgemacht. Denn Disneys Stärke ist eine Domäne, in der China Selbstversorger ist. Das ist die künstlerische Gestaltung einer spießbürgerlichen „heilen Welt" für junge und alte Kinder. Die chinesische Geschichte und die Geschichte der chinesischen Kindererziehung sind voll von bunten, archetypischen Gestalten, die zur Unterhaltung und Belehrung dienen. Sie werden in Fabeln, Gedichten und Romanen dargestellt und seit der Erfindung des Holzdrucks vor über 1000 Jahren auch als Comics. Jede Epoche prägte diese populäre Literaturform, die auch ohne Lesekenntnisse genossen werden kann. In Maos China während der „Kulturrevolution" nahm die Comicwelle epidemische Ausmaße an. Andere Literatur konnte auf Grund der strengen Propagandabestimmungen kaum erscheinen. Außerdem

boten die Comics den Verlagen, Herausgebern und Künstlern die einzige Möglichkeit etwas Geld zu verdienen. So wurde vom ersten Kaiser von China bis zur Science Fiction alles in „Fumetti“, Bildgeschichten verwandelt, ohne Sprechblasen allerdings, denn der Text wurde immer brav darunter geschrieben. Auch ich gehörte damals in Beijing als Student zu den Sammlern dieser kleinen Büchlein mit den bunten Umschlägen. Der Karton mit hunderten verschiedenen Heften steht längst im Keller. In Beijing konnten sich viele damals den Kauf der Comics nicht leisten. Deshalb gab es Leihbibliotheken auf der Straße, in denen man sich gegen geringe Bezahlung die Hefte ausleihen konnte, allerdings nur zur sofortigen Lektüre an Ort und Stelle. Der Affenkönig, Krieger und Generäle, Revolutionäre und „Klassenfeinde“ waren die Helden dieser Bildgeschichten.
Als die Original-Mickey-Mouse-Hefte in den Achtzigerjahren erstmals das Festland erreichten, war die Comicmode schon abgeflaut. Fernsehen und Videospiele waren in den Städten an ihre Stelle getreten. Die Landkinder konnten sich nach wie vor weder das eine noch das andere leisten.
Es besteht kein Zweifel, dass das chinesische Publikum empfänglich für die Ware aus dem Hause Disney ist. Das Problem ist, dass die Medienlandschaft immer noch unter strenger Aufsicht des guten Gärtners von der KPCh steht, der mit seiner Zensurschere stets bereit zum Zurechtstutzen und Abkneifen ist. Bleiben die Themenparks und das Merchandising als legitime Geschäftsfelder. Letzteres wird über die Festland-Outlets der Lizenznehmer in Hongkong und Taiwan betrieben, während ersteres der große Preis ist, um den zwischen Disney, der sich Profit und Kontrolle sichern möchte, Finanziers, die mit der asiatischen Finanzkrise vorsichtig geworden sind, und den Politikern potentieller Standorte gepokert wird. Es ist nur eine Frage der Zeit, bis die Würfel fallen und das „Magic Kingdom“ im Reich der Mitte seine Tore für ein Volk öffnen wird, das jedes Refugium von Sauberkeit und Ordnung gut gebrauchen kann. Denn es herrscht in China kein Mangel an „Vergnügungsparks“, die mit ganz wenigen Ausnahmen traurige Betonruinen mit verrosteten, stillgelegten Unterhaltungseinrichtungen sind. Das Geld wurde bereits

mit dem Bau und den damit verbundenen Kommissionen verdient, am Betrieb ist keiner mehr interessiert. China-Disneyland würde dem chinesischen Publikum eine neue Dimension eröffnen. Drei Parks in Shenzhen, „Wonders of the World", „Splendid China" und „China Minorities Village", sind die bisher geglücktesten Versuche, die Idee der Disney-Themenparks in China zu verwirklichen. An Investitionen wurde nicht gespart, Management und Pflege sind professionell, wenn auch nicht mit der perfekt schnurrenden Unterhaltungsmaschinerie eines Disneylands zu vergleichen.

Als Deng Xiaoping seine Landsleute und vor allem Parteigenossen Pragmatismus lehren wollte, gebrauchte er ein humorvolles Bild: „Es ist gleichgültig, ob die Katze schwarz oder weiß ist, die Hauptsache, sie fängt Mäuse." Die Maus aus Hollywood, die sich selbst meist wie eine Katze, wenn nicht wie ein Tiger benimmt, tanzt dem chinesischen Drachen auf der Nase herum und lockt ihn manchmal aus der Reserve. Wer wird am Ende siegen? Disney beginnt nervös zu werden, während die chinesische Regierung andere Prioritäten hat, wie Professor Ya-sheng Huang von der Universität Michigan klar erkannt hat: „Die chinesische Regierung war von jeher sehr empfindlich gegenüber ausländischen Unterhaltungsmedien. Für die chinesische Regierung hat die Projektion von Mickey Mouse und Donald Duck in die Wohnzimmer der Chinesen schlicht und einfach weniger Priorität für die wirtschaftliche Entwicklung als der Bau eines Dammes oder einer Autobahn, daher hat die chinesische Regierung keine Angst davor ein Unternehmen wie Disney vor den Kopf zu stoßen." Wenn die Maus nach China schlüpfen möchte, sollte sie vorher die Luft rauslassen und sich mit einem kleineren Stück Speck begnügen.

18. Kapitel

Erfolg auf dem chinesischen Markt

„Um Erfolg auf dem chinesischen Markt zu haben, muss man Teil seiner Geschichte werden."

Woran ist Erfolg auf dem chinesischen Markt zu messen? Letztlich zählt natürlich immer das, was übrig bleibt, die Bottomline. Die Erfahrung der Global Players zeigt, dass der chinesische Markt für rund 10 Prozent ihres Weltumsatzes gut ist. Ob und wieviel Gewinn damit gemacht wird, hängt von der Kostenkontrolle ab, denn die in China erzielbaren Preise sind in der Regel um 20 bis 50 Prozent niedriger als auf westlichen Märkten.

Die Anlaufzeit bis zur Erreichung eines kostendeckenden Marktanteils ist lang, man muss mit fünf bis sieben Jahren rechnen. Die Kosten für Marktpräsenz sind hoch, gleichgültig ob für die Betreuung von Vertretern, die Errichtung von Repräsentanzen oder den Betrieb eines eigenen Joint Ventures oder gar eines hundertprozentigen Tochterunternehmens.

Jedes weltweit agierende Unternehmen, das noch nicht 10 Prozent seines Umsatzes in China erzielt, hat ungenütztes Marktpotential und Handlungsbedarf in China.

Die Erfahrungen der Global Players, die den Sprung über die Große Mauer getan haben, lehren:

- Nur eine langfristige Strategie führt zum Ziel, sich einen dauerhaften Marktanteil zu sichern. Profitabilität ist nur durch eine mehrjährige Kalkulation zu erreichen.
- Solange China ein zentralistisch regiertes Land mit starker Einmischung der Regierung in die Wirtschaft bleibt, ist ein „Corporate Approach" empfehlenswert, bei dem die ausländische Firma ihr ganzes Gewicht in die Waagschale wirft und den Markteintritt zur Regierungssache macht. „Geh nicht zum Schmiedl, wenn du zum Schmied gehen kannst", bedeutet in

China, unbedingt den Kontakt zum Chef der Behörde zu suchen, die über den größten Einfluss auf die angepeilte Zielgruppe im Markt verfügt. Das kann ein Minister oder der Vorsitzende einer für die Branche zuständigen Regierungskommission sein. Regierungskontakte des Heimatlandes helfen bei den Bemühungen an chinesische Politiker heranzukommen.

- Der chinesische Markt ist Chefsache. Den größten Erfolg haben jene Firmen erzielt, die über einen charismatischen CEO verfügen, der in China wie ein Popstar empfangen wird. Die effektivsten Chefs einer China-Organisation sind 50- bis 60-jährige Vorstandsmitglieder aus dem Geschäftsbereich mit dem größten Interesse am chinesischen Markt.
- Bei der Wahl der richtigen Geschäftspartner in China gilt es vor allem herauszufinden, welches Netzwerk an Beziehungen dieser Partner mitbringt und welche Rolle dieses für die Erreichung der eigenen Geschäftsziele spielen kann.
- „Die Wahrheit in den Tatsachen suchen", gilt auch für den ausländischen Geschäftspartner, der gut daran tut seinen Gesprächspartnern nichts ohne Beweis zu glauben und keine ungesicherte Zahlungsverpflichtung eines chinesischen Kunden zu akzeptieren.
- Nur ausgereifte und marktbewährte Produkte haben eine Chance auf dem chinesischen Markt. Es ist sträflicher Leichtsinn, neue Produkte, die noch auf keinem Markt erprobt sind, in China anzubieten. Doppeltes Risiko – des neuen Produkts und des neuen Marktes – muss zum Scheitern führen. Das Geschäftsmodell ist dabei ebenso wichtig wie das Produkt selbst. Erfolgreiches Geschäft läuft auch in China wie die Inszenierung einer Opernaufführung. Es braucht einen Regisseur, der alle Rollen und den Ablauf im kleinen Finger hat, um zum Schlussapplaus – dem Geschäftsabschluss – kommen zu können. Anpassung an den lokalen Geschmack ist notwendig, aber zuerst muss etwas da sein, das angepasst werden kann.
- Mengenlieferungen ohne lokale Wertschöpfung sind nicht möglich. Die Kunst ist, die Lokalisierung unter Aufrechterhaltung von Qualität, Kontrolle und Gewinn zu schaffen.

- Die lokale chinesische Konkurrenz schläft nicht. Sie hat gezeigt, dass sie ausländische Konkurrenten in kürzester Zeit vom chinesischen Markt verdrängen kann. Es sollte niemanden überraschen, in wenigen Jahren chinesische Marken auf dem Weltmarkt anzutreffen.

Der chinesische Markt ist die spannendste Veranstaltung, die ich kenne. Was auf ihm geschieht, verändert nicht nur das Leben der Menschen in China, es beeinflusst alle Mitwirkenden und wird daher Konsequenzen für die ganze Welt haben. Napoleons Prognose: „Wenn sich China erhebt, erzittert die Welt", erhält neue Bedeutung mit der Hebung der chinesischen Wirtschaftsleistung.

Dunhuang
Lasa
Chengdu
Chongqing
Kunming